인간 중심의
민주주의 정치론

정치의 사명은 화목하게 살아가는 사람들을 싸우도록 하는 것이 아니라 싸우는 사람들을 화해시키고 화목하게 살도록 하는 것이다.

인간 중심의

민주주의 정치론

서 정 수 지음 _____

행복한마음

인간 중심의 민주주의 정치론

초판 1쇄 인쇄 | 2020년 6월 25일
초판 1쇄 발행 | 2020년 7월 10일

지은이 | 서정수
펴낸이 | 최병윤
펴낸곳 | 행복한마음
출판등록 | 제10-2415호 (2002. 7. 10)

주소 | 서울시 마포구 성미산로2길 33, 202호
전화 | (02) 334-9107
팩스 | (02) 334-9108
이메일 | bookmind@naver.com

ISBN 978-89-91705-47-0 03130

「인간 중심의 민주주의 정치론」의 출현은 종래의 정권과 권력을 쟁탈하는 수단으로 이용된 정치를 인류의 이상 사회, 사람이 모든 것의 주인이 되는 사회를 지향하는 새로운 정치에로의 발전을 의미한다.

한편, 이 책은 정치와 권력을 사물화하는 독재자들에게는 커다란 충격이 될 것이며, 세계 평화와 민주화에 역사적인 노작으로 남을 것이다.

2020. 1. 31
東京에서
박용곤

---

* 박용곤(朴庸坤: 1927. 11. 08~): 목포상업학교 졸업, 일본 아이치 대학 졸업, 동대학 전임강사, 재일 조선대학교 부학장, 동대학 사회과학 연구소장/ 재일 조선사회과학자 협회 회장/ 재일 조선인 총연합회 중앙위원/ 일본 정부 산하 종합연구개발 기구 책임 연구위원을 역임했으며, 2012년 대한민국 국적취득/ 저서로는 한국어판 『사랑의 세계관』, 『어느 재일 동포 사회과학자의 산책』, 『사랑의 세계관 입문』이 있고, 일어판 『博愛の 世界觀 ―主体哲學の 弁證法的 展開』(2020) 등이 있다.

「人間 中心의 민주주의 정치론」
출간에 즈음하여

필자는 『인간 중심의 정치철학(2016, 집사재)』을 총론總論 형태로 한 권의 책으로 출판한 바 있다. 그 내용으로는 '철학의 사명과 기본 방향', '물질론', '변증법', '세계관', '사회 역사관', '인생관'을 총괄적으로 다루었다.

이번에 출판하는 『인간 중심의 민주주의 정치론』은 앞의 총론을 토대로 한 각론各論에 해당된다. 그러면 왜 '인간 중심'이라는 수식어를 책 제목의 앞에 붙였을까?

이를 설명하기 위해서는 우선 마르크스주의자들의 주장부터 살펴볼 필요가 있다. 마르크스주의 창시자들은 역사 발전의 궁극적 요인은 '경제'라는 것이며, 인류 역사 발전의 기초를 물질적 재부의 '생산방식'이라고 결론지었다. 즉 '사람'을 중심으로 보지 않았다.

이것은 유물사관의 원리에 토대하여 사회생활을 물질적 재부의 생산을 중심으로 고찰하면서 정치와 문화는 경제에서 파생되고, 그에 의하여 규정된 것으로 보았다.

그러나 인간 중심의 철학은 본질적으로 사람을 중심에 놓고, 사람을 중심으로 정치제도 · 경제제도 · 문화제도를 포괄하는 것으로 보아야 사회제도 전반에 대한 올바른 기여를 할 수 있다.

그 이유는 인간 중심의 철학에서는 사회적 운동의 주체는 경제, 즉

'물질'이 아니라 '사람'이라는 것이다. 사회적 운동은 인간의 운동인 만큼 그 운동을 일으키는 원인도 인간에게 있고, 그 운동을 추진해 나가는 힘도 인간에게 있다고 본다.

또한, 사회는 여러 가지 활동이 진행되고 있는바, 첫째는 의식주 문제를 해결하기 위하여 자연을 개조하고 '경제생활'을 하고 있으며, 둘째는 좋은 사회를 확립하기 위한 사회개조 활동을 전개하는 '정치활동'을 하고 있고, 셋째로 유능한 인간을 육성하기 위한 인간 개조 활동을 벌이면서 '문화생활'을 향유하고 있다.

다시 말해서 사회는 3대 개조 분야와 3대 생활, 즉 자연개조 활동과 경제생활, 사회개조 활동과 정치생활, 인간 개조 활동과 문화생활을 구체적으로 전개함으로써 사람들의 자주적 요구를 수행하며, 사회 역사는 발전한다는 것이다. 이 3개 분야는 각기 독자성을 띠면서도 상호 연계되어 있지만, 어느 한 쪽이 특정 분야에 종속되어 있는 것은 아니다.

이에 따라 사회가 발전하려면 인간을 중심으로 한 「인간 중심의 경제론」과 「인간 중심의 문화론」, 그리고 「인간 중심의 정치론」에 관한 연구서를 세상에 내놓아야 한다는 필연성이 대두된다.

본서는 이와 같은 필연성에 의해서 집필하게 된 것이다.

아울러 이 책에 나오기까지는 일본에 계시는 저명한 사회과학자(경제학, 철학 분야)이신 박용곤 선생의 직접적인 추동이 있었기 때문이다. 그뿐 아니라 집필에 따른 자료의 뒷받침과 집필의 방향 설정, 그리고 일부 원고의 감수監修에 큰 도움을 주셨다. 더구나 '추천사'까지 보내 주심에 감사할 뿐이다. 또한 집필 과정에서 바쁜 일상 중에 필요한 자료를 지원해 주신 이신철 박사와 서남수 박사께도 심심한 사의를 표한다.

본서를 집필함에 있어서 필자 자신은 나름대로 최선을 다했다고 생각하지만 내용 중에 부족한 부분도 많을 것이다. 독자 여러분의 많은 충고와 비정批正이 있기를 바란다. 이 책이 나오기까지 여러 가지 어려운 여건 속에서도 기꺼이 출판을 맡아주신 도서출판 행복한마음 최병윤 대표께도 심심한 감사를 드린다.

아울러 금년 황장엽 선생님의 서거 10주기를 맞이하여, 대전 현충원에 영면하고 계신 고인의 영전에 삼가 이 책을 봉정합니다.

2020년 5월 3일
서정수

　정치론은 사회과학에 있어서 매우 중요한 분야이며, 거기에는 제諸 계급과 제 정당의 정치적 사상과 이념이 포함되어 있다. 따라서 정치론은 사람들과 가장 중요한 이해관계와 결합하고 있는 사회현상과 사회생활의 근본적인 문제를 취급한다.

　정치론은 정치에 관한 이론과 방법론의 총체이다. 사회와 정치 발전의 법칙과 정치활동의 원칙을 해명한 정치학적 원리와 범주를 포괄하는 일정한 정치론을 갖지 않으면 정치를 올바르게 수행할 수 없고, 자기의 정치적 이익을 지킬 수가 없다.

　과거의 정치론은 오랜 기간 다른 사회 역사 이론과 마찬가지로 관념론적이며 추상적이었다. 어느 정도 구체적인 문제를 논하는 경우에도 비현실적인 변호론적辯護論的인 것이 많았고, 그것은 역사적 제약을 면할 수 없었다.

　최근에 이르러 성숙한 각국의 제諸 정당은 자기의 정치론을 만들어내고, 그것을 선전하고, 자신의 정치활동을 통해서 실현하려고 시도했다.

　1940년대에 들어와서 마르크스·엥겔스에 의해 창시된 공산주의 정치론은 노동자 계급의 근본적인 이해관계를 실현한 것으로써 프롤레타리아 혁명을 수행하고, 프롤레타리아 독재를 수립하고, 사회주의 공산주의 사회를 건설하는데 제기되는 일련의 정치 문제에 대해서 나름대로 과학적인 해명을 내놓았다. 이것은 정치사상의 발전에 있어서 근본적인 전기였다.

　현대는 한 마디로 말해서 자주성의 시대이다. 자주성의 시대란 역사의 주체인 사람들의 지위와 역할에 있어서 근본적인 변화를 가져온 시대를 의미한다.

국민 대중은 역사상 처음으로 자기 운명의 주인으로서, 세계를 지배하는 주인으로서 등장했다. 국민 대중의 지위는 높아지고, 국가와 사회 생활에 있어서 주도권은 국민 대중의 수중으로 넘어왔다. 언제나 역사의 주체이어야 할 국민 대중이 억압과 착취만으로 강제되었던 시대는 이미 지나갔다.

자기 운명의 주인이 된 국민 대중은 자주적 창조적으로 역사를 개척하고 자기 운명을 열어가고 있다. 국민 대중의 역할은 결정적으로 높아지고 역사 무대에서의 주역은 교체되었다. 국민 대중의 지위와 역할에 있어서 이와 같은 변화는, 특히 광범한 국민 대중이 정치적으로 자각하고 정치생활에 의식적으로 참여하고 있으며, 많은 국가에서 국민 대중이 정권의 주인이 되고 있다는 것이 여실히 표현되고 있다.

참으로 오랜 기간 국민 대중은 정치적 무권리 하에서 생활하여 왔다. 사회생활을 수행하는 인간이 정치와 떨어질 수 없음에도 불구하고 국민 대중은 사실상 정치생활로부터 배제되어 왔다.

정권은 특권계층[1]의 독점물이 되고, 정치활동은 그들의 독무대가 되었다. 인간의 운명이 정권에 의해서 좌우됨에도 불구하고 사회 구성원은 정부가 무엇을 논의하고 결정하고 있는가를 알 수도 없었고, 또한 관심조차 가질 수 없었다.

---

1) 시이에(Sieyes)는 특권계층을 "주권 속에 있는 또 다른 주권"이라고 하였다. M. 포사이스·M. 킨스 소퍼·J. 호프만 편저, 부남철 옮김. 『서양정치사상입문 2』(1994). 한울아카데미. p. 76

※일반적으로 특권정치는 일부 사람들의 사회적 특권을 옹호하고 보장하는 정치이다. 특권정치란, 한마디로 말해 사회의 극소수를 이루고 있는 특권층을 위한 정치, 특권층이 수행하는 정치이며, 그 기본적 수단은 군사적 폭력과 경제력이다.

이와 같은 것은 가장 가혹한 전제정치를 실시한 과거의 진나라 시황제(始皇帝:기원전 247~210년) 치하의 중국이나, 고전적 민주정치의 시원을 열었던 고대 그리스의 아테네, 또는 희세稀世의 폭군 네로(재위 54~68년)의 통치하에 있었던 고대 로마 등이 그러했다. 현재의 북한에 있어서도 사정은 그다지 바뀐 게 없다.

이것은 사람들의 정치의식에 그대로 반영되었다. 사람들은 장기간 정치에 대한 환상적인 견해를 갖고 있었다. 사회생활의 다른 분야와 달리 정치는 특수한 것이기 때문에 일반적인 사람들은 알지도 못하고 알 필요도 없었다.

선택받은 사람만이 안다고 하는 일종의 신비주의가 지배하고 있었다. 단편적으로 표현된 정치사상도 그러했고, 어느 정도 체계적으로 서술된 정치 학설도 같은 입장이었다. 고대나 중세의 '왕권신수설'은 말할 필요도 없다. 근대 '주권재민론'을 위시한 모든 '민주정치론'에 있어서도 정치는 어느 선출된 특정한 사람들, 소위 엘리트에 의해서 실시되는 것이고, 그것이 당연하다고 하는 견해가 지배적이었다.

그러나 현대에 이르러 사정은 변했다. 역사상 요즘과 같이 광범한 대중이 정치에 관심을 기울이고, 정치생활에 적극적으로 참가하게 된 시대는 없었다. 국민 대중은 정치에 수동적으로 편입되는 것이 아니라 목적의식적으로 참가하고 있는 것이다.

물론 국민 대중이 정치에 참가한 시대가 없었던 것은 아니다. 적대적인 계급사회에서 정치 경제적 위기가 심각했을 때에는 비교적 광범한 국민 대중이 정치 운동에 앞장서 일어섰다. 그러나 예전에는 국민 대중이 정치 운동에 참가해도 그것은 거의 일시적인 현상에 지나지 않았다. 사회의 위기가 일단 극복되면 당연히 정권은 위정자의 수중에 남게 되고, 국민 대중은 정치 운동에서 멀어졌다. 이렇게 해서 정치 분야는 재차 특권층의 독무대가 되고, 국민 대중은 정치적 억압의 대상이 되었다.

그러나 지금은 사회 구성원이 정치적으로 의식화되고 조직화되어 있으며, 정권의 지배 대상에서 정권의 주인으로 되어 있다. 그것은 어떤 위기의 산물이 아니고 시대의 산물이며, 우연적인 현상이 아니고 필연적인 추세이다. 일시적인 경향이 아니고 항구적인 과정이다. 이 과정을 역전시킬 수 있는 힘은 이제 존재하지 않는다. 사회·정치생활에서 차지하는 대중의 지위와 역할에 있어서 근본적인 전환, 바야흐로 이것이 과거와 구별되는 새로운 역사적 시대의 본질적 특징이다.

새로운 시대는 새로운 정치론을 요구한다. 이것은 종래의 정치론을 갖고서는 새롭게 제기된 정치 문제를 충분히 해명할 수가 없기 때문이다. 이러한 사실에 대해 많은 정치학자나 정치가가 그 나름의 견해를 표명하고 있다.

그러나 새로운 시대의 본질과 내용, 특징과 요구에 대한 이해는 제각기 다르다. '현대'에 대한 이해의 차이는 각양각색의 정치론을 출현시키고 있다. 현재 정치학만큼 다양한 학설도 드물며, 정치학만큼 유파를 달리하는 각양각색의 이론을 갖고 있는 학문도 많지 않다. 이것은 시대 전환의 의미와 의의를 충분히 파악할 수 없는 종래의 정치론의 일대 위기를 증명하고 있다.

인류 역사는 국민 대중의 역사이며, 역사 발전의 하나의 큰 단계가 특정한 시대가 되는 것이므로, 시대의 평가는 당연히 인간을 중심에 두고 국민 대중의 지위와 역할의 변화 발전의 견지에서 이루어져야 한다. 그래야만 시대의 요구를 올바르게 파악하고, 거기에 맞는 정치론을 확립할 수가 있다.

물론, 새로운 시대에 상응하는 정치론을 확립하기 위해서는 그 시대를 대표하는 세계관이 없으면 안 된다. 현재는 자주성의 시대를 대표하는 세계관으로서 인간 중심의 철학사상이 나타났다. 인간 중심의 철학사상은 황장엽 선생이 창시하였다. 새로운 철학적 세계관이다.

인간 중심의 정치사상은 새로운 세계관과 정치철학에 기초해서 전개된 정치 학설이다. 종래와 같이 신비적인 존재나 정신을 중심에 둔다든가 물질 일반 또는 물질적 생활조건에 중심을 둔다면, 그 해명은 본질적인 결함과 한계를 벗어날 수 없다.

인간 중심의 철학사상은 모든 것을 인간을 중심으로 생각하고 인간에 봉사하는 인간 중심의 세계관이며, 국민 대중의 자주성 실현을 목표로 하는 철학사상이다. 인간 중심 정치론의 모든 원리와 명제는 인간 중심 철학에 기초해서 전개되고 있으며, 모든 정치 문제 또한 이에 맞춰 해명되고 있다.

인간 중심의 정치철학은 인간에 대한 새로운 철학적 해명을 확립함으로써 정치론의 과학적 기초를 구축했다. 참된 의미에서의 과학적 정치학으로 되기 위해서는 그 학설의 기초에 인간에 대한 과학적 이해가 있어야 한다. 그래야만 인간을 관리하는 활동인 정치에 대한 이해가 올바로 되는 것이다. 그것은 정권에 관한 이론을 위시해서 정치조직과 정치활동 및 정치제도에 관한 이론 전반을 올바르게 전개하는 기점이 된다.

인간 중심 철학은 인간의 본질적 특징에 대한 과학적 해명에 기초해서 인간이 세계에서 차지하는 지위와 역할을 해명함으로써 인간을 중심으로 해서 세계에 대한 새로운 관점과 입장을 확립하였다. 이것은 정치를 과학답게 하는데 참으로 큰 의의를 지니고 있다.

이것은 국민 대중을 중심축에 놓은 정치에 대한 새로운 관점을 견지하고, 국민 대중의 이익에 맞추어 그들의 활동을 기본으로 하는 정치이론과 방법론의 확립을 가능하게 한다. 인간 중심 철학은 사회 역사적 운동을 과학적으로 해명할 뿐만 아니라 사회 역사적 운동을 추진하기 위한 올바른 지도 원칙도 제시하고 있다. 이와 같은 의미에서 인간 중심의 사상은 하나의 정치철학이라고 말할 수 있다.

인간 중심 철학의 정치론은 결코 이론을 위한 이론이 아니고 정치적 실천의 지도적 지침이며, 국민 대중의 자주성을 실현하기 위해 봉사하는 정치철학이다.

인간 중심의 정치론은 정치 운동 발전의 각각의 단계에서 제기되는 정치이론 및 실천 문제를 해명하고 있으며, 사람들의 사회생활의 모든 분야를 올바로 관리하고 개조하는 데 필요한 이론과 방법론을 제시하고 있다.

인간 중심의 정치론은 현대의 사회 정치적 문제에 올바른 해답을 줄 뿐만 아니라 정치 학설과 정치사를 정확히 개괄하는 관점을 부여하며, 미래의 정치생활을 과학적으로 설계할 수 있는 지침을 부여한다. 여기에 인간 중심의 정치론의 보편성이 있으며, 국민 대중의 자주성을 실현하기 위한 활동에 있어서 이론적 수단이 되는 근거가 된다.

이와 같이 인간 중심의 정치론은 시대의 요구를 반영해서 출현한 것이며, 인간 중심의 정치철학의 원리 실현에 봉사하는 정치론이다. 이 점에서 인간 중심 철학의 정치론이 정치사상사에서 차지하는 지위가 규정되는 것이다.

■차례

제5장　사회주의의 제 문제

제6장　민주주의 지도자론

제1장

정치의 본질과 발생
발전의 합법칙성

인간을 관리하는 활동으로서의 정치는 하나의 사회 역사적 현상이다. 그것은 사회생활 자체의 필요에 의해서 발생한 것이며, 사회생활의 발전과 더불어 역사적으로 발전하면서 현 단계에 이르렀다.

제1절_ 정치의 본질과 내용

1. 사회적 존재와 사회적 운동

인간은 개인적으로 자기 생명체를 보존하기 위한 생존 활동을 진행하며, 동시에 서로 결합되어 사회적 집단을 이루고, 집단적 생명체를 보존하기 위한 생존 운동을 진행한다.

사회적 운동을 진행하는 주체는 사회이다. 모든 운동의 주체는 객관적으로 존재하는 물질적 존재이다. 그러면 사회는 어떠한 물질적 존재인가?

사회적 존재는 무생명 물질과 생물학적 생명체의 특성뿐만 아니라 자주성과 창조성, 사회적 협조성과 의식성과 같은 사회적 생명력을 지닌 사회적 생명체이다.

생물학적 존재인 동물도 무생명 물질에 비하여 질적으로 발전된 존재이지만, 그것은 역시 자연에 종속되어 자연과 운명을 같이 한다는 점에서 자연적 존재의 한 부분이라고 볼 수 있다. 이와는 달리 인간은 자연을 자기의 삶의 요구에 맞게 개조하여 이용하는 방법으로 자기의 운명을 자체의 힘으로 개척해 나가는 자주적 존재라는 점에서 자연적 존재에 종속되지 않는 특수한 물질적 존재이다. 따라서 자기 운명을 자주적으로, 창조적으로 개척해 나가는 인간만이 사회적 존재로 될 수 있다.[2]

마르크스주의자들은 사회적 존재를 사회적 의식과의 관계에서 파악하려고 시도하였다. 사회적 의식이 사회적 존재를 규정하는 것이 아니라 인

---

2) 황장엽, 『민주주의 정치철학』, 시대정신, 2005. pp.12~13 참조.

간의 사회적 존재가 사회적 의식을 규정한다는 것이 사회를 이해하는 마르크스주의의 출발적 명제이다. 마르크스주의에 있어서 사회적 존재는 사회적 의식을 규정하는 사회생활의 물질적 제 조건의 총체를 의미한다.

마르크스주의의 이러한 견해는 본질상 정신적인 것은 물질적인 것의 반영이라는 반영론적 관점에 기초하고 있다. 먹고 싶은 욕망이 육체의 반영인 것이 아니라 자기 존재를 보존하려는 생명체의 속성인 것처럼, 의식은 사회적 존재의 반영인 것이 아니라 가장 발전된 존재인 사회적 존재가 지니고 있는 고급한 생명력의 주동성과 능동성을 대표하는 속성이다.

어떤 존재가 목적의식적으로 진행되는 사회적 운동의 담당자인가, 사회적 운동을 일으키고 떠밀고 나가는 데는 어떤 객관적 존재들이 참가하게 되는가 하는 견지에서 사회적 존재가 무엇인가를 파악하는 것이 가장 과학적인 방법론이 된다.

사회적 운동을 일으키고 떠밀고 나가는 주체가 인간이며, 사회적 운동이 인간의 생존을 보장하기 위한 인간의 생존 운동이라는 것은 의심할 바 없다. 그러나 사회적 운동을 담당하고 있는 인간은 고립된 개인이 아니라 사회적 재부를 지니고 사회관계로 결합된 사회적 집단이다. 사회적 재부를 지니고 사회적 관계로 결합되어 사회적 운동을 담당하고 있는 주체가 사회적 존재이며 그것이 곧 사회인 것이다.[3]

인간은 정신적인 힘과 물질적인 힘, 사회적 협조의 힘, 이같은 세 가지 생활력을 가지고 있으며 이 세 가지 생활력을 다 객관 대상에 체현시켜 사회적으로 이용할 수 있게 한다.

결국, 사회적 운동을 일으키고 떠밀고 나아가는 주체인 사회적 존재를

---

3) 동계서, p. 15

사회적 인간이라고 볼 때는 그것은 알몸만 가진 생물학적 존재인 개인이 아니라 사회적 재부를 지니고 사회적 관계로 결합된 사회적 집단이라고 볼 수 있다. 또 그것은 모든 존재의 양적 규정성의 일반적인 징표인 구성 요소와 결합 구조의 견지에서 보면 사회적 존재는 자주성과 창조성, 사회적 협조성을 지니고 목적의식적으로 활동하는 산 〈인간〉과 인간이 창조한 〈사회적 재부〉와 그것들을 결합시키는 〈사회적 관계〉의 세 가지 요인으로 이루어져 있다고 볼 수 있다.

사회적 존재는 가장 발전된 존재인 만큼 가장 복잡한 존재이기도 하다. 사회적 존재의 복잡한 구성 요소들을 하나로 통일시키는 데서 가장 어려운 것은 다양한 개성을 가진 사람들을 생존과 발전의 공동의 목적에 맞게 하나로 통일시키는 것이다.

인간은 서로 다른 개성을 가지고 그것을 실현하기 위하여 자주적으로 활동하는 개인적 존재의 면과 하나로 결합되어 서로 협력함으로써 세계에 대하여 자주적인 지위를 차지하고 살 수 있는 집단적 존재로서의 두 면을 가지고 있다.

다양한 개인들의 각이한 요구(이해관계)와 집단의 공통적인 요구(이해관계)를 합리적으로 통일시키는 것은 매우 어려운 일이지만, 그것은 인간의 생존과 발전을 위하여 반드시 해결하지 않으면 안 되는 필수적인 사업이다.

사회는 대립물의 통일을 이루고 있는 사람들의 결합관계를 자체로 통일시켜 나가지 않고서는 사회 자체의 생존을 담보할 수 없다. 사회적 존재를 구성하고 있는 다양한 요소들을 사회의 생존과 발전의 요구에 맞게 통일적으로 결합시켜 나가는 사업, 사회의 결합관계(사회관계)를 통일적

으로 관리해 나가는 사업이 다름 아닌 정치 사업이다.[4]

인간이 자기의 생존과 발전을 실현하기 위해서는 자연을 개조하여 인간에게 필요한 물질적 재부를 창조하는 〈자연 개조사업〉과 인간 자체를 생산하고 그 자질을 개조하여 보다 더 주동적이고 능동적인 생활력을 지닌 존재로 발전시키는 〈인간 개조사업〉, 그리고 인간이 보다 더 큰 사회적 협조의 힘을 지니도록 사회적 관계를 합리적으로 개조하기 위한 〈사회관계 개조사업〉의 3대 창조적 활동을 벌이지 않으면 안 된다.

자연 개조사업에 기초하여 이루어지는 인간의 사회생활이 경제생활이며, 인간 개조사업에 기초하여 이루어지는 인간의 사회생활이 정신문화생활이고, 사회관계 개조사업에 기초하여 이루어지는 인간의 사회생활이 정치생활이다.

사회를 구성하고 있는 다양한 대립된 요소들을 통일시키기 위하여 통일적인 자체 관리가 필요할 뿐 아니라 다양한 사회운동, 사회생활의 통일을 보장하기 위해서도 자체 관리가 필요하다. 이때 자체 관리는 사람들의 행동을 조절하고 통일시키기 위한 지휘 기능으로 된다. 사회적 운동, 사회생활에 대한 통일적 지휘 기능이 다름 아닌 정치적 지휘(지도) 기능이다.

정치는 사회관계를 관리하는 기능을 통하여 사회에서 차지하는 사람들의 지위와 역할을 통일적으로 관리하는 사업을 담당하게 된다.

사람들은 될수록 사회에서 보다 더 높은 자주적 지위를 차지하고 보다 더 높은 창조적 역할을 담당할 것을 요구한다. 이 요구에 상응하게 사회 발전의 보다 더 높은 목표를 세우고 그것을 실현하기 위한 창조적 역할을 높여나가도록 사회적 운동을 지휘하는 것은 정치의 기본 임무로 된다.

---

4) 동게서, p. 18, 참조.

2. 정치의 본질과 그 필연성

정치의 본질을 올바르게 파악하는 것은 정치론 전반을 올바르게 이해하기 위한 출발점이 된다. 정치의 본질을 정확하게 파악하는 것이야말로 정치이론과 실천으로 제기되는 모든 문제를 과학적으로 분석하고 올바르게 해명할 수가 있다.

정치에 대한 사상과 이론은 오랜 역사를 갖고 많은 사람들이 정치에 대해서 언급해 왔으나 그 본질을 충분히 해명하는 데까지는 이르지 못했다. 『정치학』이란 표제表題로 최초의 저서를 발표한 아리스토텔레스(기원전 384~322)조차 정치의 본질을 해명할 수 없었고, 정치의 개념에 대한 정의를 내릴 수 없었다. 그렇다면 종래에는 정치의 본질에 대해서 어떻게 이해하여 왔을까?

정치는 사회생활의 3대 분야의 하나이며, 인간의 사회적 운명에 가장 큰 영향을 미치는 사회현상이다. 국민 대중은 정치에 있어서 자주성을 견지하는 것이야말로, 국가와 사회의 참된 주인이 되며, 모든 분야에서 자주적이고 창조적인 생활을 영위할 수가 있다.

따라서 정치의 본질과 필연성에 관한 문제를 올바로 해명하는 것은 국민 대중의 자주적 권리, 자주성을 옹호하고, 실현하는데 중요한 의의를 갖는다.

여기서는 이제까지 정치의 본질에 관한 문제의 해명에 있어서 마르크스·레닌주의 정치이론이 달성한 업적을 근거로 해서 인간 중심의 철학이 밝힌 정치의 본질과 그 필연성에 관한 문제에 대해 알아보고자 한다.

1) 정치의 본질

　정치의 본질에 관한 문제는 정치이론의 기초가 되는 문제이다. 정치의 본질을 정확히 인식함으로써, 정치이론과 실천에서 제기되는 모든 문제를 과학적으로 해명하고, 올바로 해결할 수가 있다.

　정치에 대한 사상과 이론은 오랜 역사를 갖고 있기 때문에, 정치의 본질에 대해서는 오래전부터 논의되어 왔다. 그러나 그것들은 정치의 본질을 충분히 해명하는 데에 이르지 못했다.

　일반적으로 정치란 '나라를 다스리는 활동' 이라고 인식되었다. '정치' 란 한자漢字의 어휘에서 「政」은 국정을 의미하고, 「治」는 글자 그대로 다스리는 것을 의미했다. 그래서 나라의 사업을 국사國事라고 하며, 국사를 정치라고 말해 왔다. 여기서 나라는 사회를 의미하고, 사회는 다름 아닌 백성을 가리키는 것이었다. 따라서 나라를 다스리는 것은 백성을 다스리는 것이었다.

　또한, 백성을 다스리는 것은 두 가지의 의미로 이해되었다. 그 하나는 '말言' 의 지시대로 다스리는 것, 즉 통치하는 것이다. 그래서 정치에 종사하는 사람들을 통치자라고 부르고 있다. 또 하나는 백성을 양육하는 것, 즉 목민牧民 하는 것이다.[5] 일찍이 통치자는 인민을 착취하고 사복을 채우면서 그들이 백성을 양육한다고 하였다.

　정치에 대한 이와 같은 이해의 근저에는 국민 대중을 피통치자로 여기고, 정치의 주체로서가 아니라 대상으로 보는 수구적인 관점이 가로막고

---

5) 그리스어로 가족을 양육한다는 의미를 지닌 경제(oikonomia)와 구별해서 사회를 운영하는 의미에서 정치(politeia)라고 했다. 여기서 「경제: oikonomia」라는 단어는 그리스어 「oikos」(가정)과 「nomos」(법칙)이 결합해서 형성된 것이고 politeia라는 단어는 그리스어 polis(도시국가)에서 나온 것으로, 직역하면 사회기구를 의미하는 것이다.

있다. 사실상 종래의 정치는 지배계급의 독점물로 되어 있었고, 국민 대중은 정치에 참가할 수 있는 자격을 갖지 못했다.

그러므로 정치는 인민 대중에 대한 압박의 수단이 되었으며 정치가는 대중의 증오의 대상이 될 수밖에 없었다. '정치'라고 하는 말은 국민 속에서는 언짢은 환멸의 대상이었다.[6]

이로 인해 인민의 염원을 대변하는 사상가가 정치조락론政治凋落論을 주장하게 된 것은 우연이 아니다. 최초에는 공상적 사회주의[7]가, 뒤이어 무정부주의가 주창되고, 마르크스주의도 미래 사회에 이르러서는 국가도 정치도 조락하게 된다는 견해를 피력했다.

더구나 정치를 목표 가치의 견지에서 규정한 것이 있다. 예를 들면 플라톤은 '정의'의 입장에서, 아리스토텔레스는 '선'이라는 입장이고, 벤담은 '최대 다수의 최대 행복'의 입장에서, 그리고 자연법 학자는 '공동 복지'의 입장에서 이것을 고찰했다.

이것들은 정치가 추구하는 모든 목표가 무엇이냐에 따라서 그들 나름의 견해를 밝힌 것이었다. 그러나 이것은 정치의 본질을 밝힌 것은 아니었다.

부르주아 정치학자 중에는 정치의 본질을 '권력의 형성과 분배' 혹은 '사회적 제 가치의 권위적인 분배'라고 말하기도 한다.

---

6) 인민은 「정치」를 억압의 대명사, 「전술」을 기만의 대명사, 「선전」을 「거짓말」의 대명사로 이해하였다. 프랑스의 비판적 사실주의 작가 보마르셰는 그의 희곡 『피가로의 결혼』 속에서, 주인공 피가로에 다음과 같이 말하고 있다. "목적이 중요하다는데 편승해서 비열한 수단을 고상하게 위장하는 것, 이것이 즉 정치라는 것이지요. 정치나 권모술수는 결국 나는 그것이 사촌관계라고 생각합니다만, 각하께서는 좋게 생각해주세요" 『피가로의 결혼』 제3막, 5장 참조.
7) 엥겔스가 『반뒤링론』에서 지적한바 대로 3대 공상적 사회주의자의 한 사람인 생·시몽(1760~1825년)은 『생·시몽의 한 미국인의 수기』 속에서 정치를 생산의 과학이라고 하면서 장래, 정치는 경제에 완전히 해소될 것이라고 했다. (『마르크스·엥겔스전집』, 제20권, p. 268, 참조.

그렇다면 마르크스주의는 정치의 본질을 어떻게 본 것일까?

마르크스·레닌주의에 의해서 처음으로 정치에 대한 이러한 관념론적이며 주관주의적 견해가 극복되어 유물론적인 이해가 확립되었으며, 계급적 분석이 가해졌다.

마르크스·레닌주의는 사회생활의 물질적 조건이 사회 발전의 규정적 요인으로 간주한 것에서 경제적 관계, 계급적 관계를 중심으로 모든 정치에 관한 문제를 연구했다. 이러한 관점에서 정치는 사회의 물질적 조건, 즉 경제의 반영이며, 제 계급 간의 관계, 제 계급 간의 투쟁이라고 했다. 그리하여 정치는 계급사회의 특유의 사회적 현상으로 보았다.

이것은 정치의 본질을 과학적으로 해명하는데 큰 전진이었다. 마르크스주의는 정치를 경제와 관련하여 고찰하고, 정치를 경제에서 파생한 것으로 간주했다.[8]

정치의 개념을 경제와의 관계에서 고찰하는 것은, 사회생활에서 정치가 차지하는 지위를 이해할 수 있게 하는데 큰 의의를 갖고 있다.

마르크스주의는 경제를 결정적인 요인이라고 봄으로써 경제의 지위를 전면에 내세웠다. 그러나 아무리 경제가 사회생활의 물질적 기초이며 사회 존립의 필수적 요인의 하나일지라도, 정치가 독자적인 내용을 갖는 사회생활의 분야이며, 고유한 사회적 기능을 수행하는 조건하에서, 정치를 경제에 종속시키고 거기에서 파생된 것으로 볼 수는 없다. 경제·정치·문

---

8) 엥겔스는 다음과 같이 언급했다. "경제적 諸 사실이 오늘날 계급대립이 성립하는 토대라는 것—따라서 정치와 정치사와는 경제적 관계와 그 발전에 의해서 설명해야 할 것이고, 그 반대는 아니다." 라고 하는 것이다. 『마르크스·엥겔스 전집 2권』, 大月書店, p. 216.

또한 엥겔스는 "국가 즉 정치적 질서는 종속적인 것이며, 시민사회 즉 경제 관계의 영역이 결정적인 요소이다."라고 했다. 『마르크스·엥겔스전집』2권, 大月書店, p. 305.

화는 사람들이 사회를 형성하고 살며 발전하기 위하여, 처음부터 동시에 추진해야 하는 사회생활의 기본분야이며, 상호 의존하고 제약하면서도 각자 독자적인 측면을 갖고 있다.[9]

레닌은 정치를 제 계급 간의 투쟁으로 이해했다. 요컨대 레닌은 정치를 일정 계급이 사회에 대한 계급적 지배와 그것을 실현하기 위한 계급 간의 투쟁으로 파악했다.[10]

정치에 대한 이와 같은 견해에는 일정한 타당성이 있다고 할 수 있다. 그것은 계급 사회에 있어서 정치의 특성, 정치의 계급적 성격을 분명히 하고 있기 때문이다. 사실, 정치는 계급사회 이후 국가의 출현과 함께 그 양상과 체계를 완전히 갖출 수가 있었고, 사회생활의 중요한 분야로서 등장했다.

더구나 계급사회에 있어서는 국가 권력을 장악한 계급이 자기의 계급적 이익을 전 사회에 관철시키고, 그들의 계급적 이해관계에 맞게 사람들과 사회를 관리하기 때문에, 정치는 필연적으로 계급적 성격을 띠고, 일정한 계급사회에 대한 계급적 지배로서 나타난다.

그리하여 정치는 계급 간의 이해관계가 근본적으로 대립하는 첨예한 문제로서 제기되고, 계급사회에 있어서 특별히 중요한 의의를 갖는 사회생활의 분야로 된다. 그러나 정치를 계급사회에만 존재하는 사회현상, 계급사회의 생활 분야로서 고찰하는 것은, 일면적인 이해라고 말할 수 있다.

정치의 본질에 관한 문제를 보다 전면적으로 해명하는데 중요한 것은

---

9) 마르크스와 엥겔스는 「공산당 선언」에서 "본래의 의미의 정치권력은, 그 계급이 다른 계급을 억압하기 위해 조직된 폭력이다"라고 말하고 있지만 여기서 정치현상이 계급적 관계에서 발생하는 것을 시사하고 있다.
10) 레닌은 다음과 같이 서술하고 있다. "그러나, 정치를 어떻게 이해할 것인가 … 만일 정치를 낡은 의미로 이해한다면, 대단하고, 중대한 과오로 빠져들 우려가 있다. 정치란 제 계급 사이의 투쟁이다. 정치란 해방을 목표로 전세계의 부르주아지와 싸우는 프롤레타리아트의 제 관계이다" 『레닌전집』, 31권. 大月書店, p. 373.

그 계급성을 분명히 함과 동시에, 정치의 사회적 성격을 해명하는 것이다. 다시 말하면, 사회의 존립과 발전에 있어서 정치가 갖는 사회적 사명과 그 의의를 분명히 하는 것이다. 이러한 문제를 해명함으로써 정치의 본질과 그 필연성을 전면적으로 해명할 수가 있다.

정치의 본질과 그 필연성을 분명히 하기 위해서는 정치를 경제, 계급 대립과의 관련에서 고찰하는 것이 아니라 사회를 형성하는 인간과의 관계에 두고 고찰해야 한다.

지금까지 정치를 경제의 반영으로 보았으나 이것은 정치와 경제와의 관계를 물질이 의식을 규정한다고 하는 유물론의 원리를 사회현상에 그대로 적용한 데서 기인한 것이다.

역사의 주체도 인간이며, 정치의 담당자도 다름 아닌 인간이다. 인간이 정치조직을 만들고, 정치적 관계를 맺고, 정치를 수행하고 있는 것이다. 계급의 존재 여부에 관계없이 인간이 존재하는 한 사회는 존재할 것이고, 사회를 유지함에 따라서 인간의 생존과 활동이 보장된다. 사회의 유지와 발전은 인간을 관리하는 기능으로서의 정치를 빼놓고서는 생각할 수 없다.

따라서 정치의 본질과 그 필연성도 당연히 인간을 중심으로 해서 해명될 수밖에 없다. 그를 위해서는 무엇보다도 사회적 존재인 인간의 본질적 특성이 해명되지 않으면 안 된다.

인간 중심 철학은 인간의 본질적 특성을 분명히 하고, 인간과의 관계에 있어서 정치의 본질을 새롭게 해명했다.

인간은 자주성과 창조성, 사회적 협조성과 의식성을 가진 사회적 존재이다. 인간의 모든 활동은 자주성을 실현하기 위한 창조적이고 목적의식적인 활동이다. 그런데 인간의 활동이 자주적이고 창조적이며 목적의식적인 활동으로 되는 것은, 사회적 범위에 있어서 통일적으로 조직되고 조절되어야 한다.

왜냐하면 인간의 본질적 속성인 자주성은 사회적으로 형성되고 실현되기 때문이다. 바로 여기서부터 인간을 대상으로 하는 인간의 활동을 조직하고 지휘하는 사회적 기능으로서의 정치에 관한 새로운 이해가 성립되는 것이다.

정치는 계급 또는 사회 공동의 이익에 따라서 사람들의 활동을 통일적으로 조직하고, 지휘하는 사회적 기능이다.

정치의 개념을 정식화한 이 명제에는 정치가 관할하는 대상은 인간이며, 정치는 인간의 활동을 통일적으로 조직하고 지휘하는 사회적 기능이라는 것이 명백해졌다. 정치에 관한 명제는 정치의 본질을 3가지 측면으로 밝히려고 한다.

첫째, 정치는 사회가 갖는 하나의 사회적 기능이라는 것이다.

정치가 사회적 기능이라는 것은, 사회가 존립하고 발전하는 데 없어서는 안 되는 필수적인 기능이라는 것을 의미한다. 종래는 주로 정치는 계급사회의 특유한 기능(계급적 압박의 기능)이며, 무계급 사회가 되면 소멸하는 것으로 생각했다.

그러나 더욱 중요한 것은 정치가 사회적 기능이라는 것이다. 그것은 모든 생물 유기체가 생물학적 기능을 떠나서 생존할 수 없듯이, 사회 유기체도 사회적 기능을 떠나서는 존재할 수가 없다. 기능은 모든 유기체의 존재 양식이다. 사회적 기능은 물론 정치만은 아니다. 거기에는 경제와 문화도 포함된다. 따라서 정치가 사회적 기능이라는 것만으로는 그 본질이 해명되었다고는 말할 수 없다.

둘째, 정치는 사람들의 활동을 조직하고 지휘하는 사회적 기능이다. 인간은 세계의 주인, 자기 운명의 주인으로서 자주적으로 살며 발전하려고 하는 스스로의 요구를 실현하기 위해, 그것에 맞도록 세계를 개조하는 창조적인 활동을 전개한다. 정치는 사람들의 이와 같은 자주적이고 창조적인 활동을 조직하고 조절하는 것이다. 한마디로 말하자면, 정치는 대인 활동이다. 정치가 대인 활동이라는 것은 인간이 수행하는 활동이며, 인간을 취급하는 활동이라는 것을 의미한다.

물론 경제활동도 인간이 수행하기 때문에 경제의 주체도 인간이다. 그러나 경제의 대상은 인간이 아니다. 경제의 대상은 물질적 부富이다. 물질적 부를 생산하고, 그것을 관리하는 사회적 기능이 다름 아닌 경제이다. 물질적 부가 아닌 인간을 관리하는 것에, 경제와 구별되는 정치의 본질적 특징이 있다.

교육, 보건 등의 문화도 인간을 대상으로 하지만 정치는 아니다. 문화는 인간을 개조하고, 정신적 부를 관리하는 사회적 기능이다. 교육, 보건만을 보아도 그것은 사회적 존재로서의 인간의 지적 및 육체적 능력, 자질을 육성하고 보호하는 활동이라고 말할 수 있다.

이와 같이 문화는 어디까지나 인간을 육성하는 활동이며, 인간을 관리하는 활동은 아니다. 인간을 육성하는 것이 아니라 인간의 활동을 관리하는 것으로는 문화와 구별되는 정치의 본질적 특징이 있다.

사람들의 활동을 조직하고, 지휘하는 활동도 다양하다. 경제활동, 문화활동을 수행하는 데에도 사람들의 활동을 일정하게 조직하고 조절해야 한다.

예를 들면, 경제활동을 수행하는 데에도 생산을 조직하고, 노동력을 배치 전환하지 않으면 안 된다. 그러나 기업체의 범위에서 수행하는 생산조직이나 노동력 관리는, 생산과정에 대한 기술, 경제적 지도이며, 사람들에 대한 정치적 지도는 아니다.

경제나 문화활동을 기술적으로 지도하는 것은 정치활동이라고는 말할 수 없다. 따라서 그것은 정치적인 의미에 있어서 인간의 관리라고는 말할 수 없다.[11] 그렇다면 정치는 어떻게 사람들의 활동을 조직하고 지도할 것인가가 문제가 된다.

셋째, 정치는 계급 또는 사회의 공동의 이익에 입각해서 통일적으로 사람들과의 활동을 조직하고 지휘하는 기능이다. 다름 아니라 여기에 정치의 목적과 그 본질적인 내용이 있다. 지금까지는 주로 정치의 대상에 대해 언급해왔다.

모든 사회 구성원의 활동이 하나의 공동의 요구와 이익을 실현하도록 하는 것에 정치의 목적과 그 본질적 내용이 있다.

사회는 많은 성원으로 성립되며, 그들이 종사하는 활동도 다양하다. 경제, 문화 활동도 수행하며, 대외활동도 한다. 문화 활동만을 보아도 교육과 과학, 예술 등 다양하다. 이들 모든 활동이 하나의 공동의 이익을 실현하는 방향으로 향하도록 통일적으로 조직하고 지휘하는 것이 정치이다.

공동의 이익이란 계급의 공동의 이익인 경우도 있으며, 사회의 공동의 이익인 경우도 있다. 아무튼 그것은 정권을 장악한 사회의 주인의 지위에 있는 사람들의 공동의 이익이다.

공동의 이익을 위해 통일적으로 사람들의 활동을 조절함으로써, 생활적 요구와 능력의 수준이 서로 다른 사람들로 구성되는 사회를 유지 발전시킬 수가 있으며, 사람들의 공동생활을 보장할 수가 있다. 정치는 이와 같이 단지 사람들에 대한 관리가 아니라, 계급(계층) 또는 사회의 공동의 이익에 부합하도록 사람들의 활동을 관리하는 사회적 기능이다.

사회제도의 성격에 의해서 정치의 유형이 구분된다. 정치는 어느 일정

---

11) 경제활동이나 문화활동을 일정한 사회적 이익에 입각해서 정책적으로 지도하는 경우, 그것은 정치의 영역에 속한다.

한 계층의 이익을 옹호하는 정치와 사회 공동의 이익을 추구하는 정치로 나눌 수가 있다. 정치가 계층 또는 사회의 공동 이익에 입각해서 사람들의 활동을 관리한다는 것은 다름 아닌 인간의 자주성과 창조성, 그들의 지위와 역할을 관리하는 것을 의미한다.

사회의 주인의 지위에 있는 사람들의 공동 이익을 내는 것은 인간의 자주성을 관리하는 것과 관련해 있으며, 인간의 활동을 통일적으로 관리하는 것은 인간의 창조성을 관리하는 것과 관련되어 있다. 이것은 사람들의 이익이 자주성의 실현 여부에 관련되어 있기 때문이며, 사람들의 활동이 인간의 창조성의 발휘이기 때문이다. 사회 구성원의 자주성과 창조성의 관리, 이것이 바로 정치이다.

사회 구성원의 자주성과 창조성을 관리하기 위해서는 그들의 지위와 역할을 관리하지 않으면 안 된다. 사람들의 자주성과 창조성은 그들이 사회에서 차지하는 지위와 역할에 밀접하게 관련되어 있다. 그것은 사람들의 자주성과 창조성의 실현 정도는, 그들이 사회에서 차지하는 지위와 역할에 의해서 표현되기 때문이다. 따라서 사회 성원의 자주성과 창조성을 관리하기 위해서는 그들에게 일정한 사회적 지위를 부여하고, 그것에 상응하는 일정한 역할을 다하도록 규제하지 않으면 안 된다.[12]

사람들의 사회적 지위와 역할을 규제하는 사회적 질서의 체계가 사회제도이므로 정치는 이와 같은 사회제도까지도 수립하고 관리, 운영하는 것이다. 이와 같이 경제가 자연을 개조하고 정신적 부를 관리하는 활동이며, 정치는 사회를 개조하고 인간을 관리하는 활동이라 할 수 있을 것이다.

---

12) 사람들의 사회에서의 지위를 관리한다고 하는 것은, 사람들 사이에서 자기의 생활적 요구와 이익을 실현할 수 있는 사회적 권한을 확정하고, 그들의 이해관계를 조절하는 것이며, 사람들이 사회에서 수행하는 역할을 관리한다고 하는 것은, 사람들에게 사회적 임무를 확정하고 그 수행과정을 통일적으로 조직하고 지휘하는 것이다.

2) 정치의 필연성

그렇다면 정치는 언제 어떻게 발생한 것일까. 인간 중심의 철학은 이러한 정치의 필연성에 대해서도 새롭게 해명했다.

정치는 인간 사회 자체의 필연적인 산물이다. 정치가 없으면 사회가 유지되고 발전할 수 없다. 사회가 유지되고 발전하기 위해서는 경제, 문화와 마찬가지로, 정치가 없어서는 안 된다.

사회는 인간이 생활하고 활동하는 집단이며, 사람들의 생활과 활동은 언제나 집단적이며 공동적이다. 따라서 집단을 떠나서는 사회적 존재인 인간의 생활과 활동은 아무런 의의를 갖지 못한다. 그렇다면 사회의 존립과 사람들의 사회적인 집단생활과 공동 활동은 무엇에 의해서 보장될 것인가?

이것은 사람들의 활동을 조직하고 조절하는 기능인 정치를 떠나서는 생각할 수 없다. 무엇보다도 정치가 없으면 사회집단 생활이 성립될 수 없다. 사회적 존재인 인간은 혼자서 살아갈 수 없으며 반드시 사회적 집단을 이루고 생활한다. 사회적 집단을 이루고 생활하는 것은 인간 생활의 고유한 특징이다.

사회적 집단을 떠나서는 자주성과 창조성을 가질 수가 없으며, 그것을 실현할 수도 없다. 그러나 사회적 집단을 구성하고 있는 사람들의 자주성과 창조성, 요컨대 생활적 요구와 창조적 능력은 그 내용과 수준에 있어서 일정한 공통성이 있으면서도 상호 상이성을 갖고 있다. 그런 까닭에 사회생활에서 각자가 자기의 요구와 이익만을 주장한다면, 집단이나 다른 사람들의 이익을 침해하지 않을 수 없으며, 그렇게 되면 집단생활이 무너지고 만다.

따라서 사회적 집단을 유지하고 집단생활을 영위하기 위해서는 집단과 그것을 구성하는 각 성원들 사이 그리고 집단 성원 간의 이해관계를 조절하지 않으면 안 된다. 그렇게 함으로써 집단생활이 보장되고 사회가 유지된다.

이와 같은 조절은 정치와 같은 사회적 기능을 떠나서 할 수 있는 것은 아니다. 정치가 필요한 것은 그것에 의해서 사람들의 공동 활동이 보장되기 때문이다.

사람들의 모든 활동은 자주성을 실현하기 위한 창조적 활동이며, 자기의 운명을 개척하기 위한 활동이다. 운명을 개척하기 위한 활동은 그 본성에 있어서 공동 활동이 되지 않을 수 없다. 공동으로 목표를 설정하고, 공동으로 노력하면, 어떠한 활동에서도 성과를 올릴 수 있다.

살아가기 위해 끝없이 펼쳐나가는 사람들의 활동은 다양하다. 이미 오래전까지만 해도 각종의 생산활동이 진행되고, 자연재해를 방지하기 위한 활동도 이행되었다. 사람들의 활동은 과학과 기술이 발달하고, 사회가 발전함에 따라 확대된다. 만일 이들 모든 활동에 종사하는 많은 사람들이 멋대로 행동하는 것을 방치한다면, 어떤 활동은 사회 전반의 이익에 배치하는 것도 있을 수 있고, 그렇게 되면 공동 활동이 성립될 수 없을 것이다.

공동 활동이 성립되기 위해서는 다른 활동을 수행하는 모든 사람들이 공동의 목적을 달성하기 위해 유기적으로 결합하지 않으면 안 된다. 그리고 여러 가지 공동 활동 분야 간의 노력 배분도 합리적으로 조절해야 한다. 그렇게 하는 것이야말로 공동 활동이 원만하게 진행되어 사회 발전에 기여할 수 있다. 이것 역시 정치를 떠나서는 실현될 수 없다.

사회가 유지되고 발전하기 위해 정치가 필요한 것은 정치에 의해서 일정한 사회관계가 관리되기 때문이다.

사회는 결코 많은 사람들의 단순한 집합체는 아니다. 사회는 일정한 사회관계에 의해서 유기적으로 결합된 사람들의 집단이다. 사람들의 지위와 역할을 규제하는 견고한 질서인 사회관계를 떠나서는 사회에 대해 생각할 수는 없다.

사회가 유지 발전하기 위해서는 사회관계를 제도적으로 관리하지 않으면 안 된다. 현실에 맞는 합리적인 사회관계는 제도적으로 강고하게 보전해야 하며, 변화하는 현실에 맞지 않는 불합리한 사회관계는 제도적으로 개선해야 한다. 그렇게 함으로써 인간의 자주성과 창조성을 억압하는 낡은 사회관계의 질곡을 없애고, 모든 개조사업을 원만하게 수행하며, 전반적으로 사회가 발전하는 것이다. 이것 또한 사회 관리 기능으로써의 정치를 떠나서는 생각할 수 없다.

이상과 같이 정치라고 하는 사회적 기능이 없으면 사람들의 사회적 집단생활과 공동 활동이 성립하지 않으며, 사회의 유지와 발전도 불가능하다. 즉 정치는 사회의 발생과 그 기원을 같이하며, 사회의 존립과 발전을 위해 불가결의 요인이라는 것을 의미한다.

3. 정치의 기본 내용

정치의 본질과 더불어 정치의 기본 내용을 과학적으로 해명하는 것은 극히 중요한 의의를 갖는다. 정치의 내용을 인식하는 것이야말로 정치에 대한 정확한 개념을 가질 수가 있고, 정치에서 제기되는 이론 실천적 문제를 정확히 해명하는 것이 가능하다. 정치의 내용은 말할 필요도 없이 정치의 본질에 대한 주체적인 파악에 기초해서 해명되지 않으면 안 된다. 인간 중심 철학의 정치론은 정치의 본질과 더불어 정치의 내용을 과학적으로 해명하고 있다.

사람들은 정치와 지도指導를 동일시하는 경향이 있다. 그것은 지도가 정치의 일부분일 뿐만 아니라 정치에서 가장 중요한 지위를 차지해 온 때문으로 생각된다. 정치는 지도보다 훨씬 광범위한 개념이다. 지도도 정치이고 행정도 정치이다.

정치는 사회를 개조하고 사람을 관리하는 활동이기 때문에 정치가 미치지 않는 곳은 없다. 사회생활에서 정치의 작용을 받지 않는 곳은 없으며, 사회적 인간이라면 정치가 미치지 않는 곳에서 생활할 수는 없다. 물론 이것은 정치가 인간 생활의 모든 내용을 포괄하고 있으며, 그렇다고 해서 사회생활이 곧 정치라는 의미는 아니다. 그러나 정치가 사람들의 사회적 지위와 역할을 관리하는 활동인 이상, 사회생활의 모든 분야와 관련 있으며 매우 풍부한 내용을 지니고 있다. 정치의 내용은 여러 가지 각도에서 분석할 수 있으나 여기서는 사람들의 자주성과 창조성, 그 지위와 역할의 견지에서 몇 가지 측면으로 나누어 보기로 한다.

첫째, 정치의 내용은 사회조직을 구성하고 개편하는 것이다.

사회조직은 사람들의 자주적인 요구와 창조적인 능력을 통합하고 있는 견고한 사회적 집단이다. 모든 사회조직은 그 성원成員의 자주적인 요구를 통합하고, 하나의 공동의 요구로 전환시키며, 각자의 창조적 능력을 통합해서 하나의 조직적인 능력으로 전환시킨다. 이와 같은 사회조직이 없이는 어떠한 조직적인 활동도 있을 수 없다. 사회적인 운동은 사람들의 자주성을 실현하기 위한 창조적인 운동임과 동시에 조직적인 운동이다.

사회조직에는 정치조직이 있고, 경제, 문화적 성격의 조직이 있다. 어떠한 사회조직일지라도 그것을 조직하고 개편하는 것은 정치에 속한다. 왜냐하면 이에 따라서 사람들의 자주성과 창조성이 조절되기 때문이며, 또한 사회적 지위와 역할에서 일정한 변화가 발생하기 때문이다.

사회조직 속에서 가장 중요한 것은 정치조직이다. 이와 같은 정치조직은 사람들의 사회적 요구와 능력을 통합하고 있다. 이와 같은 정치조직 없이는 어떠한 공동의 정치 목적도 달성할 수 없다. 정권을 장악하려고 한다면 정당이 있어야 하고, 사회의 민주화를 실현하기 위해서는 정치적 민주 옹호 조직이 없어서는 안 된다. 평화를 옹호하는 데 있어서는 평화 옹호 조직이 있어야 한다. 이와 같은 정치조직을 창설하고 혹은 개편하는 것은 모두 정치에 속한다.

정치조직이 없이는 사회를 개조할 수 없다. 정치조직은 사회를 개조하기 위한 수단이다. 자연개조에 사용하는 수단이 생산수단이라면 사회 창조에 이용되는 수단이 정치조직이다. 생산수단에 자연을 개조하는 사람들의 창조적 능력이 체현되어 있다고 한다면, 정치조직에는 사회를 개조할 수 있는 사람들의 창조적 능력이 체현되어 있다.

정치조직은 사회를 개조하기 위한 수단일 뿐만 아니라 사회개조의 주체이기도 하다. 정치조직은 사회를 개조하는 인간의 창조적인 힘만을 체현하고 있는 것이 아니며, 사회의 주인이 되려고 하는 주체적인 요구도 체현되어 있다.

정치조직을 창설하고 그것을 강화하면 사람들의 사회적 지위와 역할은 그만큼 향상된다. 그것은 일정한 조직과 지휘 하에서 달성되는 통일적인 활동에 의해서 공동의 이익이 보다 잘 실현되기 때문이다. 따라서 당을 창건하고 그것을 조직·사상적으로 강화하는 활동, 국가, 노동단체, 기타 대중 정치단체의 조직, 개편 등은 모두 정치에 속한다.

둘째, 사람들의 사회적 활동을 일상적으로 지도, 통제하는 것이다.

사람들의 사회적 지위와 역할은 사회제도를 통해서만 규정되는 것이 아니다. 사회제도는 그것을 큰 규모로 장기적으로 규정할 뿐이다. 예를 들면, 자본주의 제도나 사회주의 제도는 국민의 자주적인 지위를 규정하게 된다. 어느 일정한 사회제도를 수립한다면 그것은 일정한 계층 또는 사회의 공동 이익에 부합하도록 사람들의 통일적인 활동을 보장한다.

그러나 사회제도를 수립하고 개조하는 것만으로는 공동의 이익과 통일적인 활동은 보장할 수 없다. 왜냐하면 사회제도는 일정한 계급이나 계층, 또는 국민 대중의 지위를 장기적으로 규정한다. 그래서 사회 구성원 각자의 지위와 역할을 일상적으로 규정할 수 없기 때문이다.

사람들의 사회적 활동에는 정치활동, 문화활동 등이 있다. 이 모든 활동을 일상적으로 조직하고 지도하는 것은 정치에 속하는 것이며, 이것을 규정하는 것이 바로 정책이다.

정치 노선, 경제정책, 문화정책 등은 모두 해당 분야에서 공동의 이익을 실현하기 위한 목표와 과제 및 그 실행 방법을 제시하고 있다. 따라서 정책을 결정하고 실행하는 과정은 공동의 이익에 부합하도록 통일적으로 사람들의 사회적 활동을 일상적으로 지도하는 과정이다.

사람들의 사회적 활동 가운데서 가장 중요한 것은 정치활동이다. 경제

활동은 물질적 부의 생산과 분배가 중요한 내용이고, 문화활동은 정신적인 부의 창조와 보급을 중시한 내용이며, 정치활동은 인간을 선발하고 조직하는 것을 중요한 내용으로 한다. 인간의 이와 같은 정치활동의 규정이 정치 노선이다. 정치활동은 국내외적으로 수행된다. 정치가 경제활동과 문화활동을 조직하기 위해서는 그 자체도 정책적 지도를 받아들이지 않으면 안 된다.

셋째, 사회제도를 수립하고 개편하는 것이다.

사회제도는 사람들의 사회적 지위와 역할을 포괄적으로 규정하는 견고한 사회적 관계와 질서 체계이다. 모든 사회제도는 사회적 범위에서 사회 구성원에 일정한 사회적 권한과 책임, 권리와 의무를 부여함으로써 그들의 지위와 역할을 규정한다. 사회제도의 기능은 사회 구성원의 요구와 이해관계를 조절하고, 그것을 실현하기 위한 활동을 통일시키는 것이다.

물론, 이와 같은 통일은 일정한 계층의 이익에 맞게 수행되는 것도 있으며, 사회 공동의 이익에 맞게 수행되는 경우도 있다. 일정한 사회제도를 수립할 때 사회 구성원의 이해관계를 조절 통제할 수가 있으며, 집단 생활과 공동생활을 보장할 수가 있다.

사회제도에는 정치·경제·문화 등의 제도가 있다. 이들 제도는 각자의 분야에서 사람들의 사회적 지위와 역할을 규정하고 있다. 사람들은 일정한 사회제도를 수립함으로써, 사회 구성원이나 계층의 지위와 역할을 규정하고, 낡은 사회제도를 개편함으로써 사람들의 지위와 역할을 근본적으로 변혁한다. 따라서 정치제도뿐만 아니라 경제제도, 문화제도를 새롭게 개조하는 것은 모두 정치에 속한다.

사회제도 가운데서 가장 중요한 것은 정치제도이지만, 그것은 사람들의 사회적 지위와 역할을 규정하는 기본요인인 정권의 성격을 규정하기 때문이다.

정치제도는 또한 사회생활에서 사람들의 관계와 활동을 규정한다. 이와 같은 정치제도 없이는 사회의 안정과 통일은 유지될 수 없다. 물론 모든 정치제도가 사회의 안정과 통일을 가져오는 것은 아니다.

어느 계급이나 계층의 독점적인 정치적 지배를 규정하고 있는 정치제도는 언젠가는 사회의 불안과 분열을 가져온다. 그러나 이것은 낡은 정치제도를 개조할 필요성을 제시하는 것이고, 정치제도가 필요하지 않다는 것을 제시하는 것은 아니다. 낡은 사회제도를 폐기하고 새로운 정치제도를 수립한다면, 재차 사회적 안정과 통일이 회복된다.

정치제도를 위시한 사회제도는 사람들의 사회적 지위와 역할을 규정하고 있기 때문에 사회 구성원의 이해관계와 깊이 연결되어 있다.

요약하면, 정치는 첫째로 사회조직을 만들고 개편하며, 둘째로, 사회활동을 일상적, 정치적으로 지도하고, 셋째는 사회제도를 수립하고 개편하는 것을 기본적인 내용으로 한다. 따라서 정치를 발전시키기 위해서는 이들을 발전시키고, 계속해서 그 수준을 높이지 않으면 안 된다.

제2절_ 정치의 발생과 발전의 합법칙성

1. 정치의 기원

정치가 언제, 어떻게 발생했는지는 많은 사람들의 관심을 끌게 하는 중요한 문제의 하나이다. 이 문제를 어떻게 보는가 하는 것은 정치론의 다른 문제의 인식에 커다란 영향을 미친다.

정치의 기원에 관한 문제는 정치의 본질 문제와 밀접하게 관련되어 있다. 정치의 본질을 어떻게 보느냐에 따라서 정치의 기원과 그 존속 기간에 대한 견해가 결정된다. 만일 정치를 계급투쟁으로 본다면 계급사회에서 발생한 것이 된다. 따라서 계급사회가 존속하는 기간에 한해서 존재한다고 하는 견해가 성립하는 것이다.

그러나 정치를 사회 관리로 본다면 그것은 인류 사회와 더불어 발생하는 것이 된다. 따라서 사회가 존속하는 한 정치는 언제나 존재한다고 보는 견해가 성립하는 것이다. 그러나 사회와 국가를 어떻게 파악하는가에 따라서 구체적인 견해에는 상위점이 발생한다.

인류는 유사 이래 약 5000년 이상의 역사를 갖고 있다. 그 기간에 정치는 모든 곳에 존재해 왔다는 것이 알려져 있다. 역사적인 기록에 의해서 확증되고 있는 이러한 사실을 부정하는 사람은 없을 것이다. 그렇다면 이른바 선사시대에도 정치는 있었던 것일까? 과연 정치는 언제, 어떻게 발생한 것일까?

인간 중심 철학의 정치론은 이미 보아온 바와 같이 정치의 본질과 함께, 정치의 기원에 대해서 독자적인 해명을 하고 있다.

정치는 인류 사회의 필연적인 산물이다. 정치가 없으면 사회가 유지되고 발전할 수 없다. 사회가 유지되고 발전하기 위해서는 경제, 문화와 마찬가지로 정치가 없으면 안 된다.

그것은 무엇보다도 정치가 없으면 사회적 집단생활이 성립할 수 없기 때문이다. 사회적 존재인 인간은 혼자서 살아갈 수 없으며, 반드시 사회적 집단을 이루고 생활한다. 사회적 집단을 이루고 생활하는 것은 인간 생활의 고유한 특징이다. 사회적 집단생활을 떠나서는 자주성과 창조성을 가질 수가 없으며, 그것을 실현할 수도 없다.

사회적 집단은 소규모의 혈연적 집단과는 다르며 많은 사람들로 구성되는 집단이다. 이 집단을 구성하고 있는 성원의 요구와 능력은 각기 다를 뿐 아니라 소질과 취미도 다르다. 물론 사회생활에서 각자가 자기의 요구와 이해관계만을 주장하게 되면, 집단이나 다른 사람과의 이익을 침해하지 않을 수 없다. 따라서 집단생활이 성립하지 않는다.

집단생활이 성립하기 위해서는 집단을 구성하는 각 성원과 집단과의 사이는 물론 집단성원 간의 이해관계를 어느 정도 조절하지 않으면 안 된다. 그렇게 함으로써 집단생활이 원만하게 수행될 수 있는 사회가 유지된다. 이와 같은 조절은 정치와 같은 사회적 기능을 떠나서는 이루어질 수 없다.

사회가 유지되고 발전하기 위해서 정치가 필요한 것은 그것에 의해서 사람들의 공동생활이 보장되기 때문이다. 모든 활동은 결국, 자주성을 실현하기 위한 창조적 활동이며 자기의 운명을 개척하기 위한 활동이다. 운명을 개척하기 위한 활동은 그 본성에 있어서 공동생활을 하지 않을 수 없다. 공동으로 목표를 설정하고, 공동으로 노력을 한다면 어떠한 활동이라도 성과를 올릴 수 있다.

살기 위해서 행하는 사람들의 활동은 다양하며 사회가 발전할수록 보다 확대된다. 만일 이들 모든 활동에 종사하는 많은 사람들이 제멋대로 움직이는 것을 방치한다면, 어떤 활동은 사회 전반의 이익에 배치될 수도 있다. 따라서 공동 활동이 성립하지 않을 것이다. 공동 활동이 성립하기 위해서는 다른 활동을 수행하는 모든 사람들이 공동의 목적을 달성하기 위해 유기적으로 결합하지 않으면 안 된다.

그래서 여러 가지 공동 활동 분야 간에 노력 배치도 합리적으로 조절하지 않으면 안 된다. 그렇게 함으로써 공동 활동이 원만하게 수행되어 사회 발전에 기여할 수가 있다. 이것도 역시 사회적 기능으로서의 정치와 떨어져서는 실현되지 않는다.

정치의 필요성은 역시, 정치에 의해서 비로소 일정한 사회적 관계를 보호하고 개편하기 때문이다. 사회는 결코 많은 사람들의 단순한 집합체는 아니다. 사회는 일정한 사회관계에 의해서 유기적으로 결합된 사람들의 집단이다.

사람들의 일정한 사회적 지위와 역할, 그것에 상응하는 일정한 권리와 의무의 분담을 기본 내용으로 하는 사회관계를 떠나서는 사회에 대하여 생각할 수 없다. 사회가 유지되고 발전하기 위해서는 사회관계를 제도적으로 관리하지 않으면 안 된다. 현실에 맞는 합리적인 사회관계는 제도적으로 견고하게 보전하지 않으면 안 되고, 변화하는 현실에 맞지 않는 불합리한 사회관계는 제도적으로 개변改變하지 않으면 안 된다.

그렇게 함으로써 인간의 자주성과 창조성을 억압하는 낡은 사회관계의 질곡을 없애고, 개조사업을 원활히 수행해야 전반적으로 사회가 발전할 수 있다. 이것 역시 사회적 기능으로서의 정치를 떠나서는 생각할 수 없다.

이러한 것들은 정치가 없는 사회에서는 있을 수 없으며, 정치는 사회의 유지와 발전의 필연적 요구에 의해서 발생했다는 것을 말해 주고 있다. 따라서 정치는 사회의 필수적인 기능으로써 사회와 함께 발생했다고 볼 수 있다.

종래, 정치를 계급 관계라고 규정한 학설에서는 그것을 계급 대립의 산물로 보았으며, 정치의 기원을 계급사회의 발생과 일치시켰다. 이것은 계급사회에서 정치가 계급적 성격을 띠는 사실을 강조한 것에서 생긴 견해이다.

계급사회에서 정치는 계급적 성격을 띤다. 그것은 사회의 서로 다른 계급의 이해관계가 서로 대립하기 때문이다. 이해관계가 근본적으로 대립하는 지배계급과 피지배계급 간의 끊이지 않는 계급투쟁은 결국, 정치투쟁으로 발전한다. 모든 계급이 자기의 근본 이익을 실현하기 위하여 치열한 투쟁을 수행하는 조건하에서는 초계급적인 정치가 있을 수 없다는 것은 자명하다.

이러한 사실을 인정하지 않으려는 사람들이 존재하는 이상, 계급사회에 있어서 정치의 계급적 성격을 강조하는 것은 필요하였으며, 또한 이것은 극히 뜻있는 것이었다. 그러나 계급사회에서 정치의 계급적 성격을 사회 발전의 일정한 역사적 단계와 결합시키지 않고 과장하게 되면 정치의 본질에 있어서는 물론 그 기원에 대해서도 올바른 해답을 줄 수가 없을 것이다.

정치의 기원을 계급사회의 발생과 일치시키는 것은 즉 국가의 기원과 일치시키는 견해이지만 이것은 일정한 의미에서는 타당성도 있다. 왜냐하면 정치는 계급사회에 이르러 국가라고 하는 정치조직의 출현과 더불어 비로소 그 체계를 갖출 수가 있었기 때문이다. 그러나 문제는 이와 같은 견해가 정치의 기원을 사회의 계급 분열에서 찾았다는 데 있다.

그러나 정치의 기원을 인류 사회의 발생과 일치시키는 견해가 무조건 옳다고는 평가할 수 없다. 이와 같이 보는 사람들은 원시인의 집단을 인솔한 원시군原始群의 두목이나 씨족장의 지휘능력을 과대시한 것에서부터 그것을 정치라고 불렀다. 이와 같은 견해는 사실상 정치는 그 발생 초기부터 계급성을 띠지 않았으며, 또한 절대로 계급성을 띠지 않는 것을 논증하려고 하는 것에 그 의도가 있는 것이다.

정치는 인류 사회의 발생과 더불어 출현한 것은 사실이지만, 생물학적 의미에서의 현대인의 출현과 그 기원을 일치시켜서는 안 된다. 사실상 선사시대의 인간은 생물학적으로는 인간이라고 할 수 있으나, 사회적으로는 완전한 인간이라고 볼 수가 없다.

따라서 그 당시의 사회도 역사적으로는 최초의 인류 사회라고는 말할 수 있겠으나 완전한 사회라고는 말할 수 없을 것이다.[13] 왜냐하면 인간이란 자주적인 사상 의식과 창조적인 능력을 갖추고 사회적으로 생활하는 존재이며, 사회란 사회 역사적으로 축적된 물질적 및 정신적 부를 갖추고, 일정한 사회관계를 맺고 있는 사람들의 큰 집단이기 때문이다.

축적된 물질적 및 정신적 부富도 없이 사회관계가 아닌 혈연적인 관계를 기본으로 해서 결합되어 있는 작은 집단을 완전한 의미에서의 사회라고 볼 수는 없을 것이다.

사회의 축적된 물질적 및 정신적 부는 인간의 자주성과 창조성이 객관화된 것이다. 이것이 사회적으로 창조되고 역사적으로 축적되기 위해서는

---

13) 원시시대에 사람들은 매우 오랜 기간, 나무의 열매나 풀을 먹었으며, 동물이나 물고기를 먹고 생활했다. 당시 인간 생활의 기본 내용을 이루고 있었던 식생활과 성생활에서는 원시인 집단은 동물군과 그렇게 큰 차이는 없었다. 사회는 혈연관계를 기본으로 하는 것이 아니며, 사회관계를 기본으로 해서 결합된 사람들의 집단이다. 원시공동체 사회의 말기에 촌락공동체가 형성됐을 때를 제외하고는, 원시시대의 전 기간을 통해서 사회관계는 거의 출현할 수가 없었다. 생물학적 인류학적으로 인간이 발생했다고 해서 바로 사회학적으로도 인간 또는 사회가 출현했다고 볼 근거는 없다. 생물학적 진화와 사회적 진화와 더불어 인간과 사회는 발전하지만, 그것들은 시간적으로 일치하는 것은 아니다. 인류의 생물학적 진화는 사회적 진화가 이루어지는 자연적 기초이며, 육체적 기반일 뿐이다. 따라서 생물학적으로 유인원이 인류로 전화하는 것도 사회적으로 보면 원숭이가 사람으로, 원숭이 군(群)이 인간사회로 전화하는 것은 반드시 시간적으로 일치한다고 말할 수 없다.

금속제 도구와 문자 및 사회조직이 없어서는 안 된다. 이들은 인류 문명의 중요한 표징이다.

문명 단계에 들어서 비로소, 금속제 도구와 문자 및 사회조직에 의해서 인간이 창조한 물질적 및 정신적 부가 본격적으로 축적되고, 자주성의 문제나 정치도 일정日程에 오르게 되었다.

만일 이상과 같은 견해를 취하지 않으면, 선사시대에는 사적 소유가 없으며, 계급도 없고 착취도 없다고 해서, 마치 원시 사회가 사람들의 자주성이 존중된 사회인 것처럼 이상화하는 오류를 범하게 된다.

선사시대에는 모든 것이 극히 미발달한 맹아 상태에 있었다. 인간도 사회도 매우 미숙해서 유치한 과도적 상태였으며, 따라서 그것을 관리하는 지휘기능도 정치라고 하는 양상을 충분히 갖출 수가 없었던 과도적 상태에 있었다.

이와 같은 상태에 있는 원시인의 지휘 기능을 완전한 의미에서 정치라고 볼 수는 없을 것이다. 정치는 자기의 양상樣相을 완전히 갖춘 인류 사회와 더불어 문명 단계에서 자신의 모습을 나타내기 시작했다.

2. 정치의 발전

정치는 역사적으로 보아 원시공동체 사회의 말기, 고대 여명기에 공동체에 대한 추장이나 군 지휘관의 통일적 지휘 속에서 미숙하기는 하지만 그 모습을 처음으로 드러내기 시작했다. 그 후 사회의 발전과 더불어 낮은 단계에서 높은 단계로 점차 발전해 왔다.

원시 씨족공동체 시기의 정치는 아직 맹아 상태에 있었다. 그 당시 공동체의 성원은 살기 위해 집단적 토의를 하고, 씨족 총회를 갖고 씨족장을 선출했다. 그렇게 해서 씨족장의 지휘하에 씨족공동체의 범위에서 집단생활을 영위하며 집단 활동을 했다. 그러나 그때는 아직도 집단의 성원이 좁은 혈연적 유대로 맺어졌고, 생활은 다만 살아가기 위한 활동에 매몰되었으며, 정치조직도 직업적인 정치가도 없었다.

그러나 원시공동체 말기에 이르러 사태는 변했다. 인구는 증가하고 공동체의 규모는 확대되었으며 개별적인 가족이 생기기 시작했다. 이에 따라 집단을 연결하는 혈연적 유대는 점차 사회적 유대로 바뀌게 되었다.

한 집단의 이해관계는 개별적인 가족을 단위로 하는 개별적인 이해관계로 분화되고 서로 대립하게 되었다. 물질적 부의 생산과 더불어 정신적 부의 생산, 그 부의 관리와 인간 관리, 자연개조와 더불어 사회개조가 인간 생활의 중요한 구성 부분이 되었다.

정치는 경제, 문화와 더불어 독자의 사회생활 분야로써 사회적 분업으로 전화되고, 전문적인 정치조직과 직업적인 정치가가 출현하게 되었다. 이 모든 과정은 물론 하루아침에 이루어진 것은 아니다. 그것은 원시공동체 사회에서 고대 사회로 이행하는 역사적 기간을 통해서 천천히 진행되었다. 이렇게 해서 문명으로의 이행과 더불어 고대 정치가 출현한 것이다.

1) 고대 사회

고대 정치는 그 모양을 충분히 갖춘 역사상 최초의 정치이다.

고대 정치는 기본적으로는 노예 소유자의 정치이다. 그것은 고대 사회에 있어서 지배계급의 지위를 차지한 계급이 노예 소유자였기 때문이다. 노예 소유자 계급은 국가 권력과 생산수단 등 사회생활의 모든 분야에서 사회 성원의 지배에 필요한 모든 수단을 장악했다. 사회 자체의 필연적 요구에 의해서 발생한 정치는 사회의 계급적 분열이라고 하는 현실에 조우遭遇해서 처음부터 계급적 성격을 띠게 되었다. 그리하여 정치조직과 정치활동, 정치사상과 제도도 계급적 성격을 띠게 되었고, 최초부터 사회 전체를 위한 것이 아니라 특정 계급을 위한 것이 되었다.

노예제 정치는 노예 소유 계급의 이익을 옹호하고 보호하는 것이다. 그것은 노예에 대한 노예 소유자 계급의 착취를 위한 조건을 보장하고, 노예 사회의 정치적 안정을 도모하는 것에 주된 목적이 있었다. 노예제 국가의 모든 제도와 그것이 실시한 모든 시책은 결국 노예를 위시한 모든 사회 성원에 대한 노예 소유자 계급의 정치적 지배와 경제적 착취를 강화하는 방향을 지향했다.

노예제 국가가 기원전 5~4세기경의 고대 그리스의 아테네 국가나 기원전 6~1세기경의 고대 로마 국가와 같이 공화제 형태를 취한 시기에도 그러했으며, 기원전 1세기 이후, 고대 로마 국가나 조선, 중국, 인도를 위시한 고대 동방 국가와 같이 군주 형태를 취한 시기도 마찬가지였다.

노예제 정치는 직접적인 폭력에 의한 정치였고, 법이나 정치 선전은 노예 소유자 계급의 통치수단으로써는 큰 의의를 갖게 되었다. 고대사의 전 기간을 통해서 노예 소유자와 통치자가 의거한 기본 수단은 폭력이었다. 통치자와 노예주에 반항하거나 미움을 사게 되면, 가혹한 징벌을 받고 목이 잘렸다.

"법은 멀고 주먹은 가깝다"라고 하는 말도, 이때 생겨난 것이다. 이와 같은 사회에서 사회 성원의 자주성이나 존엄 및 인권 등에 대하여 논의할 수 없었던 것은 자명하다.

노예제 정치는 사람들의 사회적 지위와 역할을 극도로 괴리시켰다. 이러한 괴리는 무엇보다도 노예제 사회의 발전에서 결정적 역할을 하는 사회 성원이 피지배계급의 지위에 있으며, 어떠한 역할도 하지 않는 노예 주가 지배계급의 지위에 있는 것이다. 또한 지배계급 가운데서도 보다 큰일을 하는 자가 낮은 지위에 있으며, 일을 하지 않는 자가 높은 지위를 차지하고 있었던 것이다.

사회 구성원의 사회적 지위와 역할의 일정한 통일을 지향하고 출현한 고대 사회의 정치는 제도적으로 보장된 권력의 세습과 재산상속 때문에 사람들의 지위와 역할의 통일이 파괴되는 결과를 가져왔다.

사람들의 사회적 지위와 역할의 괴리, 이것은 어느 시대나 사회제도를 가리지 않고, 모든 사회악의 근원이었다. 인간에 의한 인간의 억압과 착취는 이것에 의해서 발생한 것이며, 모든 사회적 불평등과 부정도 이것 때문에 생긴 것이고, 사적 소유 때문만은 아닌 것이다. 한마디로 말해서 사람들의 사회적 지위와 역할의 괴리, 인간의 자주성을 전면적으로 유린하는 결과를 가져왔다.

따라서 노예제 정치는 필연적으로 위기에 직면하지 않을 수 없다. 사회 성원의 지위와 역할의 현저한 괴리는 노예 사회인 경우에 여러 가지 사회적 모순을 격화시켰다. 노예와 노예주 간의 계급적 모순도 격화되고, 이에 따라 지배계급의 내부 모순도 격화됐다. 이와 같은 모순 때문에 불가피하게 발생한 계급투쟁과 권력투쟁은 노예제 사회의 정치적 위기를 점차 깊게 했다.

위기를 인식한 통치자는 정치적 반대자를 폭력으로 탄압하는 한편, 회유정책을 실시했다. 피지배계급의 일부 유능한 인재를 기용함으로써 타개책을 모색하는 지배계급의 시도가 바로 그것이다.[14]

고대 정치는 노예제 지배계급의 반인민적 통치사統治史임과 동시에 지배계급에 반대하고 자주성을 확대하기 위한 인간의 투쟁의 역사였다. 자기의 사회적 지위를 높이려고 하는 노예 계급의 투쟁에 의해서 노예제 사회는 붕괴에 직면하고, 자주성과 창조성이 어느 정도 높아진 사회 구성원을 종래와 같은 방법으로는 억압하거나 착취할 수 없게 되었다.

활력을 잃은 노예제도는 봉건제도로 이행될 수밖에 없었다. 새로운 봉건 사회로의 이행과 더불어 중세가 시작되었던 것이다.

2) 중세 정치

중세로의 이행은 정치에 있어서 하나의 중요한 전환기였으나, 근본적인 전환은 아니었다. 왜냐하면 노예제에 반대하여 투쟁에 나섰던 사람들의 사회적 지위에 근본적인 변화가 일어나지 않았기 때문이다. 노예는 농노로 되었지만, 그들은 여전히 피지배계급에 머물렀고, 노예 주적奴隷主的 귀족은 봉건 귀족이 되었으며, 그들은 당연히 대중 위에 군림하는 지배계급이었다.

봉건 사회로의 이행은 결코 노예해방의 승리라는 직접적 결과는 아니었다. 사람들의 지위와 역할의 견지에서 보면, 노예제 사회와 봉건 사회는 계급사회의 다른 단계에 지나지 않는다.

---

14) 고대 로마에서 볼 수 있는 「해방노예」의 출현은 사회 성원의 지위와 역할의 현저한 괴리를 수정하려고 하는 통치자의 회유책의 산물이다.

중세 정치는 기본적으로는 봉건정치였으며, 그것은 봉건 귀족의 이익에 부합해서 사회를 관리하는 정치이다. 왕을 위시한 봉건 귀족이나 영주는 봉건 사회에서 국가 권력을 장악하고 있는 지배계급이다. 지배계급으로서의 귀족이나 영주의 지위를 유지하고, 광범한 농노, 농민대중에 대한 봉건적 착취와 억압을 위한 사회적 조건을 보장하는 것에 봉건 정치의 주된 목적이 있었다.

봉건 정치는 군주 정치이며, 그것은 국가 권력이 왕(또는 황제, 영주 등)에 속하고, 지배계급의 정치적 지배가 공식적으로는 왕권의 실현으로써 표현된다. 노예보다 사회적 지위가 상대적으로 높았던 절대다수의 농노를 정치적으로 지배하기 위해서는 군주 정치가 필요했다. 이것은 생산수단에 대한 지배를 통해서 생산자를 지배하는 것이 아니라, 사회의 생산을 지탱하는 생산자, 농노에 대한 지배를 통해서 생산수단을 지배하는 봉건주의의 본질에 합치하는 정치라고 말할 수 있다.

봉건적 군주 정치의 특징은 왕의 인격이 신비화되고, 그 지위는 종신적이며, 또한 세습적이고, 그 권한은 절대적으로 무제한이라는 것이다. 이와 같은 봉건적 군주 정치가 전제정치가 되지 않을 수 없는 것은 당연하다. 유럽에 있었던 봉건제 발전의 각 단계에서 순차적으로 나타났던 할거제割據制 봉건 군주 정치(10~13세기), 신분 대표제 봉건 군주 정치(14~16세기), 절대 군주 정치(16세기 이후)도 모두 전제정치였다.

최고 권력자인 왕이 전제군주라면, 그 관료도 전제적으로 되지 않을 수 없었다. 백성들과 직접 접하고 있는 하급 관리가 전횡으로 부패하면 그 책임은 당연히 왕이 질 수밖에 없으나, 왕은 어떠한 결과에 대해서도 책임을 지지 않는다. 기껏 농민의 원한을 산 관리를 면직시킬 뿐이다. "공로는 짐朕에 있고, 잘못은 신하에 있다", 이것이 군주가 된 사람들의 사고방식이다.

봉건 정치는 철저한 신분 정치이다. 봉건 사회에서 모든 사람들은 일정한 신분에 속해 있지만, 그 신분은 일생 법적으로 고착되어 세습된다. 봉건적 신분 관계는 본질상, 봉건 사회의 계급 관계의 법률적 표현이다.[15] 법적으로 고착된 신분제도에 의해서 사람들의 직업과 배우자, 복장과 예의범절이 규정되며, 새로운 세대의 전도前途가 태아에서부터 운명지어진다.

신분 관계는 중세 이전에도 있었으며, 그 이후에도 잔재殘滓 형태로 남았으나 봉건시대와 같이 최고 주권자인 왕을 정점으로 한 농민들을 기층基層으로 한 하나의 피라미드와 같이 정연하고 엄격한 위계제를 취한 시기는 없었다. 봉건 지배층의 정치는 그들의 이익에 부합해서 신분제를 확립하여 정비하고 수호하는 것이며, 봉건 사회의 정치생활은 신분제의 범위 내에서 행하여졌다.

봉건 정치는 신분제에 의해 유지되고, 신분제에 의해 멸망했다. 봉건 정치가 신분제에 의해 유지된 것은 확실히 신분제에 의해 왕권이 보장되고, 지배계급의 정치적 지배가 실현되었기 때문이다. 봉건 정치가 신분제에 의해 멸망한 것은 다름 아닌, 신분제에 의해서 사람들의 사회적 지위와 역할이 현저한 괴리가 생기고 사회 구성원의 자주성과 창조성이 현저하게 억압되었기 때문이다.

이와 같은 괴리에 의해서 봉건 지배층에 반대하는 백성들의 정치투쟁과 통치층 내부의 정치적 암투가 계속되고, 봉건왕조의 교체가 끊임없이 발생하여, 반봉건 민주혁명에 의한 봉건왕조와 신분제도 자체의 완전한

---

15) 봉건적 신분제는 그 구체적인 내용은 국가와 시기에 따라서 다양하지만, 어느 봉건 사회에서나 존재했다. 봉건시대의 한반도에서는 지배계급의 신분으로서 양반이 있고, 피지배계급의 신분으로서 천민이 있었다. 또한 각각 내부에서는 복잡하고 엄격한 위계가 존재했다.

청산이 준비되었던 것이다.[16]

봉건 정치는 암흑 통치이다. 봉건 통치자는 노예 소유자가 실시한 악정과 허식虛飾의 정치를 보다 완성시켰다. 봉건 지배계급은 무제한의 폭력으로 인민 대중을 억압하고, 경제 외적인 강제를 통해서 농민을 약탈했을 뿐만 아니라, 종교를 이용해서 사람들을 정신적으로 예속시켰다.

중세와 같이 정권과 교권이 유착하고, 교회나 사원의 위선과 전횡, 착취와 수탈이 정점에 달한 시기는 없었다. 무능한 봉건 통치자가 가장 무서워한 것은 국민 대중이 진리를 인식하는 것이다. "백성에게는 일체 알리지 말 것이며, 다만 복종시킬 뿐이다"라고 하는 것이, 그들의 통치 방법이었다.

일반 백성이 진리에 접하는 길을 봉쇄하기 위하여 분서갱유焚書坑儒해서 이단異端을 화형에 처하고 문호를 폐쇄했지만, 봉건제에 반대하는 백성들의 정치적인 진출을 억압할 수는 없었으며, 이리하여 봉건 사회의 붕괴 과정이 촉진되었다.

중세 정치사는 봉건 통치자의 무지몽매한 암흑 통치의 역사임과 동시에 봉건 지배계급에 반대하고, 자주성을 옹호하는 광범한 백성들의 투쟁의 역사이다. 투쟁에 나선 대중은 봉건적 신분제도의 철폐를 요구하고,

---

16) 중세사에서 볼 수 있는 나라의 흥망성쇠와 왕조 교체의 주된 원인을, 소위 토지겸병(兼倂)에서 찾으려고 하는 견해는 옳지 않다. 주된 원인을 토지제도에서 찾아서는 안되며 신분제도에서 찾아야 한다. 경제에서 찾는 것이 아니라 정치에서 찾아야 된다. 어떤 봉건왕조의 멸망은 세습적인 신분제도에 의한 사람들의 지위와 역할의 괴리에서 생긴 것이다. 새로운 왕조가 수립하면 즉시 개국공신을 등용하고, 탐관오리를 추방하는 등, 관료 질서를 그 역할에 따라 재편성하며, 신분제를 정비한다. 그렇게 되면 일시적으로는 다시 나라는 어느 정도 융성 발전한다. 그러나 봉건적 신분제도를 온존시키고, 그것을 얼마간 갱신하는데 머뭇거리면, 새로운 왕조도 불가피하게 옛 왕조의 전철을 밟게 된다. 이와 같이 반복되는 과정에서 대중의 자주성과 창조성은 높아지며, 새로운 사회 성립의 물질적 조건이 양성됨에 따라서, 결국 봉건적 군주제와 신분제 자체가 근본적으로 청산되는 시기가 도래한다.

민주주의적 자유와 평등을 요구했다. 투쟁의 선두에는 많은 경우, 이른바 '제3신분'을 자칭하는 부르주아지가 일어났다.

그들의 요구는 봉건적 전제주의를 부르주아 민주주의로 바꿈으로써, 강화된 경제적 지위에 걸맞게 정치적 지위를 높이는 것이었다. 백성들의 적극적인 반봉건 투쟁에 의해서 봉건제는 자본주의 제도로 교체하고, 자본주의에로 이행과 더불어 근대화가 시작된 것이었다.

3) 근대 정치

근대로의 이행은 정치사에 있어서 하나의 커다란 전환기였다. 이러한 자본주의 확립기에 발생한 모든 변혁은 그 이전의 봉건제 확립기에 발생한 변혁보다도 훨씬 심각하고 철저했다. 그것은 무엇보다도 반봉건 부르주아혁명에 의한 사회의 정치·경제·문화의 모든 분야에 걸친 근대화였다. 그중에서도 극히 심각한 변혁은 정치의 근대화였다.

부르주아혁명은 정치혁명이라고 한다. 이 정치혁명에 의해서 정권은 소수의 봉건적 특권계급의 수중으로부터 제3신분[17]의 대표자의 수중으로 옮겨가고, 봉건적 군주제는 헌정 또는 대의제로 바뀌었으며, 봉건적 신분제 대신에 시민적인 자유와 평등이 실현되게 되었다. 이렇게 해서 인간에 의한 인간의 소유 또는 신분적 노예와 억압은 폐기되고, 모든 사회 성원이 법 앞에서는 평등한 정치적 권리를 갖게 되었다.

---

17) 제3신분[第三身分]: 프랑스혁명 이전의 평민층(平民層) 또는 좁은 의미로는 도시의 주민, 즉 시민 계층을 나타내는 말이다. 14세기 초 3부회(三部會)가 소집된 이후 국민 대표는 제1부 사제, 제2부 귀족, 제3부 시민 등 신분별로 구성된 데에서 제3신분이라는 말이 생겼다. 제3신분은 사제·귀족의 특권 신분에 비해 사회적으로 낮은 백성으로 간주되었다.

중세적 암흑 통치는 끝나고 근대 부르주아적인 민주주의와 인권은 확립되었다. 정치에서 발생한 이와 같은 심각한 변혁은 분명히 국민 대중의 자주성과 창조성이 그 이전에 비해 훨씬 광대한 조건하에서 실현되었다는 것을 나타내고 있다.

더구나 정치에서의 근대화는 자주성을 위한 국민 대중의 혹독한 투쟁의 거대한 결실이다. 이리하여 국민 대중의 사회적 지위와 역할을 높이는 길이 열렸다.

그러나 반봉건적인 부르주아혁명에 의해서 수행된 심각한 정치적 변혁은 당시의 역사적 및 계급적 제약을 모면하게 되었다. 봉건적 군주제와 신분제를 폐기하고 시민적 자유와 평등, 인권을 확립하는 형태로 실현된 정치의 근대화는 결국 경제력을 가진 부르주아지의 정치적 지배를 가져왔다.

정치·경제·문화는 근대화되었으나 그것은 국민 대중을 사회적 예속과 억압으로부터 해방할 수는 없었다. 근대 정치는 기본적으로는 부르주아 정치였고, 그것은 자본가 계급의 공동의 이익에 부합해서 사회를 관리했다. 피지배계급에 대한 자본주의적 착취와 억압의 조건을 보장하고, 특히 사적 소유를 보장하는 것에 부르주아 정치의 특징이 있다. 정작 이를 위해 부르주아 국가의 모든 제도가 확립되고, 다양한 시책이 실시되며, 정치활동이 이행되고 있다.

부르주아 정치는 표면상 헌법 정치이다. 헌정은 국민의 '총의總意'에 의해서 채택된 헌법이 국가의 기본법으로 제정되고, 지배계급의 정치적 지배는 공식적으로는 헌법의 실행으로 표현된다. 헌법에 의해서 군주제는 폐기되든가 제한된다. 법치주의를 표방하면서 신분적으로는 자유로운 대다수의 국민을 다스리는 것이 부르주아 정치이다.

부르주아 정치는 봉건 정치와는 달리, 그 사회의 지배계급에 속하는 특정의 개인을 옹호하는 것이 아니며, 부르주아 계급의 계급적 지배의 조건을 옹호할 뿐이다.[18] 신분제를 폐기한 조건하에서 다양한 인간의 신분과 위계, 그에 따른 특권을 옹호할 필요성은 없게 되었다.

부르주아 법은 어제의 노동자가 자본가가 되고, 소규모의 자본가가 대자본가가 되는 것을 방해하지 않는다. 또한 대자본가가 소자본가로, 자본가가 노동자로 추락하는 것을 방해하지도 않는다. 누가 자본가이든 노동자이든, 또한 누가 통치자가 되고 피통치자가 되든지 관계하지 않는다.

부르주아 정치의 특징은 보통선거에 의해서 구성되는 국민대표기관에 우위를 부여하고, 이 기관에 입법 기능과 국가 감독 기능을 수행하게 하는 것이다. 이것이 소위 대의제 정치이다.

부르주아 정치는 화폐 만능의 정치이다. 화폐의 많고 적음에 따라 지위가 결정되고 권리가 향유된다. 인간의 가치는 교환가치로 전환되고 인격의 척도는 신분에서 화폐로 바뀌었다. 법 앞에서는 평등한 사회 구성원의 실질적인 권리의 분량은 대부분의 경우 그들의 화폐의 분량에 의존한다. 이것은 사적 소유가 존재하고, 상품 화폐 관계가 지배하는 조건하에서는 불가피하다.

이와 같은 조건하에서는 대의정치가 본래의 의미를 상실할 뿐 아니라 대의제 정치를 표방하면 할수록 정권은 한층 지배계급의 독점물이 된다. 왜냐하면 일반적으로 공유公有와 사유私有가 병존하는 경우, 공유는 사적 소유를 가진 사람들에 의해서 보다 많이 이용되기 때문이다. 사적 소유나 상품 화폐 관계는 근대 이전에도 있었으며 현재도 존재한다.

자본주의 사회와 같이 상품이 사회의 경제적 세포細胞로 되고 화폐가 보

---

18) 봉건제 하에서는 부르주아 정치와는 다르게, 신분제도 함께 고위신분에 속하는 특정한 사람들을 옹호했다. 평민이나 천민이 귀족으로 되는 것은 법적으로 금지되어 있었다. 신분은 종신적이며 세습적이다.

편적인 축적 수단으로 되어 자본으로 전화하고, 화폐의 소유 정도에 따라서 사람들의 인격과 지위가 규정된 시대는 없었다. 상속되는 화폐는 세습되는 신분에 못지않게 자본주의 사회에서는 사람들의 지위와 역할을 현저하게 유리遊離시키는 근본 요인이다. 진정으로 여기에 부르주아 정치의 한계성이 있다.[19]

정치에 있어서도 자본주의 사회에서는 보통선거제, 대의제, 권력분립제, 다당제 등 민주정치의 제형식이 전개된다. 이 모든 것은 대중이 국정에 참여하는 것처럼 외관을 제공한다.

보통선거 제도에 의한 국민의 정치적 무권리 상태가 확산되고, 대의제에 의해서 소수의 정치적 지배가 은폐되며, 권력분립제에 의해서 집권층의 전횡이 확산되고, 다당제에 의해서 국민의 정치적 진출의 억압이 은폐된다. 이러한 모든 것은 자본주의하에서 민주주의가 보장되는 것 같은 인상을 주기 때문이다. 이것은 봉건 사회보다 자주성이 높은 국민 대중의 통치에 적합한 정치라고 볼 수가 있으며, 그래도 자본주의는 중세적 암흑 정치보다는 발전했다고 말할 수 있다.

자본주의의 높은 단계, 바꾸어 말하면, 독점자본주의 단계에 이르러, 자본주의의 모든 고유한 모순과 함께 부르주아 정치의 위선성은 명백해졌다. 자본주의는 그 발전의 필연적 결과로써 자유경쟁을 독점으로 바꾸었지만, 독점자본주의에 상응하는 정치적 현상은 금융 과두金融寡頭에 의한 권력 독점이다.

이렇게 되면 공화 정치는 형식만을 남기고, 군주 정치와 유사한 권력구

---

19) 부르주아 정치는 사적 소유를 옹호하는 것에 그 주요 목적이 있으며, 또한 사적 소유의 옹호에 그 한계성이 있다. 따라서 자본주의 반대론자(論者)가 사적 소유의 폐지를 중심으로 이론을 전개한 것도 우연은 아니다. 마르크스는 〈공산당 선언〉에서 "… 공산주의자의 이론은 단 하나의 문장, 즉 사유재산의 폐지로 요약될 수 있다"고 하였다. 『공산당 선언, 제2장, 프롤레타리아트와 공산주의자』, 참조.

조가 나타난다.[20] 이것이 말하자면 금융 과두 정치이다. 금융 과두 정치는 나라의 정치 경제적 명맥을 장악한 극히 소수의 금융 과두 세력에 의한 독점적 정치적 지배이다.

이와 같은 조건하에서 일련의 자본주의 국가에서는 부르주아 민주주의를 보다 세련시키는 방법으로 자본가 계급의 정치적 지배를 연장시키려고 하는 경향이 나타났다. 제2차 대전에서 파쇼(pascio) 국가의 참패는 국민 대중의 자주성이 높아졌던 조건하에서는 국가를 파쇼화하는 것이 결코 부르주아 통치의 위기를 수습하는 방법이 아니라는 것을 세계적 범주에서 실증했다. 이와 같이 해서 발생한 것이 현대 부르주아 정치이다.

현대 부르주아 정치에서는 헌정과 법치, 일반 선거제도와 대의정치, 복수 입후보제와 비밀투표, 다수결 제도와 임기제, 권력분립과 변호권, 다당제와 압력단체의 활동 보장, 자유, 평등, 기본적 인권의 존중 등, 반봉건 혁명 이래 정치적 요구로써 제기된 자유민주주의의 제 원리가 국민 대중의 자주성이 고조되고 새로운 역사적 조건에 순응할 수 있도록 일층 세련되고 교묘한 형태로 전개되었다.

이것은 통치 세력과 국민과의 일종의 세력균형과 타협의 산물이라고 말할 수 있다. 이것은 어느 쪽이 더 유리하다고 말할 수 있을까? 그것은 우선 부르주아지에 유리할 것이다. 왜냐하면 그것은 정치생활에 있어서 자본가 계급의 지위를 저하시키지 않고 계급적 대립을 어느 정도 완화시킬 수 있기 때문이다. 그러나 한편 그것은 국민 대중에게도 어느 정도 유리한 조건을 부여한다. 왜냐하면 그것은 파시즘과는 달리 사람들에게 생활의 권리와 자유를 실현하는 일정한 가능성을 부여하기 때문이다.

---

20) 프랑스의 경제학자 라지스는 20세기 초두 프랑스의 금융과두정치를 분석하고, "프랑스 공화국은 금융군주국이다.", "프랑스에서는 금융과두정치가 완전히 지배하고 있으며, 이것은 언론계도 정부도 지배한다"고 지적했다.

그러나 가능성은 근본적인 해결책을 부여하는 것은 아니다. 국가 주권이 자본가 계급의 수중에 장악되어 있는 한, 국민 대중의 참된 정치적 권리와 자유의 실현은 보장되기 어렵다.

근대 정치사는 부르주아 정치의 역사임과 동시에 국민 대중의 정치적 해방운동의 역사이다. 자본의 전횡에 반대해서 투쟁에 나섰던 국민은 부르주아지의 정치적 지배와 자본주의적 사적 소유를 전면적으로 폐기할 것을 요구했다.

이것은 국민 대중이 이미 자기의 운명을 지배계급에 맡기는 것을 허용하지 않을 만큼, 그들의 자주성과 창조성이 높아졌다는 것을 의미한다. 인류는 오랜 역사의 수난과 고통에 종지부를 찍고, 겨우 본래의 역사에 들어갈 수 있었다고 할 수 있다.

본래의 역사에 들어선 인류의 중대한 역사적 과제의 하나는, 현대 정치를 훌륭하게 운영하고 이상적인 인간 중심의 민주주의 사회 건설을 촉진하는 것이다.

3. 정치 발전의 필수적 조건

정치가 발전한다는 것은 자기 운명의 주인으로서 사람들이 사회에서 차지하는 자주적 지위와 창조적 역할이 높아진다는 것을 의미한다. 즉 인간이 자주적으로 살려는 욕망을 실현할 수 있는 자유의 수준이 높아지고 그것을 담보하는 창조적 역할의 수준이 높아진다는 것을 의미한다.

사회에서 차지하는 인간의 자주적 지위와 창조적 역할의 수준을 규정하는 결정적 요인은 사회적 운동의 주체인 인간의 발전 수준이라고 볼 수 있다. 인간의 발전 수준은 크게 세 가지 측면으로 표현된다. 〈물질적 힘〉과 〈정신적 힘〉 그리고 〈사회 협조의 힘〉이다.

정치를 발전시키기 위하여서는 물질 경제적 조건과 정신문화적 조건, 사회 협조적 조건을 마련하는 사업을 앞세워 나가야 한다.[21]

1) 물질 경제적 조건

세계에서 차지하는 인간의 자주적 지위와 창조적 역할을 높이기 위해서는 무엇보다도 먼저 세계를 인간의 요구에 맞게 개조할 수 있는 인간의 창조적 물질적 힘을 준비하여야 한다.

인간을 둘러싸고 있는 물질세계는 물질적인 힘에 의해서만 개변시킬 수 있다. 물질세계를 인간의 요구에 맞게 개조할 수 있는 인간의 물질적 힘은 생산력이 대표한다. 생산력의 발전 수준이 세계에서 차지하는 인간

---

21) 황장엽 지음, 「민주주의와 공산주의」, 시대정신, p. 41

의 자주적 지위와 창조적 역할을 규정하는 객관적 조건이 된다.

객관적 조건이 곧 세계에서 차지하는 인간의 지위와 역할을 규정하는 것은 아니다. 이 객관적 조건을 어떻게 이용하여 인간의 지위와 역할을 높일 것인가 하는 문제는 정신적 힘과 사회 협조적 힘을 지닌 인간의 창조적 활동을 통하여 해결된다. 인류 발전의 현 단계에서는 자연개조, 인간 개조, 사회관계 개조사업이 균형적으로 진행되지 못하고 있으며, 따라서 국민의 물질적 생활력과 정신적 생활력, 사회 협조적 생활력이 균형적으로 발전되지 못하고 있다.

자본주의적 민주주의하에서 인류 사회는 비약적으로 발전하였으나 아직까지는 인간의 육체적 생명을 보존하기 위한 삶의 요구 충족이 인간 생활의 가장 중요한 내용을 이루고 있다. 이로 인해 경제생활이 앞서 나가고 있으며, 정신문화생활과 정치생활이 상대적으로 뒤떨어지고 있다.

즉, 사회의 생산력 발전 수준에 비하여 정신문화적 수준과 정치 수준이 뒤떨어지고 있다. 이것은 생산력의 발전과 경제생활 발전에도 장애를 조성하고 있다. 정권은 정치·경제·정신문화의 3대 생활과 3대 생활력의 균형적 발전을 보장하도록 사회관리 사업을 진행하여야 한다.

교육사업과 과학연구사업 발전을 위하여 대대적으로 투자해야 한다. 또 정치적 인재 양성과 정치적 사회적 실험을 위한 사업에 대대적으로 투자하여야 한다. 이와 함께 정신문화와 정치 발전을 위한 경제적 투자가 생산력 발전과 경제 발전에 어떻게 이바지하는가를 통하여 그 정당성이 검증되고 평가되도록 하여야 한다.

물론 정신문화 발전과 정치 발전 수준을 직접 측정할 수 있는 방법이 앞으로 개발되면 별문제이지만 현재로서는 사회 발전의 요구에 맞게 생산력을 발전시키는 데 이바지하였는가 하는 것을 매개로 하여 측정하는 것이 가장 확실성이 있다고 볼 수 있다.

인간 개조사업이 중요하다고 하여 자연 개조사업을 초월하여 그것을 발전시키려고 하는 것은 마치 원료의 존재 여부를 고려하지 않고 제조업 발전을 앞세우려고 하는 것과 마찬가지의 과오를 범하는 게 될 것이다. 그러므로 민주주의적 사회관계를 발전시키기 위해서는 언제나 생산력의 발전 수준, 경제 발전 수준을 먼저 타산打算하고, 사회관계를 민주화할 수 있는 객관적 조건이 조성되었는가 여부를 검토하는 사업을 앞세워야 할 것이다.

이때 생산력의 발전 수준을 양적으로만 따질 것이 아니라 생산력 발전 자체가 사회 발전의 요구에 맞게 균형적으로 발전되었는가를 살펴보아야 한다. 오늘날 인류 앞에 제기되고 있는 세계 민주화 사업도 생산력의 발전, 즉 경제 발전을 떠나서는 생각할 수 없다.

2) 정신문화적 조건

자연 개조사업의 주된 목적이 인간의 물질적 생명력을 강화하는 데 있다면, 인간 개조사업의 주된 목적은 인간의 정신적 생명력을 강화하는 데 있다.

정신적 생명력은 사회적 존재인 인간의 생명력의 주도적 부분이다. 정신적 생명력은 인간 생명의 기초인 삶의 욕망과 삶의 힘을 인간의 생존과 발전의 요구에 맞게 조절 통제하는 기능을 수행한다.

물질적 힘 자체는 물질을 움직일 수 있는 능력, 즉 동력에 지나지 않는다. 그것은 그 자체로서는 창조성을 가질 수 없으며, 오직 인간의 정신적 생명력과 결부되어서만 인간의 생존과 발전에 맞게 창조적으로 작용할 수 있다.

현실적으로 작용하는 물질적 생명력은 정신적 생명력과 물질적 힘의 결합체이다. 과학기술 지식은 정신적 생명력에 속하지만 그것은 자연을 개조하기 위하여 창조적으로 작용하는 생산력의 정신적 측면을 대표하고 있다.

정신적 생명력은 물질적 생명력을 주도할 뿐만 아니라 인간의 삶의 욕망을 생존과 발전의 요구에 맞게 조절 통제함으로써 인간의 생존 활동 전반을 주도한다. 즉 자연 개조사업, 인간 개조사업, 사회관계 개조사업은 다 인간의 삶의 요구를 실현하기 위한 활동인 만큼, 인간의 창조적 생존 활동 전반을 주도하는 것은 인간의 정신적 생명력이다. 이것은 인간의 생명력을 강화하는 데서 정신적 생명력을 강화하기 위한 인간 개조사업을 앞세워 나가야 한다는 근거가 된다.

생명의 2대 특징인 삶의 요구와 삶의 힘은 목적과 수단의 관계다. 수단을 떠나서는 목적을 실현할 수 없지만, 수단은 어디까지나 목적을 위하여서만 존재가치를 가질 수 있다. 그러므로 인간의 생존 활동의 방향을 규정하는 결정적 요인은 삶의 요구이며, 삶의 요구를 조절 통제하는 정신적 생명력인 사상의식이다.

사상의식은 인간의 삶의 요구, 삶의 이해관계를 인식하고 사회 발전의 요구에 맞게 조정하는 사회적 의식이다.

개인은 다양한 특색 있는 생명을 지니고 있으며, 다양하고 각이한 이해관계를 가지고 있다. 따라서 개인의 사상의식은 다양하고 각이하다. 사람들은 개인적 존재로서의 각이한 사상을 가지고 있는 동시에 집단적 존재로서 공동의 사상을 가지고 있다. 해당 사회의 사상 발전 수준은 사회적 집단의 공동의 사상의식의 발전 수준이 대표한다.

사회적 집단의 공동의 사상은 사회 공동의 삶의 목적과 그것을 실현하는 방법에 관한 사회적 의식이다. 그것은 사회 성원들을 단결시키는 정신적 유대이며, 생존 활동의 통일을 보장하는 지도이념이다. 사회가 발전함에 따라 사회 공동의 삶의 목표와 그것을 실현하는 수단과 방법의 수준도 높아지기 때문에 사회 공동의 지도이념의 수준도 높아지지 않으면 안 된다. 민주주의 사회의 지도이념도 끊임없이 그 수준이 높아져야 한다.

자유와 평등의 사상은 경제 분야에서 자유경쟁과 시장경제 체제로 구현되었으며, 정치 분야에서는 다당제 의회정치 체제로 구현되었다. 오늘날 자본주의 국가에서는 자유민주주의와 시장경제를 자본주의적 민주주의 사회의 지도이념으로 간주하고 있다.

자유와 평등 사상은 민주주의 사회 발전의 거대한 추동력으로 되었으며, 자본주의적 민주주의 체제는 인류 역사 발전에 미증유의 획기적 기여를 하였다. 그러나 자유경쟁이 격화되어 승리자와 패배자의 간격이 크게 벌어지게 되어 패배자는 사회의 주인으로서의 지위를 상실하게 되고, 승리자가 사회를 지배하는 특권을 누리는 부당한 사회 현상이 발로했다. 이것은 사회 발전에 역행하며 인간의 사회적 본성에 배치되는 부정의의 현상이라고 볼 수 있다.

여기서 자본주의 체제는 민주주의적 권리를 상실한 패배자들의 강력한 반항에 부딪치게 되었으며, 개인 중심 민주주의에 대한 사회적 비판이 제기되었다. 개인 중심 민주주의에 대한 비판으로부터 힘을 얻은 것은 집단 중심 민주주의 사상이다. 개인 중심 민주주의를 부정하고 집단 중심 민주주의를 옹호하는 사회적 운동의 선두에는 생존경쟁에서 패배한 무산계급이 서게 되었다.

집단주의는 무산계급의 이익을 옹호하는 무산계급 본위주의적 사상과는 근본적으로 다르다. 집단적 존재의 본성인 집단에 대한 사랑은 무엇보다도 인도주의적 박애사상으로 표현된다. 집단주의 정신은 절대로 어느 특정 계급의 이익만을 옹호하는 계급주의 사상으로 될 수는 없다.

계급주의자들은 무산계급의 이익만 옹호하고 유산계급을 증오하는 계급 이기주의자들이다. 그들이 인도주의적 사상을 계급성이 없기 때문에 유산계급이 무산계급을 기만하기 위하여 만들어 낸 것이라고 비난하며 배척하는 것은 옳지 않다.

개인적 존재의 자기 보존성의 표현인 개인주의 사상은 결코 계급주의 사상이 아니다. 개인주의 사상은 무엇보다도 개인의 자유와 평등을 옹호하는 사상으로 표현되는데, 자유와 평등을 옹호하는 사상은 어느 특수한 계급의 이익을 옹호하는 사상이 아니다.

개인의 자유와 평등을 옹호하는 개인주의 사상과 집단 전체를 사랑하는 집단주의 사상은 인간의 본성의 양면이지 어느 특정 계급의 이익만을 옹호하는 계급주의적 사상이 아니다. 인간은 예외 없이 개인의 이익을 옹호하는 개인주의 사상을 가지고 있는 동시에 집단 전체의 이익을 옹호하는 집단주의 사상을 가지고 있다.

어떤 사람은 개인주의 사상을 더 많이 가지게 되고, 또 다른 사람들은 집단주의 사상을 더 많이 가질 수 있다. 즉 개인주의 사상을 위주로 삼는가, 집단주의 사상을 위주로 삼는가 하는 데는 계급적 이해관계가 영향을 미칠 수 있다.

인간은 개인적 존재인 동시에 집단적 존재라는 것은 인간 존재의 불변한 특징인 만큼 사회가 아무리 발전해도 개인적 존재를 보존하려는 개인주의적 사상 경향과 집단적 존재를 보존하려는 집단주의적 사상 경향은 계속 남아있게 된다. 개인주의적 사상 경향과 집단주의적 사상 경향의 대립과 통일은 영원하며 양자를 통일시켜 나갈 필요성도 영원하다고 볼 수 있다.

세계는 개인 중심의 자본주의적 민주주의가 발전함에 따라 개인적 존재의 생존을 보장하는 데 필요한 생활수단들이 풍부하게 생산되어 개인의 생존 문제가 원만히 해결되게 되었다. 이렇게 되면 개인의 육체적 생명을 보존하기 위한 삶의 욕망은 약화되고, 사회적 존재로서의 집단의 삶의 욕망을 실현하려는 의욕이 강화되는 것이 인간의 삶의 욕망 발전의 합법칙성이라고 볼 수 있다.

인간의 삶의 욕망의 변화와 사상의 변화는 직접 연결되어 있다. 삶의 욕망에 대한 정신적 자각이 다름 아닌 사상이라고 볼 수 있다. 사상을 발전시키기 위해서는 삶의 욕망을 발전시켜야 하며, 삶의 욕망을 발전시키기 위해서는 삶의 욕망과 이해관계에 대한 자각적인 사상을 발전시켜야 한다.

많은 사람들이 아직 인간이 자기 운명의 주인이며, 자기 운명을 개척해 나갈 수 있는 힘이 자기 자신에게 있을 뿐 아니라 인간은 가장 발전된 존재로서 세계의 발전 수준을 대표하고 세계 발전을 이끌어 나가는 가장 위력하고 가장 귀중한 존재라는 것을 똑똑히 자각하지 못하고 있다.

또한, 개인적 존재만으로는 인간이 자기 운명의 주인으로 될 수 없으며 사회적 집단을 이루고 창조적으로 협조함으로써만 세계의 주인, 자기 운명의 주인으로서 인류의 영원한 발전의 길을 개척할 수 있고, 끝없이 보다 높은 수준의 행복을 창조해 나갈 수 있다는 것을 자각하지 못하고 있다. 이와 같이 사람들의 정신문화적 자질이 뒤떨어지다 보니 국가와 사회의 주인으로서의 지위를 지킬 수 없으며, 주인으로서의 책임과 역할을 제대로 할 수 없는 것이다.

오늘날 세계의 항구적인 평화의 질서를 법적으로 확립하고 인권을 유린하는 독재를 철폐할 수 있는 물질적 조건은 준비되었으나, 사람들의 정신문화적 수준과 정치 수준이 뒤떨어져 있다 보니 물질적 조건의 준비 수준에 상응한 정의의 세계 질서를 세우지 못하고 있다.

우리 한반도의 남북 관계에서는 남한이 사회 발전의 물질적 조건에서 북한과는 대비할 수 없을 정도로 발전되고 있으나 정신문화적 조건과 정치적 발전 수준이 이에 따라가지 못함으로써, 북한 독재집단의 사상적 침습과 정치 군사적 위협 공갈에 적절하게 대처하지 못하여 사회 발전에 장애를 초래하고 있는 유감스러운 사실을 목격하고 있다.

사람들이 세계의 주인, 자기 운명의 주인으로서의 자각을 가지고 세계적 범위에서 인간의 창조적 협조를 실현하기 위해 헌신적으로 노력하는 사상 정신적 풍모를 갖게 될 때, 정치 발전에서 정신문화적 조건이 성숙하였다고 볼 수 있을 것이다.

3) 사회 협조적 조건

사회는 인간과 인간이 창조한 사회적 재부와 그것들을 결합시키는 사회적 관계로 이루어져 있다. 인간이 창조한 사회적 재부는 인간 자신의 사회적 연장이라고 볼 수 있다. 인간과 인간이 창조한 사회적 재부는 사회적 운동을 담당하는 사회적 존재의 구성 요소라고 볼 수 있으며, 사회적 관계는 사회적 존재의 구성 요소들을 결합시키는 결합 구조라고 볼 수 있다.

사물의 구성 요소와 결합 구조의 발전이 사물의 객관적 존재성의 발전을 규정하는 동시에 자기 존재를 보존하려는 주관성의 발전을 규정하며, 객관적 존재성과 주관적 자기 보존성이 결합되어 자기 보존을 실현하기 위한 객관적 운동으로 발현된다. 이것은 사물의 존재와 운동의 상호 관계를 규정하는 보편적인 법칙이다. 사회적 존재와 사회적 운동의 상호 관계에서도 이 보편적 법칙이 작용한다.

인간은 자기 보존성과 자기보존 운동능력이 가장 강한 존재로서 객관적 조건에 예속되지 않고 자체의 힘으로 자기 존재를 발전시켜 나갈 수 있는 자주적이며 창조적인 존재이다.

인간의 정신적 생명력은 물질적 힘, 사회 협조의 힘과 결부되어 주동적이며 능동적인 창조적 물질적 힘으로 작용하게 되며, 인간은 이 창조적 힘에 의하여 자연을 자기 요구에 맞게 개조하여 물질적 생명력을 창조해 나가며, 사회적 존재의 결합 구조를 개조하여 인간의 협조적 생명력을 창조해 나간다.

또한, 인간은 자기의 정신적 생명력에 의하여 인간의 정신적 생명력 자체를 확대 재생산해 나간다.

자연개조를 통하여 물질적 생명력이 강화되고 인간 개조사업을 통하여 정신적 생명력이 강화되면, 그것이 사회의 구성 요소들의 상호 관계를 개선할 수 있는 조건으로 될 수 있다. 그러나 인간의 물질적 생명력과 정신적 생명력이 발전한다고 하여 사회적 관계가 저절로 개선되지는 않는다.

사회의 결합 구조를 개조하는 인간의 창조적 능력은 자연을 개조하는 창조적 능력이나 인간을 개조하는 창조적 능력과는 다른 특성을 가진 창조적 능력이다. 이 창조적 능력은 정치적 능력이 대표한다. 사회관계를 개조하는 사업의 성과 여부를 결정하는 데서는 정치적 능력의 발전 수준이 주요인이 된다.

사회적 존재를 결합시키는 사회관계는 객관적 물질적 측면과 주관적 정신적 측면의 양면을 가지고 있다. 그것은 객관적으로 작용하는 물질적 요인의 상호 관계인 동시에 사회적 존재의 자기 보존성을 강화하기 위한 협조 관계로서 주관적 요인의 상호 관계이기도 하다. 사회의 결합 구조의 변화 발전은 물질적 힘이나 정신적 힘의 어느 하나가 규정하는 것이 아니라 양자를 결합시키는 협조력의 발전 수준에 의존하게 된다.

그러므로 사회관계의 변화 발전을 고찰하는 데서는 인간의 물질적 힘의 발전 수준을 대표하는 생산력의 발전 수준과 인간의 정신적 힘의 발전 수준을 대표하는 정신문화 발전 수준과 함께 반드시 인간의 협조적 힘을 대표하는 정치사업 능력의 발전 수준을 고려하지 않으면 안 된다.

인간은 협조력의 작용을 떠나서는 생존할 수도 발전할 수도 없으며 세상에 태어날 수도 없다. 협조력은 물질적 힘과 정신적 힘이 대신할 수 없는 인간의 생존과 발전을 담보하는 생명력의 필수적인 구성 요인이다.

민주주의를 더욱 발전시킬 수 있는 물질적 조건(생산력의 발전 수준)이 준비되고, 민주주의적 지위와 역할을 담당할 수 있는 사람들의 정신문화적 자질이 준비되었다 하더라도, 사회 발전의 요구에 맞게 사람들의 다양한 이해관계의 차이성을 조절하며 사람들의 능력에 맞게 사회적 역할을 담당하도록 사회를 관리하는 정치적 능력이 준비되지 않았을 때는 사람들의 민주주의적 지위와 역할을 높이는 사업을 성과적으로 보장할 수 없다.

오늘날 자본주의 사회에서 생산력은 사람들의 민주주의적 지위와 역할을 새로운 높은 단계로 발전시킬 수 있도록 준비되었으나 사람의 정신문화 수준과 정치적 관리 수준이 상대적으로 뒤떨어져 있기 때문에 사람들의 민주주의적 지위와 역할을 응당한 수준으로 높이지 못하고 있다.

자연과학과 기술과학에 대한 지식수준은 생산력과 직접 관련되어 있기 때문에 그리 뒤떨어지지 않았다고 볼 수 있다. 그러나 사회 발전의 법칙과 세계에서 차지하는 인간의 지위와 역할에 관한 인식은 낮은 수준에 있다.

오늘날 자본주의적 민주주의 사회에서 정치가 경제 발전보다 뒤떨어져 있다는 것은 무엇보다도 정치가 경제를 제대로 관리하지 못하고 있다는 데서 뚜렷이 표출되고 있다. 일부 사람들은 경제를 관리하는 것은 정치의 임무가 아닌 것처럼 생각하고 있다. 경제생활이 사회생활에서 가장 중요한 생활 분야라고 볼 수 있는데, 경제생활을 정치가 관리하지 말아야 한다는 것은 말도 안 되는 그릇된 생각이다.

경제 관계를 포함한 모든 사회적 관계는 다 인간관계이며 인간관계를 통일적으로 관리하는 책임은 정치가 지고 있다.

생산력을 관리하며 제품 생산을 관리하는 사업은 경제인들의 사업이라고 볼 수 있지만, 사람들의 경제적 이해관계 문제는 정치가 해결해야 한다. 경제 관계, 문화 관계할 것 없이 모든 사회적 관계를 사회 발전의 요구에 맞게 개조하고 관리하는 책임은 정치가 지고 있다. 경제 발전을 저해하는 불합리한 경제 관계를 그대로 두고 있는 것은 정치가 자기 임무를 저버리고 있는 무책임한 현상이다. 오늘날 자본주의적 경제 관계가 생산력의 정상적 발전과 경제 발전을 저해하고 있는 것에 대해선 기업가들이 아니라 무엇보다 먼저 정치가들이 책임져야 한다.

기업을 어떻게 관리하여 이윤을 내는가, 못 내는가 하는 문제는 기업가들의 책임에 속하지만, 기업가들 상호 간의 이해관계의 충돌이나 노사 간의 이해관계의 충돌은 정치가 책임지고 해결하여야 한다. 노사 간의 충돌 문제를 기업가와 노동자 사이의 문제로 간주하고, 정부가 방관적 태도를 취하고 있는 것은 무책임한 일이라고 보아야 할 것이다.

시장 위기, 금융 위기 등 경제 위기는 주로 경제 관계의 불합리성과 관련되어 있는 만큼 이에 대해서도 근본적인 책임을 정치가들이 져야 할 것이다. 사회 관리에서 가장 중요한 것은 다양한 개인들의 독자성을 보장하면서 사회적 집단의 통일적 협조를 실현해 나가는 것이다. 오늘날 자본주의 사회에서는 개인들의 독자성과 자유를 보장하는 문제에 치중하고, 사회의 통일과 협조를 강화하는 일은 소홀히 하고 있다.

인간은 경제적으로 상호작용하는 사회적 관계를 맺고 있을 뿐 아니라 정신문화 생활에서도 사회적 관계를 맺고 있다. 교육사업과 대중 홍보사업, 종교 생활 등 정신문화 분야의 사회관계도 인간의 정신문화 생활 보장에 중요한 의의를 가진다. 그러나 정부는 국민의 정신문화 생활 발전을 보장하기 위한 사회적 관계를 관리하는 데 응당한 관심을 돌리지 않고 있다.

예컨대 신문과 방송 사업은 국민 대중의 정신문화 생활과 정치생활을 이끌어 나가는 데 중요한 역할을 담당하고 있지만, 이런 일은 모두 사기업에 맡기고 정부가 책임지려고 하지 않는다. 국민의 정신문화 생활과 정치생활, 경제생활에도 큰 영향을 주는 대중 홍보사업에 대하여서는 주된 책임을 정권이 지고, 사기업은 보조적 역할을 하게 하는 것이 옳다고 볼 수 있다.

사회적 관계를 국민들의 사회적 협조를 강화하는 방향에서 관리하고, 개조해 나가는 것을 사명으로 하고 있는 정치는 경제생활, 정신문화 생활, 정치생활 전반에 걸쳐 사람들의 협조 관계를 부단히 깊이 연구하고 사회관계를 개선하고 사회적 협조를 증대시키는 방향에서 옳게 관리해 나가야 한다. 그러자면 정치가들이 사회관계를 전면적으로 깊이 연구하고, 정치적 사회관리 수준을 높여 나가기 위하여 끊임없이 노력하여야 한다.

오늘날 정치 발전의 기본 과업은 자본주의적 민주주의의 개인주의적 일면성을 극복하고 사회의 통일적 협조성을 강화하는 것이다. 그러기 위하여서는 개인 이기주의와 집단 이기주의 등 각종 형태의 이기주의를 극복하고, 사회적 정의의 원리의 적용 범위를 세계 민주화의 요구에 맞게 더욱 확대해 나가야 한다.

오늘날의 자본주의적 민주주의의 개인주의적 일면성을 극복하고 민주주의를 더욱 발전시키는 문제는 인간이 개인적 존재인 동시에 집단적 존재이기 때문에 양자의 대립과 통일을 사회 발전의 요구에 맞게 결합시켜 나가야 한다는 인간 중심의 민주주의 철학사상에 기초하여서만 해결될 수 있다.

개인적 존재의 측면과 집단적 존재의 측면은 뗄 수 없이 통일되어 있기 때문에 어느 한 측면만이 귀중하다고 말할 수 없다. 개인적 존재의 삶의 요구 충족을 앞세워야 한다는 것은 옳지만, 이것은 삶의 욕망을 충족시키는 순서에 관한 문제이지 인류 발전의 연속적인 역사 발전 과정을 놓고 보면 어느 편이 더 귀중하다고 말할 수 없다.

정치 발전을 위한 시대적 요구에 맞는 정의의 원칙은 세계에서 차지하는 인류의 자주적 지위와 창조적 역할의 수준을 높이는 데 이바지하는 행동의 원칙을 의미한다.

한마디로 요약하여 온갖 특권과 이기주의를 배제하고 평등의 원리와 협조의 원리를 통일시키는 원리가 정의의 원칙이다. 평등에 기초한 세계 인민들의 협조가 국제사회의 기본 원리로 자리 잡게 되었을 때 정치 발전을 위한 사회 협조적 조건이 마련되었다고 볼 수 있다.

제2장

민주주의 정치학 요강

인간 사회의 발전과 더불어 등장한 정치는 오랜 역사를 갖고 있다.

정치가 발전해온 과정에는 선정善政도 있고 악정惡政도 있었지만, 악정에 의해 고통과 불행이 너무나 컸었기 때문에 많은 사람들이 정치에 불신을 품고 혐오감을 느끼게 되었다. 그리하여 인류의 정치사를 악정의 역사라고까지 평가하게 되었다.

고대로 거슬러 올라가서 사회관리를 담당한 사람들이 그들의 정치적 행위를 '영혼'이나 '우상과' 같은 신비적 존재의 의사에 따른 행동으로 정당화하였다. 계급사회에 이르러서는 지배계급의 계급적 통치를 '신의 이름'으로 합리화하는 한편, 그것을 폭력에 의해서 행정적으로 유지해 왔다. 자본주의 사회에 이르러 정치는 자유와 평등의 간판을 내걸었으나 실제로는 소수의 자본가 계급의 경제적 이익을 옹호하는 수단으로써 봉사해 왔다.

인류의 문명이 극히 높은 발전 수준에 달한 오늘날에도 많은 나라에서 정치는 구태의연하게 특정 계급, 특정 집단의 이기적 목적을 실현하는 수단으로써 이용되어 왔다. 이것은 정치가 오랜 기간에 걸쳐서 인간으로부터 소외되고 인간과 사회에 군림해왔다는 것을 말해 주고 있다.

지금까지 정치가 사람들에게 나쁜 인상을 많이 남긴 것은 사실이지만 그렇다고 해서 인간 생활과 사회 발전에서 정치가 필요하지 않은 것으로 보아서는 안 된다. 원래 정치는 사람들이 사회적 집단을 이루고 생활하도록 되었기 때문에 개인의 이익과 사회 공동의 이익을 결합시켜 사회 성원의 활동을 조절하고 지휘할 필요성에서 발생했다.

정치생활은 인간 생활과 결코 무관한 것은 아니며 인간의 운명 개척의 문제와 밀접하게 연결되어 있다. 인간 중심의 정치철학은 가장 포괄적인 사회적 집단이 국민 대중이라는 것을 과학적으로 해명하고 그것에 토대하여 정치에 대한 새로운 이론을 확립했다.

인간 중심의 철학은 인간의 운명과 밀접한 연관 속에서 정치의 사명과 원리, 정치 발전의 합법칙성과 그 실현 방법 등 정치이론과 실천에서 제기되는 모든 문제를 올바르게 해명했다. 정치를 인간의 운명 문제를 중심에 두고 고찰한다. 바로 여기에 초인간적인 신비적인 존재나 개별적인 특정한 집단, 계급의 이익에만 연결하는 정치를 고찰한 종래의 모든 정치이론과 구별되는 인간 중심 철학 정치이론의 그 본질적 특징이 있으며, 거기에 정치이론 발전과 정치실천에 기여하는 역사적 공적이 있다.[22]

---

22) 박용곤, 〈인간 중심 철학에 관한 연구 자료집, 제2부 정치학 편〉, p. 136

제1절_ 정치의 사명

오늘날 세계적인 범위에서 볼 때 정치도 각기 다르며 정치실천도 가지 각색이다. 이것은 정치의 사명에 관한 올바른 이해가 확립되어 있지 않다는 것과 관련되어 있다. 정치의 사명에 대한 잘못된 이해로부터 어떤 사람은 정치 그 자체는 고유한 대상이 없으며 단지 경제에 봉사하는 수단일 뿐이라고 보고 있으며, 또 다른 사람은 정치가 모든 것을 좌우하며, 다른 모든 사회생활은 정치에 봉사하지 않으면 안 된다고 하면서 정권 쟁탈전에만 몰두하고 있다.

이것은 정치의 사명이 과학적으로 해명됨으로써, 정치원리와 정치방식을 정확히 규정할 수가 있으며, 현대 정치실천에서 제기되는 제 문제를 원만히 해결할 수가 있다는 것을 말해 주고 있다.

1. 정치의 사명을 논한 종래의 이론에 대한 재고찰

이제까지 수많은 사상가와 정치가가 정치에 대해 여러 가지로 논의를 해왔으나 정치의 사명에 대해 명확하게 해명한 것은 없다. 고대 사회의 대표적인 사상가라고 인식되고 있는 플라톤의 국가론이나 아리스토텔레스의 정치론, 공자의 덕치론德治論은 말할 것도 없지만, 근세의 마키아벨리의 군주론이나 몽테스키외의 법치론 같은 경우에도 정치에 대한 일련의 합리적 견해가 제기되고 있음에도 불구하고 정치의 사명에 대해서는 명백하게 해명할 수 없었다.

그들은 정치의 목적을 논의하면서도 그것을 사회 발전의 객관적 법칙이나 인간의 본질적 특성과 결합시키는 것이 아니라 당대의 특정한 통치 계급이나 개별적인 사람들의 주관적 의사와 염원에 기초해서 규정하려고 했다. 여기서 과거 정치가 하나의 계급에 의한 다른 계급의 통치로 해석되고 착취 제도, 억압 제도를 유지 강화하는 수단으로써 봉사했던 것이다.

정치를 사회 발전 법칙에 기초해서 과학적으로 논의하고, 정치의 목적을 계급의 이익과 결합시켜 이해하기 시작한 것은 마르크스주의부터라고 할 수 있다.

1) 마르크스주의자들의 견해

정치에 대한 마르크스 · 레닌주의 창시자의 견해는 토대가 상부구조를 규정하는 유물사관의 원리에 기초하고 있다. 유물론의 원리에서 종래의 사상가는 경제에 의해 정치와 문화가 규정되고, 정치는 전면적으로 경제에 봉사하는 수단으로 간주했다.[23]

마르크스주의는 생산력과 생산관계 사이에서도 인간의 사회적 의식을 직접 규정하는 것은 생산관계라고 하면서 생산관계의 총체인 경제 제도가 그 사회의 성격을 규정하는 현실적 토대로 되며, 사회적 의식과 그것을 실현하기 위한 사회적 기구는 토대에 의해서 규정되고 토대와 운명을

---

23) 마르크스는 물질이 의식을 규정한다고 하는 유물사관의 원리를 사회생활에 적용하고, 사회적 존재가 사회적 의식을 규정한다고 하는 유물사관의 기본원리를 해명했다. 마르크스는 사회적 존재가 사회적 의식을 규정하기 때문에, 사회적 존재의 변화 발전을 파악할 수 있다면, 사회 발전의 법칙을 알 수가 있으며 모든 사회적 현상과 과정의 본질과 변화 발전의 추세도 모두 예상할 수가 있다고 보았다.

같이 하는 상부구조라는 결론을 내렸다. 결국 사회적 존재가 사회적 의식을 규정한다고 하는 원리는 경제적 토대가 정치사상적 상부구조를 규정하는 공식으로 구체화되었다.

마르크스주의 유물사관의 견지에서 보면 정치는 경제에 의해서 규정되고 경제에서 파생된 것이며, 정치의 목적은 경제에 봉사하게 된다. 이같은 점에서 마르크스주의는 정치의 사명을 경제를 중심에 두고 경제와의 관계에서 고찰했다고 말할 수 있다.

정치가 경제에 봉사하는 것은 한마디로 말해 정치가 일정한 계급의 경제적 이익을 옹호하고 실현하는 수단으로써 봉사하는 것이다. 마르크스주의는 경제적 이해관계를 사람들의 이해관계 속에서 중요한 것으로 보기 때문에 계급 간 관계의 기본을 경제적 관계로 보게 되었다. 이 점에서는 마르크스주의가 그 이전의 정치사상과 큰 차이가 없다고 말할 수 있다.

그러나 마르크스주의는 종래의 정치사상과는 다르며 피압박, 피착취 계급인 노동자 계급의 경제적 이익과 직접 결합시켜 정치의 사명을 고찰했다. 마르크스는 경제가 정치를 규정하는 이상 노동자 계급의 근본적인 해방은 경제적 해방이며 따라서 정치적 해방을 위한 투쟁이지만, 사상적 해방을 위한 투쟁은 어디까지나 경제적 해방을 실현하기 위한 투쟁에 봉사하고 복종시켜야 한다는 점을 강조하게 되었다.

마르크스는 노동자 계급의 경제적 해방을 위한 근본적 조건은 자본주의하에서 발전한 생산력의 발전과 수준에 적응할 수 없게 된 낡은 자본주의적 생산관계를 새로운 사회주의적 생산관계로 교체하는 것이라고 보았다. 이와 같은 조건에서 선진적인 생산력을 대변하고 있는 노동자 계급과 낡은 생산관계를 대변하고 있는 자본가 계급 간의 계급투쟁을 통해서 양성된다고 주장했다.

이리하여 마르크스는 자본가 계급에 반대하는 노동자 계급의 계급투쟁을 노동자 계급의 경제적 이익을 실현하기 위한 정치의 주된 내용으로 보았다고 말할 수 있다. 한마디로 말해, 정치의 사명에 관한 마르크스주의적 이해는 정치를 경제 중심으로 고찰하고, 계급투쟁을 통해서 일정한 계급의 경제적 이익을 실현하는 것을 정치의 주된 사명으로 보았던 것이다.[24]

마르크스주의가 정치의 사명을 계급투쟁과 결부시켜 본 것도 일리가 있다. 사회가 계급으로 분열해서 계급사회에 이르고 사람들의 이해관계는 계급적 성격을 띠게 되고, 따라서 사람들의 경제적 이해관계도 계급적 성격을 띠게 되었다. 이와 같은 조건에서는 계급투쟁에서 승리하지 못하면 경제적 이익도 실현되지 않는다. 사회 발전의 견지에서 보아도 계급적 대립이 사회관계의 기본을 이루고 있는 계급사회의 조건에서는 계급투쟁을 떠난 사회적 진보와 사회제도의 변혁에 대해서 생각할 수는 없다.

따라서 사회관계, 사회제도를 완비하고 개선해 가는 정치는 당연히 계급투쟁과 결합할 수밖에 없다. 이와 같은 측면에서 본다면 정치의 사명에 대한 마르크스주의적 이해는 일정한 역사적 타당성을 갖고 있다고 볼 수도 있다.

---

24) 발전 수준이 낮은 사회에서는 말할 것도 없이, 발전 수준이 높은 사회에서도, 경제가 인간 생활과 사회 발전에 기여하는 역할에 따라, 정치와 사상 문화의 비중과 역할이 더욱 커지는 것은 필연적이지만, 사회의 물질 경제적 토대가 탄탄하지 않고서는 정치와 사상 문화가 충분히 발전할 수 없다. 따라서 경제를 사회 발전의 기초로 보고, 사람들의 자주적이며 창조적인 생활의 필수조건이라고 한 것이다.

2) 마르크스주의적 견해의 문제점

정치의 본질과 사명에 관한 마르크스주의의 견해는 이와 같은 타당성을 갖고 있는 반면 일련의 심각한 결함과 제한성을 내포하고 있다.

(1) 유물론적 시각의 문제점

정치가 경제에 의해서 규정되고 경제를 위해 봉사하는 수단이라고 하는 마르크스주의적 이해에서는 정치의 상대적 독자성이나 정치·경제·문화의 상호작용과 같은 사회생활의 본질적인 면이 충분히 고려되지 않았고, 사회 발전의 특정한 단계에서만 확실하게 나타나는 현상이 절대화되고 있다.

사회생활에서 물질적 경제생활이 중요한 의의를 갖고 있으며, 인간의 생활적 요구 속에서 물질적 경제적 요구가 큰 비중을 차지하고 있는 것은 부정할 수가 없으나 인간의 생활에서 물질적 경제생활만 있는 것은 아니다.

사회적 존재로서의 인간은 동물과는 다르며 육체적인 생명을 유지하는 것과 관련되어 있는 물질적 요구와 더불어 인간 자신을 발전시키는 사상 문화적 요구와 서로 믿고 사랑하면서 살아가는 정치적 요구를 갖고 있다.

따라서 인간의 요구를 실현하는 사회생활은 크게 경제, 사상 문화, 정치의 3개의 영역을 포괄하는 것이 된다. 인간의 이 세 가지의 요구, 세 가지 생활은 각기 고유한 대상과 내용을 갖고 있는 이상 그들은 서로 대신할 수가 없다.

사람들이 사회적 집단을 이루고 사회적 부를 창조하는 활동을 전개하는 한, 인간과 사회적 부, 사회관계를 개조하고 발전시키는 사상 문화와 경제, 정치는 항상 필요하다. 특히 인간의 수준이 높아지고 사회가 발전하며 물질적 요구가 충족되는 만큼 사상 문화와 정치의 의의와 역할은 더욱 높아져 가고 있다.

사회생활의 3대 분야를 이루고 있는 정치와 경제와 문화는 서로 영향을 주고받는다. 경제는 사상 문화와 정치에 미치는 작용과 영향을 무시해서는 안 되며, 사상 문화와 정치가 경제에 미치는 영향도 경시해서는 안 된다.

또한, 현대 인류가 이상理想로 내세우고 있는 미래 사회에서는 폭력은 말할 것도 없이 경제 만능주의도 통용하지 않게 되고, 다만 인간 자신에 고유한 우월성인 자주적인 사상의식과 창조적인 과학기술이 중시될 것이다.

이와 같은 미래 사회에서는 폭력 중심의 가치관이나 경제 중심의 가치관이 아니라 인간을 가장 힘 있는 귀중한 존재로 보며, 인간 중심의 가치관에 기초해서 사회생활이 관리 운영되도록 된다는 것은 명백하다. 인류 사회에서 금전과 물질을 가장 귀중한 것으로 생각하는 경제 중심의 가치관이 지배하고 정치가 경제를 위한 수단으로 봉사하는 사회는 자본주의 사회뿐이다.

정치가 경제에 봉사하는 수단이라고 하는 마르크스주의적 견해의 제한성은 종래의 유물론 원리의 제약성에서 온 것이다. 마르크스주의는 정치를 고찰함에 있어, 물질이 의식을 규정하고 의식은 물질의 반영이라고 하는 유물론의 원리에 의거하였다.

마르크스주의의 유물론적 반영론의 원리는 신비주의와 주관주의를 극복하는데 커다란 의의를 갖고 있지만, 가장 발전한 물질적 존재인 인간의 속성인 의식을 물질과 대립시켜 그 상호작용을 논의한 결점을 갖고 있다. 의식은 인간의 생명 활동을 조절하고 지휘하는 필요성에 의해 발생한

뇌수의 사회적 기능으로써 인간 자체, 인간의 생명을 떠나서는 존재할 수 없으며 발전할 수도 없다.[25]

(2) 계급투쟁론적 시각의 문제

정치의 사명이 계급투쟁의 무기로써 봉사하는 데 있다고 보는 마르크스주의의 견해는 정치를 계급 간의 투쟁, 계급사회에만 일면적으로 결합시켜 해설하는 결점을 갖고 있다.

원래 정치는 각기 다른 요구와 능력을 가진 사람들의 이해관계와 활동을 통일적으로 조절하고 지휘하는 필요에 의해 발생한 이상, 정치의 기본적인 능력은 사람들을 분열시키고 대립시켜 싸우도록 하는 것에 있는 것은 아니며 단결하고 통일시켜 그들이 스스로의 운명을 공동으로 개척하도록 이끄는 데 있다. 바꾸어 말하면 정치의 사명은 화목하게 살아가는 사람들을 싸우도록 하는 것이 아니라, 반대로 싸우는 사람들을 화해시키고 화목하게 살도록 하는 것이다.

물론 사람들이 이해관계를 달리하는 계급으로 분열됨에 따라 그들 사이의 관계에서 대립과 투쟁의 면이 중시되었던 것은 불가피한 것이었으며, 계급사회라고 해서 인간관계에 투쟁의 면만 있고 통일과 단결의 면이 없는 것은 아니다.

---

25) 만일, 의식을 단순히 객관적 세계의 반영으로 보는 경우에는 의식하에서 이루어지는 인간의 활동을 규제하는 요인이 의식을 가진 인간 자체에 있는 것이 아니고, 의식에 반영된 객관 세계에 있다고 하는 결론에 빠지게 된다. 마르크스주의는 바로 의식에 대한 이와 같은 이해에서, 정치를 물질적 부의 생산 방식의 반영으로 보면서, 정치의 역할을 경제에 대한 반작용으로 이해했다. 따라서 정치의 사명은 경제에 봉사하는 데 있다고 인정하게 되었다. 결국, 정치의 본질과 사명에 대한 마르크스주의적 이해의 제약성은 그것이 의거하고 있는 세계관적 기초인 유물론의 제약성에 뿌리박고 있다고 말할 수 있다.

어떠한 계급사회에서도 목적과 이해관계가 공통인 사람들은 하나의 계급으로 결속되고 단결하게 된다. 또한, 목적과 이해관계에서 차이가 있다 해도 사회를 발전시키고 인간의 자주성을 실현하도록 하는 근본적 목적이 같다면 공동의 적에 반대하는 투쟁에서 일시적으로 협력하고 단결할 수도 있다.

계급사회의 조건하에서도 계급의 관계, 사람들 사이의 사회관계에 대립과 투쟁의 면만 있는 것은 아니며 화합과 통일의 면도 있으므로 정치에서 계급과 대립의 면만을 일면적으로 강조해서는 안 되며, 통일의 면도 당연히 주의를 기울여야 한다.

만일, 정치에서 계급 간의 투쟁만을 중시하면서 그것을 절대화하는 경우에는 사회적 불안정성이 양성되고 사회의 통일적 발전이 이루어지지 않는다. 반대로 계급 간의 화합과 통일의 면만을 보면서 그것을 일면적으로 강조하는 경우에는 사회적 진보를 저해하는 수구 세력의 부당한 요구와 활동을 매번 극복할 수가 없게 되며, 사회의 건전한 발전을 보장할 수 없게 된다.

결국, 계급 간의 대립과 화합, 통일과 투쟁의 면을 올바르게 조정하고 화합시켜 가는 것은 계급사회의 정치가 해결해야 할 중요한 임무가 된다. 정치를 계급 간의 관계, 계급투쟁만을 결합시켜 보는 것은 정치의 운명 자체에 대한 잘못된 이해를 가져오게 된다.

어떠한 사회에서도 사람들 사의의 관계가 모든 계급적 성격을 띠는 것은 아니다. 따라서 계급 관계를 취급하는 것만을 정치로 보아서는 안 된다.

사람들이 사회적 집단을 이루고 공동으로 살아가는 조건 하에서는 그들이 일정한 사회적 관계를 맺지 않을 수 없고, 사람들 사이의 이와 같은 사회적 관계를 조절하고 지휘하는 사회적 기능은 언제나 필요한 것이다.

계급사회 이전에도 사람들은 공동체를 이루고 살았기 때문에 그들 사이의 사회적 관계를 조절하고 그들의 활동을 통일적으로 지휘하는 사회적 통제는 있었다. 예컨대 그들이 국가와 같은 정치적 기구와 수단에 의해서 실현되지는 않았다 하더라도 사람들의 이해관계와 활동을 사회 공동의 요구와 이익에 부합하여 조절하는 정치적 기능이었던 것은 틀림없는 사실이다.

어떠한 사회에서도 사람들 사이의 이해관계에서는 공통성과 함께 차이성이 있는 이상, 그것을 조절하는 정치가 불가피하다. 미래 사회에서는 사람들의 자주적인 사상의식과 창조적 능력이 비할 바 없이 높은 수준으로 발전하는 이상, 사람들 속에서 공동의 목적과 이해관계에 대한 자각이 높아지는 것은 말할 필요도 없이 모든 사람들이 개인적 특징을 보다 자유롭게, 보다 원만히 발전시켜 실현해 가는 것도 명백하다.

따라서 미래 사회에 이르러서는 사람들을 지휘하는 정치가 필요 없는 것처럼 주장하는 것은 객관적 법칙과 사회 발전의 추세에 맞지 않는다고 말할 수 있다. 미래 사회에 이르러 오히려 모든 사람들의 개성과 장점이 충분히 발휘되고 따라서 사회 공동의 이익을 보다 잘 실현하면서 사회 성원의 개성적 우월성이 충분히 발양 되도록 그들을 이끄는 정치가 계속 강화될 것이다.

다만 이때의 정치는 계급사회와 같은 강력한 권력이나 강제적 수단에 의거해서 사람들을 지배하고 압박하는 통치가 아닐 뿐만 아니라 사람들의 요구와 힘, 이해관계와 활동을 통일적으로 관할하고 지도하는 지휘라는 것은 부정할 수 없을 것이다.

(3) 종래 변증법의 그릇된 적용

정치를 계급투쟁으로만 결합시켜보는 마르크스주의의 견해는 종래 변증법의 원리의 한계에 그 세계관적 근거를 두고 있다.

마르크스주의 변증법에서는 사물의 변화 발전으로 이루는 모순의 역할을 강조하면서, 대립물의 통일은 상대적이며 투쟁은 절대적이라고 했다. 바꾸어 말하면, 마르크스주의 변증법은 모순을 발전의 원천으로, 대립물의 통일을 발전의 동력으로 보았다.

물론, 사물의 변화 발전에서 모순과 투쟁이 갖는 의의를 부정해서는 안 된다. 만일 모든 사물에 대립적인 요소가 전혀 없다면, 모순도 없게 되며 대립과 모순을 극복하기 위한 투쟁도 없게 될 것이다. 이렇게 되면 모든 사물이 언제나 동일한 것으로 남게 되고, 그 어떠한 운동이나 변화 발전도 있을 수 없게 된다.

그러나 세계의 모든 사물은 절대적으로 단일한 것으로 존재하는 것이 아니고 상호 대립하는 물질적 요소로 이루어져 있으며, 그 때문에 모든 사물에 대립하는 면과 통일하는 면이 있는 것처럼 보인다. 따라서 일정한 조건하에서는 대립물의 통일이 파괴되어 다른 물질로 되는 것도 있고, 또 어떤 조건에서는 서로 다른 대립물이 결합되어 새로운 통일체를 형성하게 된다. 이 점에서 대립물 사이의 투쟁과 모순은 사물 발전에서 중요한 의의를 갖고 있다고 말할 수 있다.

그러나 대립물 사이의 모순과 투쟁은 사물 발전의 가능성과 조건은 되도 그것이 발전의 근본적인 원천과 동력으로 된다고는 할 수 없다.

모든 사물이 대립물로 구성되어 있다는 것은 엄연한 객관적 사실이지만, 만일 대립물 그 자체에 자기를 보존하려고 하는 성질이 없다면 그들은 상호 배척하고 끌어당기는 작용을 하지 않는다. 따라서 투쟁에 관한 문제도 통일에 관한 문제도 제기되지 않는다.

이것은 투쟁과 통일 그 자체에 운동과 변화의 원인이 있는 것이 아니며, 투쟁의 의미, 통일의 유무, 사물 자체의 성질, 자기를 보존하려고 하는 대립물 자체의 성질에 변화 발전의 원인과 동력이 있다는 것을 말해 주고 있다.

대립물 사이의 관계에서 통일은 상대적이고, 투쟁은 절대적이라 보는 것도 옳지 않다. 대립물 사이의 투쟁은 어디까지나 하나의 통일체 사이에서의 투쟁이기 때문에 통일이 상대적이라면 투쟁도 상대적인 것 그 이상도 이하도 아니다.

투쟁을 통해서 낡은 통일이 파괴되고 새로운 통일이 발생하면, 새로운 통일체 속에서의 투쟁은 이미 지난 것으로 되는 것이 아니라 새로운 대립물 사이의 투쟁으로 되는 것이다. 세계에는 절대적인 것이 있을 수 없으며 모든 물질이 상대적인 성격을 띤다.

통일도 상대적이고 투쟁도 상대적이다. 또한 사물의 변화 발전에서 투쟁이 하는 역할만을 일면으로 보아서는 안 된다. 사물의 변화 발전은 결국 대립물의 통일의 변화 발전이다.

투쟁을 통해서 사물의 발전에 저해를 가져오는 낡은 요소가 제거되고 보다 다양한 요소가 결합되면, 보다 풍부한 내용을 가진 사물이 발생하게 되며, 이와 같은 과정이 계속되는 가운데 사물은 낮은 곳에서 높은 곳으로 발전하게 된다. 이것은 사물의 발전에는 투쟁과 통일이 모두 필요하며, 그들은 상호 보충하면서 사물의 변화 발전에 특색 있는 작용을 한다는 것을 말해 주고 있다.

종래, 대립물 사이의 상호 관계, 투쟁과 통일에 대한 이와 같은 올바른 입장에서 고찰한 것은 아니며, 모순과 투쟁이 사물의 변화 발전에서 결정적인 의의를 갖는다는 것은 잘못된 견해였기 때문에 계급투쟁이 사회 발전의 동력이라고 보았으며 정치의 사명을 계급투쟁으로만 결합시켜 보았던 것이다.

이와 같은 견해를 갖는 사람은 정치실천에서 어느 특정한 계급이나 계층의 이익을 실현하기 위해 다른 계급과 계층의 이익을 침해하는 계급적 통치를 실시했으며, 사회 발전의 요구와 국민 대중의 지향에 맞추어 정치의 기능과 역할을 끊임없이 개선, 강화시키려고 했던 것은 아니며, 계급 간의 대립과 투쟁이 차차 약화됨에 따라 정치도 점차 약화되는 방향으로까지 진행되었던 것이다.

2. 인간의 운명 개척의 견지에서 본 정치의 사명과 기능

1) 정치의 사명

정치의 사명에서 중요한 것은 사회의 모든 성원이 보다 위력한 영원한 생명력을 지니고, 세계와 자기의 운명의 주인으로서의 역할을 다 하도록 이끄는 것이다. 따라서 인간의 모든 인식과 실천 활동은 자기의 운명을 훌륭하게 개척하는 것에 목적을 두고 있다.

인간이 정치에 대해서 논의하고 정치를 발전시키려고 하는 것도 결국은 운명을 보다 잘 개척하려는 것이다. 여기서 인간 중심 철학은 정치의 사명을 경제를 중심으로 해서 경제와의 관계에서 고찰하는 종래의 이론과는 다르며 운명 개척의 견지에서 새롭게 고찰한 것이다.[26]

(1) 생명과 생명의 결합

인간이 세계와 자기 운명의 주인으로서의 역할을 끊임없이 높이기 위해서는 생명과 생명을 결합시키며, 개인의 생명을 사회 집단적 생명과 결합시키고, 위력한 영원한 생명력을 지니지 않으면 안 된다. 개인의 생명력은 아무리 발전했다 하더라도 양적으로나 시간적으로 제약되어 있으며, 그것만으로는 세계와 자기의 운명을 자주적으로 창조적으로 개척해 나갈

---

26) 박용곤 선생은 '정치의 사명'으로서 육체적 생명과 사회적 생명의 보호와 발전에 관한 문제, 인간의 사회적 관계를 관리하는 문제, 자주성 실현의 보장 문제, 평등의 보장 문제 등을 서술하였으나 여기서는 그중에 '생명과 생명의 결합' 문제와 '이해관계의 조절' 문제, 그리고 '역량 관계의 조절' 관계를 위주로 다루고자 한다. 박용곤 저, 〈주체사상에 관한 연구자료집, 정치학 편〉, pp.143~149 참조

수 없다.

　사람들은 서로간에 힘과 지혜를 모으고 보다 큰 사회적 집단과 결합시킬 때 개인의 생명력과는 비교할 수 없는 질적으로 크나큰 생명력을 지닐 수가 있다. 육체적 생명력은 주로 자연과의 물질대사를 통해서 유지되기 때문에 의식주 문제를 원만히 해결해 가는 방법으로 어느 정도 증대시킬 수는 있지만, 사회적 생명은 주로 인간의 사회적 집단과 관련되어 있기 때문에 그것을 증대, 발전시켜가는 방법은 인간과 인간을 결합시키고 보다 큰 생명력을 지니는 방법 이외에 다른 방법은 있을 수 없다.

　개별적인 사람들이 결합되어 사회적 집단을 이루게 되면 거기에는 개인의 생명력을 산술적으로 합친 것과는 비교할 수 없는 크나큰 새로운 생명력이 탄생하게 된다. 사회적 집단은 살아있는 인간의 창조력뿐만 아니라 인간의 창조력이 객관화되고 체현된 방대한 사회적 부를 갖고 있다.

　또한, 사람들이 사회적 집단을 이루게 되면 인간과 인간을 결합시키고, 인간과 사회적 부를 결합시키는 사회의 내부 구조가 발생하고, 그것은 당대의 사람들의 창조력뿐만 아니라 과거 인류의 창조력까지 모두 이용함으로써 한 인간의 창조력의 몇 배, 몇십 배나 증대시킬 가능성을 가져온다. 즉 인간은 사회적 집단과 결합해야만 살아있는 인간의 생명력과 사회적 부의 생명력, 사회관계의 생명력을 결합한 가장 크고 위력한 생명력을 갖게 된다.

　인간의 영원한 생명력의 원천은 사회적 집단에 속해 있는 인간과 사회적 부와 사회관계의 끊임없는 발전에 있다. 인간이 발전하고, 사회적 부가 증대하고, 사회적 관계가 개선됨에 따라 사회적 집단의 상대적 생명력은 끊임없이 증대 발전해 간다. 처음과 끝을 갖고 있는 유한한 생명력을 이루고 있는 개별적 인간은 사회적 집단과 결합되어야만 인류의 발전, 사회의 발전과 더불어 끊임없이 발전하는 영원한 생명력을 지닐 수 있다.

사람들은 사회적 집단의 한 구성원이 되며 위력한 영생하는 생명력에 의거해서만이 타고난 육체적 생명의 한계에서 탈피하고, 엄중한 자연의 맹목적인 변화에 단순하게 순응하지 않고, 그와 같은 과정을 자기의 요구와 지향에 맞게 능동적으로 장악해 갈 수가 있으며, 독립적인 개인으로서는 도저히 실현 불가능한 사회적 변혁을 수행할 수 있다.

또한, 인간의 사회적 본성에 맞지 않는 낡은 사회제도를 보다 진보적인 사회제도로 교체해 갈 수 있다. 그 때문에 사람들이 세계와 자기 운명의 주인으로서의 역할을 다하도록 이끌어야 하는 정치는 개인의 생명과 개인의 생명, 개인의 생명과 집단의 생명을 결합시켜 사람들이 영생하는 위력한 생명력을 지니게 되는 문제를 해결하는 데 주된 관심을 기울여야 한다.

(2) 이해관계의 조절

정치는 생명과 생명을 결합시키고 모든 사람들이 영생하는 위력한 생명력을 갖도록 지도하기 위해 사람들 사이의 이해관계를 옳게 조절해야 한다.

사람들의 생명력과 창조적 능력이 어떻게 결합되느냐 하는 것은 그들의 이해관계와 관련이 있다. 이해관계에 따라서 사람들의 창조적 능력이 결합될 수도 있지만 분열될 수도 있다. 이해관계가 일치하면 창조력이 결합되고, 더욱 큰 창조력이 발생하게 된다. 반대로 이해관계가 대립하면 사람들의 창조력이 분산되고 약화된다. 따라서 창조력이 결합될 수 있도록 그들의 이해관계를 올바로 조절하는 것은 정치에 있어서 매우 중대한 문제다.

사회적 집단을 이루고 있는 사람들 사이에서는 이해관계에 있어서도 차이가 있으며 공통성도 있다. 여기서 이해관계의 차이성만을 강조하는 경우에는 창조력을 결합시킬 수 없다. 사람들을 결합시키기 위해서는 어디까지나 그들의 이해관계에서의 공통성을 중심으로 해야 하며, 그것에 기초해서 이해관계에서의 차이도 어느 정도 조절하지 않으면 안 된다.

사람들 사이의 이해관계의 차이는 순수한 개인적 생명의 요구와 관련된 것이며, 이해관계의 공통성은 그들이 속해있는 사회적 생명의 요구와 관련되어 있다. 사람들이 일정한 사회적 집단을 이루고 살아가게 되면 집단을 유지하고 발전시키려고 하는 공동의 요구가 발생하게 된다. 개별적인 사람들은 집단의 그와 같은 공통성의 요구가 실현될 때 자기의 개인적 생명도 유지되고 발전시켜 갈 수 있다.

집단의 공동 요구는 결코 개별적인 인간의 이익과 무관한 것이 아니며, 그들 자신의 요구이다. 따라서 개별적인 인간은 사회적 집단의 공동 요구를 실현하는데 자기의 창조적 능력을 결합시켜야 한다. 그리고 사회적 집단의 공동 요구와 이익에 저촉되지 않는 범위 내에서 개인적 요구와 관련되어 있는 이익을 실현하는 데 힘 쓰지 않으면 안 된다.

이와 같은 점에서 정치는 사회 공동의 요구에 기초해서 집단의 이익과 개인의 이익을 유기적으로 결합시킴으로써, 모든 사람들의 창조적 능력을 최대한으로 발동시키고 결합시켜 사회의 창조력을 비약적으로 증대시키는 정책이 되어야 한다.

정치는 생명과 생명을 결합시키고, 모든 사람들이 영세永世하는 위력한 생명력을 지니도록 이끌기 위해서는 사람들 사이의 이해관계뿐만 아니라 역량 관계를 올바로 조절해야 한다.

인간의 생명력과 창조력이 어느 정도 커지게 되고, 얼마나 효과적으로 사용하느냐 하는 것은 주로 각 개인의 창조적 능력의 특성과 우월성을 얼마나 합리적으로 조절하고 이용하느냐에 달려있다. 사회적 집단을 형성하고 있는 각 개인은 이해관계로 상호 구별될 뿐만 아니라 창조적 능력에 있어서도 차이가 있다.

이러한 개별적인 인간의 창조적 능력이 매우 크게 뛰어난 것이라 할지라도 그것은 제한되어 있으며 사회적 집단과 인류 전체의 창조력으로 바뀔 수는 없다. 인간은 각자가 갖고 있는 특색 있는 창조력을 결합시킴으로써 사회적 집단의 상대적인 생활력이 비약적으로 커질 수 있으며, 사람들의 창조적 능력이 서로 보강되고 각 개인의 창조적 우월성도 크게 발양된다.

(3) 역량 관계의 조절

생명과 생명을 결합시키고 인류의 영생하는 위력한 생활력을 양성釀成하는 데 사람들 사이의 이해관계를 올바로 조절함과 동시에 창조적 능력이 최대한 발휘되도록 역량 관계를 멋지게 조절하는 것도 정치의 사명이다.

사람들 사이의 역량 관계를 조절하는데 제기되는 중요한 문제는 사회적 경쟁과 협력을 합리적으로 조직하는 것이다. 경쟁은 사람들의 창조적 능력을 높이는 데 매우 크게 작용한다. 봉건 사회에서는 신분제도가 사람들 사이의 경쟁을 억압함으로써 사회적 진보에 막대한 지장을 주었다.

자본주의 사회에 이르러 신분제도가 청산되고 경쟁이 장려됨으로써, 사람들의 창조력이 높아지고 생산과 과학기술이 비교적 급속히 발전하게 되었다. 그러나 자본주의 제도하에서 전개되는 자유경쟁은 어떤 사람이 다른 사람을 타도하는 방법으로 수행되었기 때문에 강자의 창조력은 보존되었으나, 약자의 창조력은 말살되는 결과를 가져왔다. 이것은 사회의 상대적인 창조력을 증대시키고 강화하는 데 부정적인 작용을 한다.

개인주의에 기초한 자유경쟁이 가져온 편향을 없애고, 약자의 창조력까지도 이용 강화하고, 사회의 상대적인 창조력을 비약적으로 높이기 위해서는 사람들 사이의 협력을 발전시켜야 한다. 협력하는 것은 사람들이 서로 도움을 주고받는 것을 의미한다. 강자라 할지라도 모든 면에서 절대적으로 우월하다든가, 약자라고 해서 모든 면에서 절대적으로 결점이 있다고 볼 수는 없다.

강자라도 좋은 점과 나쁜 점이 있으며 약자에게도 좋은 점과 나쁜 점이 있다. 그렇기 때문에 서로 도울 수 있다면 모두 자기의 좋은 점을 살리고, 약점을 극복하고, 강자도 약자도 함께 보다 힘 있는 존재가 될 수 있으며 전반적인 사회의 창조력을 끊임없이 높여 갈 수 있다.

경쟁과 협력은 인간의 창조력을 증대시키는 데 모두 특색 있는 작용을 함으로써 밀접히 결합시켜 발전시키지 않으면 안 된다. 만일, 경쟁의 우월성만을 보고 그것을 일면적으로 밀어붙이면 사회에서 약육강식의 분위기가 양성되고, 사회적 불안과 분열이 일어나게 되며, 협력의 우월성만을 보고 경쟁을 경시하게 되면 타인의 덕분에 살아가려고 하는 기생충이 생기고 사회 발전이 침체로 빠지게 된다.

따라서 정치는 사람들에게 경쟁하면서 협력하고, 협력하면서 경쟁하는 높은 수준의 능력을 육성하고, 사회적 범위에서 경쟁과 협력을 적극적이고 합리적으로 조절해야 한다.

생명과 생명을 결합하고, 사람들이 영생하는 위력한 생명력을 지니고, 국가와 사회의 주인으로서의 역할을 하도록 하는데 그들의 요구와 힘을 통일시키는 것이 결정적인 작용을 함으로써 정치는 당연히 전 사회적 범위에서 이해관계와 역량 관계를 올바로 조절하는 데 힘을 기울여야 한다.

2) 정치의 기능

정치의 기본 사명은 사회의 생명체인 사회에 대한 중추적인 자체 관리 임무를 수행하는 데 있다. 개인의 생명의 중추조직인 뇌수가 개인의 요구에 맞게 자기 생명을 자체로 관리하는 것처럼, 사회집단의 생명도 그 중추조직이 사회적 생명의 생존 요구에 맞게 자체를 관리하게 된다.

생명체의 생존 활동을 자체 관리하는 것은 생명체의 자기 보존성의 뚜렷한 표현으로서 생명체 일반의 공통적인 특징이다. 가장 발전된 생명체인 사회적 생명체의 목적의식적인 정치적 관리는 사회적 생명체의 자체 관리의 질적인 높은 수준과 우월성을 집중적으로 표현하고 있다.

정치는 사회적 생명체인 사회의 생존과 발전을 위하여 크게 세 가지 중요한 기능을 수행한다.[27]

(1) 정치의 사회적 결합 기능

사람들을 사회적 집단으로 결합시켜 사회적 운동의 주체를 이룩하도록 관리하는 것이다. 이것은 정치의 결합 기능이라고 말할 수 있다.

인간은 사회적으로 결합되어 서로 협력하는 사회적 집단으로 통일됨으로써만 자기 운명을 자주적으로, 창조적으로 개척해 나가는 사회적 존재로 될 수 있으며 세계의 주인, 자기 운명의 주인으로서 생존과 발전의 길을 걸어갈 수 있다.

인간이 고립적으로 살 수 없는 만큼 사회적으로 결합되어 서로 협조해 나가는 것은 인간의 생존을 담보하는 필수적 조건이며 인간의 본성적 요구이다. 그러나 인간은 개인도 자주적으로 살려는 요구와 창조적 생활능

---

27) 황장엽, 『민주주의 정치철학』. 시대정신, p. 51

력을 가지고 있는 사회적 존재이다. 인간의 삶의 요구와 생활능력에서는 공통성도 있지만 차이성도 있다. 그러므로 사람들은 사회적 협조의 필요성을 인정하면서도 개인의 이익을 고수하려는 입장을 견지하기 위하여 무조건적으로 결합하려 하지 않고, 자기 자신의 생존과 발전에 유리한 조건에서 결합할 것을 요구한다.

그러나 인간이 사회적 집단으로 결합되어 서로 협조하는 것은 인간 생존의 필수적 조건이기 때문에 사람들을 사회적 집단으로 결합시키는 것은 사회 자체의 근본적인 자기보존 기능이 된다. 사회의 탄생과 함께 사회 성원들을 결합시키는 정치적 결합 기능도 탄생하게 된다.

정치가 없는 사회는 뇌수가 없는 사람과 같이 존재할 수 없다. 아무리 유치한 사회라도 그것이 사람들의 집단을 이루고 사는 이상, 거기에는 반드시 집단을 관리하는 정치가 있게 마련이다. 정치의 발생을 계급 발생이나 사회적 분업의 발생과 결부시키는 것은 잘못이다. 정치는 집단적 생명체인 사회적 집단의 자체 관리 기능으로써 사회의 발생과 그 기원을 같이한다.

인간은 사회관계에 의하여 결합되어 협조하게 됨으로써 타고난 본능적인 혈연적 울타리에서 벗어나 협력의 위력을 목적의식적으로 끝없이 확대 강화해 나갈 수 있는 가능성을 가지게 되었다. 이것은 인류 발전에서 획기적인 의의를 갖는다.

협력의 힘은 물질적 힘이나 정신적 힘과는 다른 차원의 중요한 힘이다. 물론 인간의 물질적 힘과 정신적 힘을 떠나서는 사회적 협조의 힘도 생길 수 없지만, 사회적 협조 없이는 인간의 정신적 힘과 사회화된 물질적 힘을 가질 수 없다.

고립된 개인으로서는 자주적인 정신적인 힘도 창조적인 물질도 가질 수 없다. 사회적 협력이 가지는 거대한 의의를 망각하고 사회관계를 관리하는 창조적 생산성을 볼 줄 모르는 사람은 사회적 존재로서의 인간의 우월성의 본질을 이해하지 못하고 있는 것이다.

사람들이 서로 결합되어 생사고락을 같이하면서 운명을 함께해 나가게 된다는 것은 사람들이 생명과 생명이 결합되어 이루어진 큰 생명을 자기의 생명으로 지니게 된다는 것을 의미한다.

정치는 고립된 개인의 생명을 위대한 집단의 힘으로 결합시킴으로써 사람들에게 위대한 집단의 생명을 지니고 사는 끝없는 행복을 안겨주며 세계의 주인, 자기 운명의 주인으로서 살며 발전할 수 있는 불패의 힘을 안겨준다.

그러나 사회적 협조 관계가 파괴되어 사람들이 서로 대립되어 싸우는 경우에는 본능적으로 결합되어 생물학적 존재로 사는 것보다 더 비참한 지경에 빠지게 된다. 원래 인간은 동물과 비교할 수 없을 정도로 지혜와 힘이 발전되어 있지만, 그 지혜와 힘을 서로 반대하여 싸우는 데 사용하게 되면 동물 세계보다 더 잔인하고 악랄한 죄악을 범할 수 있다.

인간은 끝없이 고상한 존재로도 될 수 있고 끝없이 저열한 존재로도 될 수 있다. 사람들을 개인과 집단의 생명력을 강화하는 방향에서 결합시킬 것인가, 서로 대립하여 싸우도록 결합시킬 것인가 하는 것은 인간의 운명 개척에서 중대한 의의를 가진다. 바로 여기에 정치적 결합 기능이 가지는 비할 바 없는 중대성이 있는 것이다.

(2) 정치의 사회적 협조 기능

결합된 사회적 구성 요소들의 다양한 특성을 살리면서 서로 협조하여 사회의 생존을 보장하도록 사회적 존재의 구성 요소들의 상호작용을 통일적으로 관리하는 것이다. 이것은 정치의 사회적 협조 기능이라고 말할 수 있다.

사람들이 사회적 집단을 이루도록 결합시킨 다음에는 그들이 협조 협력하여 사회의 생존과 발전을 실현해 나가도록 사회관계를 통일적으로 조절하는 것이 무엇보다도 중요하다. 사회 성원들 사이의 협조 협력을 떠나서는 사회생활이 이루어질 수 없으며, 사회적 존재로서의 인간의 우월성이 발휘될 수 없다. 사회관계는 본질상 사회의 생존과 발전을 실현하기 위한 사람들의 협조 협력관계라고 볼 수 있다.

사회관계는 사회의 생존과 발전을 보장하기 위한 사회적 생명체의 협조관계라는 점에서 사회적 존재의 생명선이라고 볼 수 있다. 인간이 사회적 집단과의 협조관계가 끊어지게 되면 사회적 생명도 끊어지게 된다.

사회적 협조라고 할 때에는 상호 원조와 협력, 상호 양보와 타협 등 여러 가지 면을 포괄하지만 기본은 상호 협조와 협력이다, 결국 인간 생명의 기본 특징인 삶의 요구를 결합시켜 서로 지지하고 협조하도록 하며 삶의 힘을 결합시켜 서로 협력하도록 하는 것이다.

사람들의 삶의 요구와 삶의 능력은 공통성도 있지만, 사람마다 자기의 특성을 가지고 있다. 다양한 삶의 요구를 통일시키고, 다양한 삶의 힘을 통일시키는 것은 쉬운 일이 아니다. 더구나 인간은 개인적 존재인 동시에 집단적 존재로서의 양면을 가지고 있기 때문에 개인적 존재로서의 독자성을 살리면서 집단적 존재로서 서로 협조하도록 사회적 협조 관계를 관리하는 것은 매우 어려운 사업이다.

인류는 대를 이어 가면서 헤아릴 수 없는 장구한 기간 실패와 성공을 반복하면서 체험하는 과정에서 자주적인 사상의식과 창조적인 능력을 발전시켜 온 것처럼 사회적 협조 능력을 발전시키는 데도 장구한 기간에 걸친 고난과 시련을 통한 경험과 교훈의 축적이 필요하다.

인간의 사회적 협조성은 사회관계, 사회제도로 객관화되어 대를 이어 계승되었으며, 단순하고도 저급한 것으로부터 더욱더 합리적이고 고급한 것으로 발전되어 왔다.

그러나 사회 협조를 보장하는데 사회의 생존과 발전, 인간의 운명이 달려있는 만큼 사회적 협조를 보장하기 위한 정치 기능은 정치의 사회관리 기능 가운데서도 가장 중요한 기능으로 중시된다.

(3) 정치의 지휘 기능

인간의 생존과 발전을 보장하는 데 있어서 사회적 생명체의 근본 요구에 맞게 사회의 결합관계를 개조하며 인간이 옳은 목표를 향하여 발전의 길로 나아가도록 관리하는 것이다. 이것은 정치의 지휘 기능이라고 말할 수 있다.

사회에 대한 정치의 관리 기능 자체가 사회생활에 대한 정치의 지휘 기능이라고 볼 수 있다. 그러나 사회에 대한 일반 관리 기능과는 달리 여기서 특별히 지휘 기능이라고 한 것은 사회의 생존과 발전을 원만히 보장할 수 있는 올바른 목표를 세우고, 그것을 합리적인 전략 전술에 의거하여 실현해 나가도록 사회생활과 사회적 운동을 이끌어 나아가는 것을 의미한다.

일반적으로 사회에 대한 정치적 관리의 기본 요구는 사람들이 사회에서 차지하는 지위와 역할을 통일시켜 나아가는 것이라고 볼 수 있다. 즉 사람들이 수행한 역할에 상응하게 지위를 주며 지위에 상응하게 역할을 하도록 요구하는 것이다.

이와는 달리 사회적 운동에 대한 정치적 지휘의 기본 요구는 사회 발전의 정확한 목표와 그것을 실현하기 위한 합리적인 전략 전술적 방도를 제시함으로써 사회의 자주적이며 창조적인 발전을 보장하는 길 안내의 임무를 수행하는 것이다.

인간의 운명 개척에서 올바른 방향과 방법에 따르는 것보다 더 중요한 것은 없다. 인간의 운명 개척의 성패가 정치적 지휘의 정확성 여부에 크게 좌우되는 만큼 정치적 지휘는 정치적 사명의 핵심이며 정치의 중요성을 대표하는 징표라고 볼 수 있다.

경제가 사회 발전에서 아무리 중요한 역할을 한다 하더라도 그것은 어디까지나 물질적 부를 창조하여 사회의 물질적 수요를 충족시키는데 그 기본 사명이 있다. 사회 발전의 방향과 방법을 제시하고 사회적 운동을 이끌어 가는 것은 정치만이 담당할 수 있다. 이런 견지에서 볼 때 정치를 경제의 상부구조로 보고 경제에 복무하는 것을 기본 사명으로 간주한 마르크스주의 유물사관은 심중한 오류를 범하였다고 볼 수 있다.

사회의 발전 방향과 방법을 제시하고, 사회적 운동을 옳은 방향으로 이끌어 가는 것은 쉬운 일이 아니다. 인류는 장구한 기간에 걸쳐 정치적 지도 문제를 해결하기 위하여 허다한 시련과 우여곡절을 겪었으며 마침내 민주주의 정치의 새로운 길을 개척하게 되었다.

마르크스주의자들이 계급주의적 입장에서 지난날 모든 통치계급이 정치적 관리권과 지휘권을 자기들의 이기적 목적을 실현하기 위하여 인민들을 억압하고 착취하기 위한 도구, 수단으로만 이용한 것처럼 주장하는 것은 잘못이다. 지배계급에게 이기주의가 있었던 것은 사실이지만, 그렇다고 해서 예컨대 봉건 왕들이 정치적 권력을 자기들의 이기적 목적에만 이용하였다고 보는 것은 잘못이다.

오늘날의 발전된 수준에서 보면 봉건 왕의 통치의 불합리성이 명백하지만 그때 당시의 사회 발전 수준에서 그와 같은 불합리성은 불가피하였으며 그런 정치라도 사회 발전에 부정적 역할만 하였다고 볼 수는 없다. 특히 지배계급의 이익과 피지배계급의 이익을 될수록 통일시키는 방향에서 정권을 운영한 현명한 왕들의 업적은 높이 평가받아야 마땅하다.

올바른 정치적 지휘를 보장하는 데서 중요한 것은 첫째로 사회 발전의 올바른 목표를 세우는 것이며, 둘째로 목표를 실천하기 위한 합리적인 전략 전술을 제시하는 것이며, 셋째로 올바른 방향과 방법에 의거하여 사회적 운동을 일관성 있게 이끌어 나가는 리더십을 견지하는 것이다.

3. 현대 정치의 중요 과제

인간이 세계의 주인으로서의 지위를 차지하고 역할을 끊임없이 높여가도록 이끌어야 하는 정치의 근본 사명은 인류 역사의 오랜 기간, 항상 견지해야 하지만 그것을 실현하기 위한 구체적인 문제는 시대가 변하고 인간의 수준이 높아짐에 따라 바뀔 수밖에 없다.

현대는 많은 면에서 과거와 구별되며 특히, 오늘날에 이르러 사람들의 사상 문화 수준이 현저하게 높아졌다. 이에 따라 정치에는 과거 제기되지 않았으며 해결할 수도 없었던 수많은 과제가 제기되게 되었다.

미·소 두 초강대국이 군사력에 의거해서 세계를 제패制霸하려고 하는 목적하에 수십 년간 전개해온 냉전을 종언한 것은 현대 정치 발전에서 커다란 사건이었다. 냉전이 끝남으로써 힘의 정책이 누구에게도 이익을 가져오지 못하는 백해무익한 정치방식이라는 것이 명백히 실증되었다.

폭력정치 지배주의 정치에서 벗어나 새로운 비폭력적 정치, 비지배주의 정치로 전환할 수 있는 가능성이 양성되었다. 그러나 냉전의 종언이 현대 인류 앞에 제기되는 모든 정치적 과제를 해결하는 것은 아니다.

냉전은 비록 종언되었다 해도, 그 환영幻影에 은폐되어 있던 수많은 정치적 문제가 역사의 무대로 나타나게 되었다. 오늘날 인류는 화합과 협조로 나아가는 시대의 새로운 추세에 맞추어, 힘의 정책 잔재를 청산하고, 인간 생활과 사회 발전에 절실히 제기되는 수많은 정치적 문제를 원만히 해결하는 것이 필요하다.

오늘날 인류에게 제기되고 있는 초미의 정치적 문제를 올바로 해결하기 위해서는 그 문제가 역사적으로 어떻게 제기되고, 어느 정도 해결되고, 현재 해결해야 할 구체적인 문제는 무엇인가를 정확히 정해야 한다. 그렇

게 하는 것이야말로 성과와 실패, 전진과 퇴보가 자아내는 전례 없는 복
잡하였던 20세기를 총괄하고, 21세기에로 순조로운 이행을 보장할 수 있
으며, 인류의 운명을 훌륭하게 개척하기 위한 천년대계를 세우지 않으면
안 된다.

1) 개인의 이익과 집단의 이익을 통일시키는 문제

오늘날 정치가 자기 사명을 다하기 위해서 해결해야 할 중요한 과제는
무엇보다도 개인의 이익과 집단의 이익을 유기적으로 통일시키는 것이다.

사회적 집단을 이루고 생활하고 있는 인간의 이익에는 개인의 이익과 더
불어 집단의 이익이 있다. 개인의 이익과 집단의 이익 상호 관계를 어떻게
처리하는가 하는 것은 인간의 운명을 개척하고 사회적 발전을 가져오는 데
제기되는 중요한 문제이다.

사람들이 사회를 형성하고 살아가는 한, 그들의 운명은 사회적 집단의
운명과 뗄 수 없게 연관되어 있으며, 그것은 개인의 이익과 사회적 집단의
이익이 모두 원만히 실현될 때 훌륭하게 개척된다. 사회적 집단은 사람들
의 생명의 토양이므로, 사회적 집단의 이익이 원만히 실현되는 것이야말로
그 속에서 살아가는 개인적 이익도 실현되게 되며, 개인의 이익이 충분히
실현되는 것이야말로 사회적 집단의 이익도 훌륭하게 실현된다.[28]

---

28) '존 스튜어트 밀'도 인간의 사회성과 개별성의 문제를 대립적인 시각에서 파악하
지 않았다. 그는 개별성의 보존과 더불어 인간이 사회 속에서 타인과 조화를 이루
며 살아가지 않으면 안 된다는 당위성을 강조했다. 밀은 사람이 사회적 감정(social
feeling)을 타고난다고 생각한다. 그 감정은 첫째, 인간은 이웃이나 동료와 일체감
(unity)을 느낀다. 둘째, 인간은 서로 협력(cooperation)하며 살아가는 존재다. 셋
째, 인간은 이기적인 존재가 아니라는 것이다. 따라서 공동의 이해를 위해 헌신할 수
있는 존재가 바로 인간이라고 한다. 『자유론』, pp. 254~255

따라서 개인의 이익과 집단의 이익을 결합시키는 문제를 올바르게 해결하는 것은 사람들의 사회적 지위와 역할을 높이고, 그들의 사회적 생명의 요구를 원만히 실현해 가지 않으면 안 되는 정치의 기본적인 문제이다.

(1) 원시공동체 사회의 경우

원시공동체 사회에서는 사람들의 자주성과 창조성이 극히 저조했기 때문에 개별적으로는 어떠한 일도 할 수 없었고, 개인과 집단, 개인의 이익과 집단의 이익이 거의 구별되지 않았다.

그 당시에는 사람들이 태어날 때부터 혈연 관계로 결합되어 공동체에 본능적으로 의존해 살아갈 수밖에 없었으며, 그들 활동의 전부는 살기 위해 봉사하지 않으면 안 되었다. 이와 같은 이유에서 원시공동체 사회에서는 개인의 이익과 집단의 이익 상호 관계를 처리하는 문제는 큰 사회문제가 되지 않았다.

그러나 원시 사회 말기에 사람들의 자주성과 창조성이 높아짐에 따라 개인적으로도 일을 수행하면서 먹는 것이 가능한 조건과 가능성이 어느 정도 양성되었다. 이에 따라 사람들은 개인적 이익을 중시하는 방향으로 나아갔다. 이러한 공동체 활동을 지휘하는데 개인의 이익과 집단의 이익 상호 관계를 훌륭하게 처리하는 것이 중요한 정치적 문제로써 점차 부상했다.

(2) 노예제 사회의 경우

개인의 이익과 집단의 이익 상호 관계를 처리하는 것이 정치의 중요한 문제가 된 것은 노예제 사회로부터였다. 노예제 사회는 사람들 사이에서 권력과 부를 취득하기 위해 무차별적인 경쟁이 치열하게 전개되었던 사회였다.

경쟁에서 승리한 자는 노예주가 되고, 패배한 자는 예외 없이 노예의 비참한 운명을 피할 수 없었다. 사람들은 경쟁에서 승리하는 데 사회적인 이해관계를 갖고 승리를 위해 수단과 방법을 가리지 않았다. 따라서 그 사회의 사람들 사이에서는 사회적 집단의 공동의 이익에 대한 관념이 극히 희박하였다. 그 대신 개인의 이익에 대한 관심은 매우 높았다.

물론 노예 사회에서 종족과 종족, 국가와 국가 사이의 관계 문제가 제기되고, 한 나라의 내부에서 계급과 계급 사이의 관계 문제가 첨예화되었을 때 일시적이나마 공동의 이익을 중시하는 경향이 있었다. 종족과 종족 사이, 국가와 국가 사이에 싸움이 일어나고 패배하는 경우에는 종족 전체, 즉 나라 전체가 노예 상태로 전락했기 때문에 외적을 타도하는데 공동의 이해관계를 갖게 되었다.

한마디로 말해 노예제 사회에서는 사람들이 개인의 이익을 실현하는 것을 생활의 목표로 내걸고 정권을 장악한 자는 그들의 개인적 이익을 실현하는데 사회 공동의 이익을 이용하는 것을 정치의 중요한 과제로 삼았다고 볼 수 있다.

개인의 이익을 실현하기 위한 극단적인 투쟁이 일어났던 노예 소유 사회와는 달리 봉건 사회 정치에서는 형식상이기는 하지만 통일이 중시되고 개인의 이익을 배제하는 국가 전체의 이익이 일면적으로 강조되었다.

노예 사회 말기에 이르러 노예의 원천이 고갈되고, 그에 따라 노예제도를 계속 유지하기가 곤란하게 되었다. 특히 노예를 대량으로 보충하였던 전쟁이 없어지자 노예 노동에 의한 노예 소유 사회는 더 이상 지속할 수 없었다. 이리하여 노예 소유자는 보다 안정된 상태에서 특권적 이익을 실현하기 위해 노예를 농노로 격상시키는 방법으로 생활조건을 보장하는데 일정한 관심을 기울이게 되었고, 자유 농민을 농노로 격하하는 방법으로 그들을 복종시켰다.

그들은 또한 무제한의 실력 경쟁에 의해서 그들의 특권적 지위가 흔들리는 것을 방지하기 위하여 엄격한 복종 관계, 위계 제도를 세우고 측근 부하에게 토지와 농노를 나누어주고 그 대代를 이어 유지하게 했다. 이리하여 노예제에 기초한 노예 소유자 사회는 신분제도에 기초한 봉건 사회로 이행하게 되었다.

(3) 봉건 사회의 경우

봉건 사회는 신분제도에 기초해서 확립되었기 때문에 그 제도를 유지하는 데서는 국가 전체를 위해서는 개인의 자유와 평등, 이익이 희생되어야 했으며 사회의 안전과 통일을 위해서는 인간 상호 간에 경쟁이 허용되어서는 안 된다고 하는 정치이념을 내세우게 되었다. 봉건 사회에서 국가 전체의 이익과 사회의 안전과 통일의 상징은 왕이었다.

봉건 계급은 그들의 특권적 지위를 세습적으로 보장하는 신분제도를 유지하는 것이므로 이 사회의 최고 신분인 왕을 받들고 피지배계급은 다수의 봉건 영주와 관료의 무차별적인 전횡과 착취를 억제하고 최고 지배자인 왕의 보호를 받으려고 했다.

국왕은 봉건 사회의 모든 사람들의 '구세주' 또는 '국부'로 인정받게 되고 신성불가침한 존재로 군림하게 되었다.

이와 같은 점에서 봉건 사회의 사회관계는 전체주의에 토대한 사회관계이며, 이 사회의 정치는 '전체의 이익'에 '개인의 이익'을 전면적으로 복종시키고, 사회의 통일을 위한 사람들의 개성적 특징과 창의성을 억압하는 정치였다고 말할 수 있다.

봉건 사회의 정치는 외견상으로는 사회의 통일과 전체의 이익을 중시하고 있는 것처럼 보이지만, 실제로는 극소수 특권층의 개인적인 이익을 실현하기 위하여 절대다수의 공동의 이익을 희생하여 한쪽이 다른 한쪽을 타도하는 비인간적인 관계를 의연하게 만들어내는 데 공헌하였다.

봉건 사회에서 왕의 운명은 국가의 운명과 결합되어 있는 이상 왕의 이익과 사회의 이익은 어느 정도 일치하는 면이 있다고 할 수 있다. 그러나 봉건 사회의 왕은 대부분 왕권을 세습적으로 계승하기 위하여 왕의 운명은 왕조의 운명과 직결되어 있다. 바꾸어 말하면 왕의 이익과 왕조의 이익이 완전히 일치되어 있으며 왕은 왕조의 이익의 유일한 대표자로 되어 있다. 실제로 개별적인 왕이 선정을 수행하고, 미덕을 보이는 경우가 있어도 그 근본적인 토양은 왕 자신의 이익, 특정 왕조의 협소한 이익이 놓여 있었다.

원래, 봉건 계급은 폭력에 의거해서 지배적 지위를 차지하고, 그것을 끊임없이 확대 강화해 가는 폭력 계급이었다. 따라서 특권층의 이익을 실현하는 방법은 극히 잔인하며 비인간적이다. 그들은 폭력을 장악함으로써 정치적 권력도 토지와 농노도 독점할 수 있었다.

이와 같은 점에서 폭력은 봉건·통치계급과 봉건 사회의 생명이었다고 말할 수 있다. 폭력을 생명으로 하는 정치, 즉 폭력정치는 본질상 이기주의적으로 될 수밖에 없었다. 폭력은 다른 사람과 나누어 가질 수가 없다.

물론, 봉건 사회의 전 기간 종교가 봉건제도를 유지하고 강화하는 중요한 수단으로써 봉사한 것은 부인할 수 없는 사실이다. 종교는 모든 고통과 불행을 묵묵하게 인내하고, 내세에 가서 극락을 영위할 수 있다고 설교함으로써 사람들의 불평등하고 불합리한 사회 현실에 순종을 요구하는 일종의 정신적 수단이었다.

따라서 종교는 빈곤하고 무권리한 사회의 절대다수의 성원에게 정신적 위안과 희망을 주는 긍정적인 측면이 있었음에도 불구하고 대부분이 통치자의 탐욕적 목적을 실현하는 수단으로써 봉사하게 되었다.

종교를 이용하기 위해서는 봉건 통치자의 탐욕을 모두 충족시킬 수는 없었다. 봉건적 신분제와 절대군주제는 군사적 폭력에 의거해서만 굳건하게 유지하고 강화할 수가 있었기 때문에 봉건 통치자는 폭력에 스스로의 운명을 맡길 수밖에 없었다.

원래 봉건 계급은 폭력에 의거해서 지배적 지위를 차지하고, 그것을 끊임없이 확대 강화해 가는 폭력 계급이었다. 그들은 폭력을 장악함으로써 정치적 권력도 토지와 농노도 독점할 수 있었다. 이와 같은 점에서 폭력은 봉건 통치계급과 봉건 사회의 생명이었다고 말할 수 있다.

봉건 사회의 정치는 전체주의에 의거해서 개인의 이익과 사회 공동의 이익 관계를 처리한다면 자본주의 사회의 정치는 개인주의에 기초한 개인의 이익과 사회집단의 이익 사이의 관계를 처리하는 방향으로 나아갔다.

봉건 사회 말기에 사람들의 자주성과 창조성이 높아짐에 따라 신분적 예속과 봉건적 전제주의의 전횡에 반대하고 자유와 평등을 요구하는 인도주의 사상이 대두하게 되었다.

(4) 자본주의 사회

인도주의 사상의 기치 하에서 광범한 대중이 신분제도와 전제제도에 반대하는 투쟁에 나섬으로써 봉건 사회는 붕괴하고 개인주의에 의거해

자본주의 사회가 탄생하게 되었다.[29]

물론, 그 당시의 인도주의 사상은 개인의 이익과 개인의 자유와 평등을 옹호하는 개인주의에 기초한 것으로써 개인의 좁은 테두리를 벗어날 수 없는 한계를 갖고 있지만, 자신들의 이익을 실현하기 위해서 타인의 이익을 침해하는 것을 요구하는 이기주의는 아니었다.

일단 봉건제도가 붕괴하고 생산수단과 정권을 그들의 수중에 장악된 후부터는 자기의 계급적 이익을 일방적으로 추구하는 방향으로 추진했다. 그리하여 반봉건 시대의 개인주의는 자본가 계급의 계급적 이익과 결합되어 개인 이기주의로 변색하게 되고, 자본가 계급은 개인 이기주의를 기초로 해서 모든 사회관계를 확립하게 되었다.

자본주의 사회는 개인 이기주의에 기초한 사회이기 때문에 사회에서는 개인의 이익을 중심으로 하여 개인의 이익과 사회 공동의 이익 사이의 관계를 처리하는 것이 정치의 중요 과제가 되지 않을 수 없었다.

개인 이기주의는 경제에서는 시장경제를 통해서 구현된다고 한다면, 정치에서는 정당에 기초해서 의회 민주주의를 통해서 구현하게 되었다.

자본주의 사회에서 경제활동의 주체는 어디까지나 개인이며, 모든 개인은 시장에서 부등가不等價 교환을 통해서 자기의 이익을 실현하려고 한다. 그러나 교환은 아무런 원칙이나 기준도 없이 수행되는 것이 아니라 등가성等價性의 원칙, 바꾸어 말하면, 통일 가치統一價値에 대해서는 동일한 가치로 교환되는 원칙에 따라서 이루어진다.

상품에 대한 가치 평가는 어떠한 개인의 주관적 의사에 따르는 것이 아

---

29) 인도주의 사상은 봉건적 신분제도와 전제주의 지배 하에서 박해를 받고, 압박을 받은 농노와 농민, 수공업자는 말할 것도 없이, 자본가 계급의 전신이라고 하는 수공업자의 이익도 대표하는 보편적인 사상이었다.

니라 많은 사람들의 생활적 요구와 그 상품에 체현되어 있는 사회적 필요 노동의 양을 기준으로 해서 객관적이고 사회적으로 이루어지게 된다.

결국, 가치 평가의 주체는 개인이 아니라 사회적 집단이다. 경제활동을 수행하고 경제적 이익을 추구하는 주체가 개인이라고 하는 점에서는 자본주의 시장경제는 개인의 이익을 중심으로 하여 운영된다고 볼 수 있다. 상품에 대한 가치 평가의 주체가 사회적 집단이라는 점에서는 자본주의 시장경제에 사회 공통의 이익을 고려하지 않으면 안 되는 면이 있다고 할 수 있다.[30]

자본주의 사회에서 경제적 이익을 실현하기 위한 사람들 사이의 경쟁이 시장에서 전개된다면 정치적 이익을 실현하기 위한 경쟁은 의회에서 수행된다고 말할 수 있다. 자본주의 사회에서 의회는 곧 정치적 시장이다. 의회에는 상이한 계급과 계층의 이익을 대변하는 여러 가지 정당이 참가하고, 거기에는 그들 사이의 자유로운 토론과 협의를 통해서 법률이 제정되고 국가와 사회의 운명과 관련되어 있는 중요한 문제가 결정되게 된다.

이같은 점에서 볼 때, 다당제에 기초한 의회 민주주의는 사회 공동의 이익을 실현하고, 실현해 가는 정치 형태를 갖추고 있다고 말할 수 있다. 그러나 의회의 구성과 거기에서 제정된 법률과 결정은 대부분이 소수의 지배계급의 이익에 봉사한다.

---

30) 이 두 가지, 개인과 집단의 상반된 면이 결합됨으로써 시장경제가 성립하는 것이므로, 자본주의 시장경제는 개인의 이익과 사회 공동의 이익 사이의 관계를 조절할 필요성을 객관적으로 제기한다. 자본주의 사회에서 정치는 바로 법률을 제정하고 여러 가지 기구와 제도적 장치를 만드는 것을 통해서, 시장경제의 존립과 운영에 필요한 이와 같은 제반 문제를 해결하게 된다.

(5) 사회주의 건설과 종말

과거 분별 있는 많은 사람들은 봉건주의적 전체주의와 자본주의적인 개인 이기주의에서 교훈을 찾고, 개인의 이익과 사회적 집단의 이익을 통일할 수 있는 방법을 탐색해 왔다. "개인은 전체를 위하여, 전체는 개인을 위하여"라고 하는 슬로건을 내걸었다.

한때 소련과 동유럽 제국諸國의 당과 정부는 이 슬로건 하에서 사회주의 제도를 확립하고 사회주의 건설을 일으켰다. 그러나 국가와 사회의 이익과 통일을 일방적으로 강조하면서 개인의 자주적 이익을 실현하고 창조성을 발휘하는 문제를 경시함으로써 전체주의적 편향을 범하였다.

그 결과, 사람들의 개인적 이익은 물론 사회 공동의 이익과 통일도 생각처럼 보장되지 않았으며, 사회주의가 붕괴하는 상황에 이르렀다. 이리하여 개인의 이익과 집단의 이익을 올바르게 통일시키는 문제는 이론적으로나 실천적으로 해결되지 않은 정치적 과제로 남았다.

현대 정치는 인간 사회의 발생과 더불어 제기되고, 수천 년간 오랜 기간에 걸쳐 수없이 논의되어온 이 문제를 원만하게 해결함으로써 인간의 운명 개척에 참으로 공헌할 수 있었다.

개인은 어디까지나 집단의 일부분이므로 현대 정치에서는 당연히 집단의 이익과 개인의 이익을 통일시키고 함께 실현하는 방향으로 나아가야 한다.

2) 계급적 이익과 민족적 이익을 통일시키는 문제

현재 정치가 스스로의 사명을 다하기 위해서 해결해야 하는 중요한 하나의 과제는 계급적 이익과 민족적 이익을 통일시키는 것이다.

원시공동체 사회가 혈연적 공통성에 토대하고 있는 집단이라면, 계급은 사회에서 차지하는 지위와 역할의 공통성에 기초해서 분열하는 사람들의 사회적 집단이다. 원시공동체 사회 말기에 사람들의 자주성과 창조성이 비교적 높아짐에 따라 사회생활과 사회 발전에서 기여하는 사람들의 역할 가운데 일정한 차이가 발생하게 되었고, 역할에 따른 차이에 상응해서 사회적 지위에서 차이가 발생하게 되었다. 역할에 상응해서 지위가 주어지는 것은 평등의 원리에서 볼 때 공정한 것이며, 그것은 사회 발전을 위해 필요한 것이다.

이와 같은 점에서 원시 사회 말기에 역할이 높은 인간에게는 높은 지위가 부여되고, 역할이 낮은 인간에게는 낮은 지위가 주어진 것은 당연한 것이었다고 볼 수 있다. 그러나 여기서 문제가 되는 것은 역할을 끊임없이 높이는 방향에서 자기의 사회적 지위를 높이려고 하는 것이 아니라, 역할보다도 높은 권한과 대우를 추구하게 되면 그것은 일종의 특권으로 전환하게 된다.

결국, 원시공동체 사회 말기에 특권층이 생겨나게 되었고, 공동체의 절대다수의 성원은 특권층의 지배를 받는 불평등한 상태로 전락하게 되었다. 이때부터 사회는 지배계급과 피지배계급, 착취 계급과 피착취 계급으로 분열하고 계급사회로 이행하게 되었다.

계급이 사회적으로 차지하는 지위와 역할의 공통성에 기초해서 분열하는 사회적 집단이라면, 민족은 역사적으로 형성되고 사회적 생명의 공통성만이 아닌 혈연적 공통성에 의해서 이루어지는 사람들과의 강고한 사회생활 단위이며, 운명공동체이다.

민족은 오랜 역사적 근원을 갖고 있다. 민족이 형성되는 데에는 경제생활의 공통성뿐만 아니라 정치생활의 공통성, 사상 문화생활의 공통성도

작용하고 혈연적인 공통성과 지역적인 공통성도 작용한다.[31]

민족은 오랜 기간 역사적 과정에서 성립하고, 사회적 및 육체적 생명의 공통성에 기초하여 형성되었다.

역사 발전의 일정한 단계에서 계급과 민족이 출현한 이래, 사람들의 운명이 계급적 이익과 민족적 이익이 어떻게 실현되는가에 의해서 규정됨으로 정치는 이 두 가지를 서로 취급하는 형태의 이익을 올바르게 결합시키는 문제가 중요한 과제로 된다. 계급적 이익과 민족적 이익의 상호 관계는 역사의 발전단계에 따라 상이한 문제로써 제기된다.

역사적으로 볼 때, 계급이 형성되고 역사 무대로 등장했을 때는 계급적 이익에 관한 문제가 전면으로 나오게 되며, 민족이 역사에 출현했을 때는 민족적 이익에 관한 문제가 전면에 대두된다. 전자의 경우는 계급적 이익을 중심에 두고 계급적 이익과 민족적 이익의 상호 관계를 처리하려고 했으며, 후자의 경우에는 민족적 이익을 중심에 두고 민족적 이익과 계급적 이익의 상호 관계를 처리하려고 했다.

자본주의 길로 들어간 나라에서는 자본가 계급과 노동자 계급이 함께 자기의 계급적 이익을 실현하는 데서 계급적 이익과 민족적 이익의 상호 관계를 각각의 입장에서 처리하려고 했다.

자본주의의 길로 먼저 들어간 국가의 자본가 계급의 경우에는 국내적으로는 노동자 계급에 대한 착취를 강화하는 한편, 대외적으로는 대외 진

---

31) 민족의 형성에서 혈연적 연대가 절대적인 것은 아니지만, 민족의 형성은 혈연적 공통성으로부터 시작된다고 말할 수 있다. 특정 민족의 기원에 대해서 말할 때, 보통은 혈통에 따라서 민족의 전신인 부족이나 종족까지 소급해 간다. 민족에 대한 사랑과 민족의 운명에 대해 말할 때, 지역의 공통성이나 사상의 공통성보다도 혈연이 같은 동포라는 생각이 우선하는 것은, 결코 우연한 일이 아니다. 선조가 같고, 혈연이 같은 사람은 민족의 자연적인 기초가 된다. 민족도 혈연으로 연계된 육체적 생명의 공통성과 함께, 사회역사적으로 생사고락을 함께하면서 성장한 사회적 생명의 공통성을 갖고 있다.

출을 위하여 민족적 이익이라고 하는 간판을 이용하는 것이 필요했다.[32]

결국, 선진 자본주의 국가의 자본가 계급에 있어서는 계급적 이익을 실현하는 것이 기본이었고, 민족적 이익은 부차적인 것에 지나지 않았다.

자본주의 길로 뒤늦게 진입한 자본가 계급의 경우에는 자국의 노동자 계급을 위시한 근로계층에 대한 착취를 강화하려고 한 측면에서는, 선진 자본주의 국가의 자본가와 특별히 다른 것은 아니지만, 국내시장을 보호하려고 하는 것에서 민족적 이익을 보다 강조하지 않을 수 없었다.

자본주의적인 자유경쟁의 원리에 따라서 경쟁을 하게 된다면 경제력이 약한 후진 자본주의 국가의 자본가 계급이 보다 강한 경제력을 갖고 있는 선진 자본주의 국가의 자본가 계급으로부터 국내시장을 지킬 수가 없었다. 때문에 그들은 민족적 독립과 이익을 강하게 표방하면서 그것을 실현하기 위한 투쟁에 자국의 모든 역량을 발동하는데 크나큰 이해관계를 갖게 되었다.

그러나 이와 같이 후진 자본주의 국가의 자본가 계급의 경우에도 민족적 이익은 어디까지나 그들의 계급적 이익을 실현하기 위한 수단에 지나지 않았다.

후진국 자본가 계급의 경우에도 경제적 경쟁력이 약할 때는 민족주의적인 정책을 표방하지만, 경제력이 높아지고 선진 자본가 계급과 대등한 위치에서 해외시장을 요구하는 방향으로 나아갈 때는 민족적 간판을 내리고 순수하게 계급적 이익을 노골적으로 강조하게 된다. 결국, 자본주의 길로 나아간 국가의 자본가는 자본가 계급의 개인 이기주의를 반영했다.

---

32) 그들은 자기 민족의 우월성을 내세우면서, 자국의 노동계급을 위시한 근로자를 후진 자본주의 국가의 식민지에 대한 지배와 약탈을 실현하는 수단으로 이용했다. 그러나 선진국 자본가 계급이 수행한 자국민에 대한 착취와 압박은 말할 것도 없이, 후진 자본주의나 식민지에 대한 지배와 예속도 어디까지나 그들의 계급적 이익을 실현하는 것이었기 때문에 그들이 표방하는 민족적 이익은 하나의 구실에 지나지 않았다.

자유민주주의 이념을 근본적인 정치이념으로 하고, 이것에 기초해서 정세의 변화와 당면한 이해관계에 따라 때로는 먼로주의,[33] 때로는 세계주의와 같은 각기 다른 정책적 간판을 걸게 된다.

자본주의 길로 들어간 나라에서 자본가의 경우에는 자본가 계급의 계급적 이익을 실현하는 것이 기본으로 되어 있으며, 노동자 계급의 경우에는 노동자 계급의 계급적 이익을 실현하는 것이 절실한 문제로 제기되었다.

그러나 자국이 모든 면에서 선진 자본주의 국가와 대등하게 되고, 외부로부터의 지배와 예속의 위험이 없게 되면, 민족적 독립과 민족 공동의 이익을 내세울 근거가 희박하게 되며, 자본의 지배와 예속으로부터 해방되는 계급적 이해관계만이 전면에 제기된다.

일찍이 마르크스주의 창시자는 자본주의 국가의 노동자 계급의 이와 같은 이해관계를 반영해서 노동자 계급의 계급적 이익을 옹호하고 실현하기 위한 공산주의 이념을 내놓았다. 그들은 노동자 계급에는 조국은 없다고 하면서, 민족적 이익을 척도로 해서 모든 문제를 처리해야 한다고 주장했다.

마르크스와 엥겔스는 노동자 계급의 이익은 민족의 절대다수를 이루고 있는 근로대중의 근본적 이익과 일치하며, 사회 발전의 추세에 부합하는 것이기 때문에 민족적 이익으로 된다고 간주했다. 바꾸어 말하면, 마르크스주의에서는 노동자 계급에는 계급적 이익만 있을 뿐이며, 그와 상대적으로 구별되는 민족 공동의 이익은 별로 없다고 보았다.

---

33) 먼로주의 [Monroe Doctrine] 미국 5대 대통령 먼로가 의회에 제출한 연례 교서에서 밝힌 외교 방침. 먼로주의의 근원은 워싱턴 대통령 이래의 고립주의에 의한 것이었으나 아메리카 비식민지의 원칙, 아메리카 불간섭의 원칙, 유럽에 대한 불간섭의 원칙을 분명히 하였다.

3) 민족국가의 이익과 인류 공동의 이익을 결합시키는 문제

민족국가의 이익과 인류 공동의 이익을 밀접히 결합시키고 통일시키는 것은 현대 정치가 해결해야 할 중대한 과제이다.

인류의 운명은 하나로 연결되어 있다. 우리들은 자국민을 위할 뿐만 아니라 인류공영을 위해서 힘써야 한다. 우리들은 개인 이기주의에 반대하는 것처럼 민족 이기주의도 반대한다.

인간이라면 누구나 자기가 속해있는 민족국가의 이익을 옹호하고 실현하는데 사활적 이해관계를 갖고 있다. 그러나 인간의 운명은 결코 개별적인 민족국가의 운명하고만 결합되어 있는 것이 아니다. 각기의 민족국가의 운명은 인류 공동의 운명과 연계되어 있다. 인간의 운명을 개척해가는데는 민족국가를 단위로 하는 측면도 있으며 인류 공동의 노력에 의해서 이루어지는 측면도 있다.

인간이 발전하고 사회가 높은 단계로 진행하면 할수록 인간의 정치적 생활단위가 커지게 되고, 사회적 연계와 협력의 범위가 넓어지는 것은 하나의 법칙이라고 할 수 있다. 인간의 정치적 생활단위와 협력의 범위가 얼마나 커질 것인가 하는 것은 사람들의 사상 문화 수준과도 관련되어 있으며 사회의 경제 발전 수준과도 관련되어 있다.

최근 수십 년간, 과학과 기술은 비약적으로 발전했다. 과학과 기술은 개인이나 국가의 독점물이 아니며, 인류 공동의 창조적 노력의 산물이며 인류가 공유하지 않으면 안 되는 부富이다. 과학과 기술이 발전함에 따라서 인간과 인간, 국가와 국가 사이의 문화적 연계가 전례 없을 정도로 넓어지고 인류 공동의 가치관이 매우 빠른 속도로 형성되었으며 발전하였다. 사실상 오늘날 과학과 기술 분야에서는 민족적, 국가적 경계가 없어지고 국가와 민족을 초월해서 함께 연구하고 함께 공유하는 것이 사회적 추세로 되고 있다.

경제 분야에서도 세계적 범위에서의 연계와 협력이 이루어지고 있다. 인류 공동의 노력에 의해서 창조된 과학과 기술이 경제 분야에 도입되고, 생산의 규모가 비교할 수 없을 정도로 커짐에 따라, 국가와 국가 사이의 경제적 제휴와 교류가 급속히 확대되고 생산과 판매가 국제화되어가는 추세다. 보다 많은 나라가 민족국가의 틀 내에서 탈피하고 경제의 지역화 추세에 합류하고 있으며 대륙 간, 지역 간의 경제적 제휴도 더욱 밀접하게 되어 있다.

국가 간의 문화적, 경제적 제휴가 보다 긴밀해지고 넓어짐에 따라 민족국가적 이익과 인류 공동의 이익, 각 민족국가의 운명과 전 인류의 운명이 더욱더 하나로 제휴하게 되었다. 오늘날에 이르러 어떠한 민족이나 국가도 고립적으로는 경제와 문화를 발전시킬 수 없게 되고, 어떠한 개별적인 국가나 지역에서의 재해와 질병도 그 국가, 그 지역에서만 국한되는 것은 아니며 많은 국가나 지역에까지 큰 영향을 미치고 있다. 2019년 중국에서 발생한 코로나19 바이러스도 그 실증적 사례이다.[34]

세계적 범위에서 민족과 국가의 생활적 제휴가 넓어지고 깊어짐에 따라, 사람들 속에서는 첨차 각국의 민족국가적 이익과는 상대적으로 구별

---

34) 2019년 12월 01일 중국 우한에서 처음 발생한 뒤 전 세계로 확산된 호흡기 감염 질환이다. 초기에는 원인을 알 수 없는 호흡기 전염병으로만 알려졌으나, 세계보건기구(WHO)가 2020년 1월 9일 해당 폐렴의 원인이 새로운 유형의 코로나바이러스(SARS-CoV-2, 국제 바이러스분류위원회 2월 11일 명명)라고 밝히면서 병원체가 확인됐다. ※전 세계 코로나19 환자 현황 (2020년 5월 3일(일) 10시 기준): 전 세계: 확진환자: 342만 4254명/ 사망자:24만 3674명/ 회복자 109만 2720명이며 계속 진행 중임.

※ 기원전 430년. 아테네에는 역병이 돌아 군인과 민간인의 4분의 1이 죽었고, 1347년부터 시작된 페스트로 유럽은 6년 동안 인구의 3분의 1인 2000만~3000만 명이 죽었다. 근대에 들어와서 대영제국도 콜레라 때문에 1817~1865년에 만 1000~1500만 명이 죽었다. 출처: 〈한국경제신문〉, 2020. 3. 30, A33. 참조

된다. 인류 공동의 이익이 있고, 그에 따른 인류는 하나의 운명공동체를 이룬다고 하는 인식이 높아지게 되었으며, 인류 공동의 이익을 중요한 것으로 생각하는 새로운 가치관이 확립하게 되었다.

따라서 현대 정치에서는 과거와 같은 민족국가적 이익만을 추구하는 민족 이기주의로 나아가는 것이 아니라 당연히 인류 공동의 이익을 중요한 것으로 생각하는 방향으로 나아가고 있다. 그럼에도 불구하고, 지금도 많은 사람들이 낡은 사고방식에 구애되어 자기 민족국가적 이익만을 중시하고, 추구하고 있기 때문에 국제사회는 매우 복잡한 문제가 발생하고 있다.

일부 강대국이 냉전이 종식된 오늘날에 이르러서도 구태의연하게 자국의 이익과 가치관을 타국에 강요하면서 지배주의적이고 패권주의적 야망을 실현하려고 하는 것은 명백한 실례다.

인류가 금후, 하나의 운명공동체로 결합되어 세계와 자기의 운명을 완전히 통일적으로 개척해 가고 하나의 주체로 되는 것은 명백하지만, 역사 발전의 현 단계에서는 사람들이 민족국가를 단위로 해서 자기의 운명을 개척해야 한다. 국가와 민족은 오랜 기간에 걸쳐 상이한 환경과 조건에서 하나의 생활단위를 형성하고 발전해 왔기 때문에 전통도 다르고, 생활방식도 다르며, 사람들의 사상 문화 수준과 경제 발전 수준에 있어서도 서로 다른 점을 갖고 있다.

이런 점에서 나라마다 민족마다 서로 다른 이해관계를 갖고, 그것을 실현하기 위한 국가와 민족을 기본 거점으로 하여 활동하지 않을 수 없다.

인류의 이익과 관련한 문제에 대해서는 전 세계적 범위에서 공동으로 해명해야 할 경우도 있지만, 현실적으로는 각각의 민족국가가 자기의 이익을 실현해 가면서 자국의 국제적 조건과 실정에 맞추어 인류 공동의 과제를 해결해야 한다.

그럼에도 불구하고 '전 인류적 가치', '세계화'를 외치면서 당장 민족국가의 이익을 버리고 국경도 없애겠다고 주장하는 것은 법칙에 맞지 않는 비현실적인 주장 이외에 아무것도 아니다.

시대착오적인 민족 이기주의적 편향도 극복하고, 비현실적인 '세계화'의 오류를 바로잡기 위해서는 현대 정치에서 인류 공동의 이익을 척도로 해서 각각 민족국가의 이익을 조절하고 민족국가의 이익을 중시하면서 거기에 인류 공동의 이익을 유기적으로 결합시키고 더불어 실천해가는 것이 필요하다.

제2절_ 정치 실현의 근본 원리

정치 실현의 기본 원리를 올바로 해명하는 것은 정치이론과 실천에서 매우 중요한 의의가 있다.

정치의 사명을 해명하는 것이 정치이론과 실천에서 출발점이 되는 것은 사실이지만, 정치의 사명이 올바로 해명되었다고 해서 정치 현실에서 의거해야 할 방법론적 원리도 모두 해명되는 것은 아니다.

정치가 어떠한 원리에 의거해서 실현되는가 하는 것은 정치의 사명을 어떻게 이해하고, 정치가 해결해야 하는 과제를 어떻게 보느냐에 따라서 정치적 지휘를 담당하는 주체의 준비 정도와 성숙된 객관적 조건과도 관련 있다. 따라서 정치의 사명과 의무뿐만 아니라 모든 요인을 모두 고려하고 정치 실현의 기본 원리를 명백히 해명해야 한다.

오늘날에 이르기까지 정치적 지휘 기능을 담당하고 수행하는 정치가와 정당의 수준도 이전보다는 훨씬 높아졌으며, 대중의 사상 문화 수준과 사회의 경제 발전 수준도 비교할 수 없을 정도로 높아졌다. 이리하여 현대 정치에서는 평등과 사랑을 결합시켜 사람들의 사상 문화 수준과 사회의 경제 발전 수준에 상응하여 정치를 발전시키는 문제를 전면에 내놓고 해결해야 한다.

1. 정치에서 평등의 원리와 사랑의 원리의 결합

정치가 자신의 사명을 다하기 위해서는 평등의 원리와 사랑의 원리를 밀접하게 결합시켜야 한다. 과거의 정치는 평등을 기본으로 하고 사람들의 이익을 실현하는 데 제기되는 문제를 해결하려고 했다.

지금까지 자유와 평등의 귀중함에 대해서는 많은 사람들이 추구해 왔다. 인간 중심의 철학도 자유의 원리는 귀중하다는 것을 인정하고 있다. 그것은 모든 사람들이 세계의 주인, 자기 운명의 주인으로서 그 누구나 예속되는 것을 원하지 않는 자주적인 존재이기 때문이다.

인간은 세계와 자기 운명의 주인으로서 자주적으로 살아가는 것을 본성으로 하고 있기 때문에 누구도 예속되려고 하지 않는다. 인간은 자연의 구속으로부터 벗어나는 것을 요구할 뿐만 아니라 사회적 예속과 구속, 불평등에 반대하고 사람들 사이에서 평등한 관계를 맺고 살아갈 것을 요구한다. 평등하게 살아가는 것은 자주성을 생명으로 하는 사회적 인간의 본성적 요구라고 말할 수 있다. 바로 평등의 원리는 인간의 이와 같은 사회적 본성을 반영해서 태어난 사회생활의 원리이다.

평등의 원리는 사회생활의 모든 분야에서 구체적으로 구현되고 실현되어야 하는 보편적 원리이다. 평등의 원리는 경제생활 분야에서 등가교환의 원리로써 구현되고, 정치 분야에서는 민주주의 원칙으로써 구현된다. 평등하게 사는 것은 인간의 본성적 요구이지만, 평등을 사회생활의 보편적 원리로 하는 것을 명확히 주장하는 것은 역사 발전의 일정한 단계였다.

봉건 사회 말기에 자주성과 창조성이 높아짐에 따라 불평등을 강요하는 신분제도를 철폐하고, 개인의 자유와 평등을 강조하는 인도주의 사상이 대두하게 되었다. 이와 같은 개인주의적 인도주의가 보급되는 과정에서 정신생활 분야에서는 개인의 자유와 인권 옹호를 요구하는 계몽운동이 일어났다. 신神 앞에서의 신도의 평등을 요구하는 종교개혁이 일어나고, 정치생활 분야에서는 군주가 모든 권한을 독점하고 전횡을 제멋대로 자행해온 전제군주에 반대하고, 삼권분립과 법 앞에서 만인의 평등을 요구하는 민주주의적 정치개혁 운동이 전개되었다.

반봉건 운동 시기의 민주주의는 평등의 원리가 정치 분야에서 구현됨으로써 개인의 자주성과 창조성을 높이고 개인의 이익을 실현하는데 역사적으로 기여했다.

민주주의가 발전하는 과정에서 권력을 독점하고 특권을 제멋대로 행사한 폐해가 적잖이 억제되고, 보다 많은 사람들이 정치에 참가할 가능성이 양성되고 평등한 조건에서 경쟁을 통해서 각자가 자기의 이익을 실현하는 길을 열게 되었다.

한편, 개인주의에 기초한 민주주의는 자본주의 사회의 보편적인 정치방식으로 전환되면서 정치활동 분야에서 일련의 한계성을 노정시켰다. 부르주아 민주주의는 사람들 사이에서 무차별적인 자유경쟁을 조장함으로써 사회의 통일과 안전을 파괴하고 무질서와 무정부 상태를 양성하고 자본가 계급의 경제적 특권과 결합함으로써 사회에 새로운 정치적 특권과 불평등을 가져왔다.

부르주아 민주주의의 약점을 간파한 많은 사람들은 평등의 원리, 민주주의 원리만으로는 특권과 불평등에 반대하고 평등하게 살아가는 사회적 인간의 본성적 요구를 충분히 실현할 수가 없으므로 민주주의는 반드시 개선되어야 한다는 주장이 대두되었다.

인간 중심의 민주주의에서는 부르주아 민주주의의 약점과 봉건적 전제주의의 전횡을 함께 극복하고, 사회의 안전과 통일, 발전을 보장하는 데 중요한 의의를 가져야 한다.

일찍이 사회주의자들은 민주주의 중앙집권제를 정당 건설과 활동, 국가 건설과 활동에서 견지해야 할 기본 원칙으로써 그것을 실현하기 위한 조치를 취했다.

부르주아 정치에서도 민주주의와 중앙집권제적 관리를 결합시키는 경향이 있었다. 1930년대에 영국의 케인스가 국가의 조정자적 역할을 통해서 자유방임주의에 의한 무정부적 생산과 공황을 억제하려고 한 것과 미국의 루스벨트가 뉴딜정책을 표방한 것이 그 분명한 실례이다.

과거에 제기되었던 민주주의적 중앙집권제 또는 중앙집권적 민주주의는 사람들의 자립성과 통일성을 함께 보장한다는 점에서 진보적인 것이었지만, 그것도 역시 최후에는 개인의 평등, 개인의 권리를 추구하는 데로 나아갈 수밖에 없었다. 중앙집권제라고 하는 것은 각기 상이한 요구와 이해관계를 가진 사람들이 하나의 규율에 의해서 소수는 다수에게 복종할 것을 요구하는 사회적 질서이다.

민주주의적 중앙 집권제 하에서의 통일은 어디까지나 규율에 의한 실무적 통일보다 큰 권한을 가진 사람들에게 무조건 복종함으로써 이루어지는 행정적 통일에 지나지 않는다.

따라서 민주주의 중앙집권제 하에서는 때로는 민주주의를 일면적으로 강조하고 중앙집권제 규율을 약화시키고 사람들 간의 통일과 단결을 파괴할 위험성이 발생할 수도 있다. 반대로 중앙집권제를 일방적으로 강조함으로써 보다 큰 권한을 가진 인간에 의한 독재와 전횡, 관료주의가 조장될 수도 있다. 일찍이 일련의 정당과 국가에서 발생한 정치적 혼란과 붕괴는 민주주의 중앙집권제의 이와 같은 본질적 한계와 관련되어 있다고 할 수 있다.

역사적 경험은 평등의 원리만을 갖고서는 정치가 사회적 인간의 이익을 실현하고 사회관리에서 제기되는 제반 문제를 편향 없이 원만히 해결할 수 없다는 것을 가리키고 있다.

과거에 정치가 평등의 원리에만 의거해서 사회관리와 사람들의 이해관계 실현에서 제기되는 제반 문제를 처리하려고 한 것은 그것이 개인주의적 생명관에 입각했기 때문이다. 개인주의적 생명관에서는 인간의 생명이라고 할 때, 그것을 단지 개인의 생명으로만 이해하고, 개인의 생명 이외에 그것과 구별되는 사회적 집단의 생명이 있다는 것을 알지 못했다. 여기서 개인의 생명을 옹호하는 평등의 원리만을 내세우게 되었으며, 사람들 사이의 관계에서 제기되는 모든 문제를 이 원리에 기초해서 해결하려고 한 것이다.

정치에서는 평등의 원리의 한계성을 극복하고, 사회관계, 인간관계의 처리에서 제기되는 모든 문제를 인간의 사회적 본성에 맞게 올바로 해결해야 한다. 개인의 생명만을 인정하는 개인주의적 생명관으로부터 개인의 생명과 함께 집단의 생명이 있으며, 개인의 생명도 귀중하지만 사회적 집단의 생명이 더욱 귀중하다는 생명관으로 발전하고, 그것에 기초하여 평등의 원리를 사랑의 원리와 유기적으로 결합시키는 데로 나아가지 않으면 안 된다.

일찍이 황장엽 선생은 "개인의 생명보다 가족의 생명이 더 귀중하고, 가족의 생명보다 민족의 생명이 더 귀중하며, 민족의 생명보다 전 인류의 생명이 더 귀중하다"라고 하였다.[35]

---

35) 황장엽은 1997년 2월 17일, 베이징 한국 총영사관에서 〈사랑하는 박승옥 동무에게〉 남기는 편지에서 "…사랑하는 사람들과 생이별을 한 이 아픈 가슴을 이겨내며 내가 얼마나 더 목숨을 부지할지는 알 수 없으나, 여생은 오직 민족을 위하여 바칠 생각이오. 나 개인의 생명보다는 가족의 생명이 더 귀중하고 가족의 생명보다는 민족의 생명이 더 귀중하며 한 민족의 생명보다는 전 인류의 생명이 더 귀중하다는 내 신념에는 변함이 없다는 것을 알아주기 바라오."라는 글을 남겼다. 『황장엽 회고록』, 한울, 1999. p. 25

하나의 사회적 집단을 단위로 해서 볼 때, 평등의 원리가 개인과 개인의 관계에서 예속과 불평등에 반대하고 개인의 자주성을 옹호하는 데 봉사한다면 혁명적 진리와 동지애는 사람들의 운명을 함께하는 하나의 사회정치적 생명체로 결합되어 사회적 집단의 자주성을 옹호하는 데 작용한다.[36]

인간 생명의 모체가 집단이며 사회집단을 떠나서는 생존할 수도 발전할 수도 없기 때문에 인간에게 있어서 자신이 속한 사회적 집단이 존립하고, 융성 번영하는 것이 무엇보다도 중요하다.

사회적 집단의 존립과 발전은 집단을 이루고 있는 성원이 상호 신뢰하고 협력할 때 보장된다. 여기서 사회적 인간이라면 누구나 증오하고 싸우기보다는 서로 신뢰하고 도우면서 화목하게 살아갈 것을 요구하게 된다. 사회적 인간의 이와 같은 본성적 요구를 반영한 사회생활의 원리가 다름 아닌 사랑의 원리이다.

사회적 집단 속에서 평등의 원리와 사랑의 원리는 떼려야 뗄 수 없는 관계다. 사람들이 사회적 집단에 결합되어 집단의 생존과 발전을 보장하는 공통의 요구와 이해관계가 생기게 된다. 집단이 생존하고 번영하는 것이야말로 집단에 속해있는 모든 사람들의 운명도 훌륭하게 개척되기 때문에 집단의 생존과 발전을 집단의 공동 이익이 됨과 동시에 각 성원의 이익도 된다.

여기서 집단의 이익은 사랑의 원리가 구현될 때 실현되며, 개인의 이익

---

36) 사람마다 고유한 생명을 갖고 있는 것은 사실이지만, 그 근저에는 어디까지나 사회적 집단, 인류에 두고 있다. 개인은 생명을 생산하고, 확대 재생산할 수 있는 능력을 갖고 있지 않다. 개인의 생명은 오로지 사회적 집단만이 생산하고, 끊임없이 확대되어 간다. 남성과 여성이 결합되지 않고서는 새로운 생명이 태어날 수 없으며, 사회적 집단을 떠나서는 어떠한 인간도 살며, 발전할 수가 없다. 이와 같은 점에서 인간 생명의 모체는 개인이 아니라 사회적 집단이라고 말할 수 있다.

은 평등의 원리의 구현에 의해서 실현된다. 하나의 사회적 집단 속에서 집단의 공동 이익과 개인의 이익이 분리될 수 없는 관계에 있다. 따라서 정치에서는 반드시 집단의 이익을 실현하는데 봉사하는 사랑의 원리와 개인의 이익을 실현하는데 봉사하는 평등의 원리를 유기적으로 결합시켜 통일적으로 구체적으로 실현해야 한다.

정치에서 평등의 원리를 실현하는 것은 사회의 모든 성원의 인격과 특성을 인정하고 존중하며, 그들에게 능력에 상응하는 역할을 분담시켜 역할에 상응하는 지위(권한과 대우)를 부여하는 것을 의미한다.

평등의 원리는 결코 평등주의는 아니다. 정치에서 사랑의 원리를 구현하는 것은 사회의 모든 성원을 국가와 사회의 주인으로 간주하고, 그들에게 국가와 사회의 주인으로서의 지위에 상응하는 권한과 대우를 보장하고, 그들이 자신의 창조적 능력을 최대한으로 발휘하는 사회적 조건을 만들고 사회적 협력을 조직하는 것을 의미한다.

사랑이 없는 평등은 사람들 사이에서 상호 견제하고, 나아가서는 대립과 암투까지도 낳게 된다. 사람들 사이의 관계가 상호 신뢰하고 사랑하는 관계일 때만 각 개인의 특성이 존중되고, 그들의 개인적 이익도 훌륭하게 실현된다.

만일, 평등의 원리와 사랑의 원리가 분리될 수 없는 관계에 있다는 것을 보지 않고 정치에서 평등 일면만을 강조하거나, 사랑 일면만을 강조하는 경우에는 개인의 이익도 사회적 집단의 이익도 모두 원만히 실현할 수 없으며 개인의 창발성도 집단의 창조적 능력도 발휘할 수가 없다.

정치에서 평등의 원리와 사랑의 원리를 결합시키는 것은 개인과 개인의 관계, 계층과 계층 간의 관계, 민족과 민족 간의 관계 문제를 올바로 처리하는데 근본적인 의의를 갖고 있다.

2. 경제, 문화 발전에 상응하는 정치의 발전

1) 3대 생활과 정치

정치도 사회생활의 다른 부분과 마찬가지로 사회의 발전 법칙에 따라서 변화하고 발전한다. 경제, 문화 발전에 상응하는 정치 발전의 원리는 사회 발전 법칙의 요구에 맞게 정치를 끊임없이 높은 단계로 발전시키려고 하는 방법론적 원리이다.

정치생활은 사회생활의 하나의 부분이며 사회생활의 다른 부분과 밀접한 관계 속에서 변화 발전해 간다. 인간은 물질적으로나 정신문화적으로 풍요롭게 살아갈 것을 요구함과 동시에 사회의 평등한 주인으로서 상호 결합되어 영세永世하는 사회 정치적 생명을 지니고 살며 발전할 것을 요구한다. 이것은 사회적 인간의 본능적 요구라고 말할 수 있다.

사회적 인간의 본능적 요구에 부합하여 사회생활을 발전시키기 위해서는 물질적 생활이 풍요로워지는 데 걸맞게 인간의 정신문화생활과 정치생활도 발전해야 한다.

사람들이 사회적 존재로 발전하기 위해서는 인간 자체가 보다 힘 있는 존재로 발전하고, 사회적 부를 지니고, 일정한 사회적 관계에 의해서 결합되어야 한다. 여기서 사회적 인간에게는 세 가지의 생활적 요구, 즉 물질적 요구와 문화적 요구 및 정치적 요구가 있게 마련이다.

사람들이 보다 힘 있는 존재로 발전하려고 하는 요구가 문화적 요구이며, 물질적 부를 창조하고 공유하려고 하는 요구가 물질적 요구이고, 사회적으로 상호 신뢰하고 협력하면서 살아가려고 하는 요구가 정치적 요구이다.

물질적 요구와 문화적 요구 및 정치적 요구는 사회적 인간의 본능적 요구이며 이와 같은 3대 요구를 실현해가는 생활이 바로 경제생활, 문화생활, 정치생활이다.

경제생활과 문화생활 및 정치생활은 각각의 고유한 내용과 법칙을 갖고 있는 사회생활의 독자적 분야이다. 이 세 가지의 생활은 서로 바꿀 수도 없으며, 어느 하나가 다른 것으로부터 파생하는 것도 아니다.

따라서 경제생활, 문화생활, 정치생활은 서로 분리할 수 없는 관계를 갖고 있으며 상호 영향을 주면서 통일적으로 발전해 간다. 경제생활은 물질적 부를 생산하고, 분배하고, 소비하는 생활로써 그것이 이루어지기 위해서는 반드시 물질적 부를 창조하고 이용하는 요구와 능력을 가진 인간이어야 하며, 그들 사이에서 일정한 경제 관계가 맺어져야 한다.

따라서 경제생활의 발전은 인간을 나서 키우고 그들의 사상 문화적 부를 갖춘 힘 있는 존재로 발전시키는 문화생활과 사회생활을 확립하고 관리하는 정치생활의 발전 수준에 의존하게 된다.

문화생활은 물질적 부를 창조하고 공유하는 인간 생활로써, 그것이 이루어지기 위해서는 그에 필요한 물질적 수단과 조건이 이루어져야 하며 그것을 보장하는 사회적 관계가 확립되어야 한다. 따라서 문화생활을 발전시키기 위해서는 경제생활과 정치생활을 발전시켜야 한다. 정치생활도 경제생활과 문화생활을 떠나서는 충분히 발전할 수 없다.

경제생활과 문화 수준에 상응해서 정치생활이 변화 발전하는 것은 정치 발전의 일반적 법칙이다. 원래 정치는 사회관계를 관리하는 활동, 바꾸어 말하면 사람들의 지위와 역할을 규정하고 조절하는 활동이다. 사람들 사이에서 어떠한 사회관계가 맺어지느냐 하는 것은 어느 개인적인 사람들의 주관적 의사에 기초해서 결정되는 것이 아니며, 전반적인 사회 성원의 사상 문화 수준과 사회의 물질적 부의 발전 수준에 의해서 좌우된다.

2) 사회적 관계와 정치

사회적 인간관계는 직접적인 생물학적 관계가 아니고 사회적 부를 매개로 해서 맺어지는 사회적 관계이다. 사회적 부는 인간이 창조하지만 일단 창조된 뒤에는 인간 밖에 객관화되어 누구에게나 이용되는 것이므로 그것을 직접 창조한 인간에 속하는 것이기도 하고 그렇지 않은 경우도 있다.

사회적 부를 얼마만큼 갖고 있는가 하는 것은 사람들이 자기의 요구를 어느 정도로 실현해가며 사회에서 어떠한 지위와 역할을 차지하는가를 규정하는 중요한 요인이 된다. 따라서 사람들 사이의 사회적 관계는 그들이 담당하고 있는 사상 문화적 수준에 의해서 규정되는 것이 아니며, 그들이 갖고 있는 물질적 부의 수준과도 관련되어 있다.

사회관계가 인간의 발전 수준과 부의 발전 수준에 상응하기 때문에 사회관계를 관리하는 정치는 사람들의 사상의식과 창조적 능력을 높이는 데 공헌하는 문화 수준의 생활과 사람들의 물질적 요구를 충족시키는 데 봉사하는 경제생활의 수준에 상응한다.

물론 사람을 대상으로 하는 정치는 사물을 대상으로 하는 경제와 구별하고, 인간을 낳아서 키우는 문화와 구별되는 고유한 내용을 갖는다. 때문에 경제가 발전하고 문화가 발전했다고 해서 저절로 정치도 발전하는 것은 아니다. 그러나 경제가 발전하지 않고, 물질생활이 극히 궁핍하고, 문화가 발전하지 않고, 사상 문화 수준이 극히 낮을 때에는 서로 신뢰하고 사랑하고 협력하면서 살아가는 고상한 정치생활이 수행되지 않는다.

인간에게 있어서 물질적 욕망은 육체적 생명의 요구와 관련되어 있는 제1차적인 요구로서 그것이 충족되지 않고서는 사회적 인간의 제2차적인 욕망으로 간주되는 문화적 욕망을 충족시키는 문제가 절실한 요구로 제기되지 않는다.

인간은 물질적 욕망과 문화적 욕망이 충족되고 나면 사회적 인간의 욕망 가운데 가장 높은 욕망이라고 말할 수 있는 정치적 요구를 실현하는 문제가 절실히 제기되게 된다. 이와 같은 현상은 인간의 사회적 욕망 발전의 필연적 과정이다.

따라서 물질적 욕망을 실현하는 경제생활의 발전에 상응해서 문화적 욕망을 실현하는 문화생활이 발전하게 되고, 경제생활과 문화생활의 발전에 상응해서 정치적 욕망을 실현하는 정치생활이 발전하게 된다.

경제 발전과 문화 수준에 상응해서 정치가 발전하는 것이 사회 발전의 중요한 법칙이므로 정치가 자신의 사명을 올바로 수행하기 위해서는 사회 발전과 같은 법칙의 요구에 부합해서 정치를 끊임없이 합리적으로 변화 발전시켜야 한다.

3) 정치 발전과 인간의 본성

정치를 발전시키는 것은 인간의 자주성과 창조성이 높게 발양되도록 정치제도를 확립하고, 정권 운영 방식을 끊임없이 합리적으로 개선하고, 사회 성원의 정치생활을 인간의 사회적 생명의 본성에 맞추어 보다 좋게 조직하는 것을 의미한다.

정치는 인간의 사회적 생명의 요구를 보다 잘 실현하기 위해 태어난 사회적 기능이므로 정치가 얼마나 발전했는가를 평가하는 객관적 기준은 어디까지나 그것이 인간의 사회적 생명의 본성인 자주성과 창조성을 어떻게 실현해 가는가에 달려있다. 정치를 발전시키는 데 중요한 것은 무엇보다도 정치제도를 사회 성원의 사상 문화 수준과 경제 발전 수준이 높아지는데 부합하여 수립하고 끊임없이 개선해 가는 것이다.

정치제도에 관한 문제는 정권을 누가 장악하고, 누구에게 얼마나 권한을 주는가의 사회적 질서에 관한 문제이다. 정치세력 간에는 여러 가지 문제가 제기되지만 그것은 결국 정권을 장악하고 정치적 권한을 보다 많이 갖는 문제로 귀착한다.

정권을 장악한 사회 세력, 보다 큰 정치적 권한을 가진 인간만이 정치의 주인이 되고 정치를 자기의 이상理想과 요구에 맞게 이끌어 갈 수가 있다. 정권을 장악한 여당과 정권을 장악하지 못한 야당은 정치적 지위에서 근본적인 차이가 있다고 보아야 한다.

여기서 모든 정치 세력은 정권을 장악하고 정치적 권한을 획득하는 것을 자기 활동의 근본 목표로 내세우게 된다. 정권은 사회 공동의 이익을 실현하기 위해서 태어난 사회적 권한이므로 사회의 모든 성원의 공동 소유로 되고, 모든 사람들이 정권의 주인으로서의 권한을 갖도록 하는 것이 이상적이지만, 이와 같은 이상을 일거에 실현할 수는 없다.

자본주의 사회에 이르러 신분제도가 철폐되고 자유경쟁이 허용됨으로써 개인의 자유와 창조성이 비교적 높아지고, 과학과 기술 및 경제가 발전함에 따라 정치에 대한 사람들의 관심이 비교적 높아졌다.

이리하여 왕이나 왕족과 같은 몇 사람이 정권을 독점하고, 모든 권한을 멋대로 행사하는 악폐가 허용되지 않게 되고 정당과 같은 일정한 계급의 이익을 대변하는 비교적 큰 정치 전문가 집단이 정권을 장악하고 권한을 행사하게 되었다.

이와 같은 정당정치의 조류 속에서 사회를 관리하는 권한인 입법권과 행정권 및 사법권이 분리되고, 중앙에서 지방의 말단에 이르기까지 그것을 행사할 수 있는 체계가 기본적으로 정비되었다. 이것은 정권에 대한 소유와 권력에 대한 분배의 범위를 확대하고, 정치제도를 발전시키는 데 하나의 전환점이 되었다.

3. 정치방식의 역사적 유형과 기본 특징

정치의 사명과 원리는 일정한 형태의 정치방식을 통해서 실현하게 된다. 정치방식이란 정권 활동의 체계와 방법을 말한다. 정치방식도 다른 모든 사회적 현상과 마찬가지로 사람들의 자주적 요구와 창조적 능력이 높아짐에 따라 끊임없이 변화 발전해 왔다.

역사적으로 크게 나누면 특권정치와 민주정치의 두 개 유형의 정치방식이 알려져 있다. 이 두 가지 유형의 정치방식은 정치의 주체와 정치적 지휘의 주체로 상호 구별될 뿐 아니라 정치를 실현하는 수단에 있어서도 명확한 차이가 있으며, 자기의 고유한 특징을 갖고 있다.

특권정치와 민주정치는 인류 역사 발전의 상이한 단계의 요구를 반영하고 순차적으로 실현된 과도적인 정치방식이지만, 오늘날에 이르러서도 여전히 사람들의 정치생활에 큰 영향을 끼치고 있다. 아직도 많은 나라에서는 특권정치가 없어지지 않고 있으며 민주정치도 세계적 범위에서 볼 때에는 완전히 정착한 정치방식이라고는 말할 수 없다.

따라서 이 두 가지 유형의 정치방식의 특징과 우월성, 그리고 결함을 올바로 파악하는 것은 정치적 진보를 가져오는 데 매우 큰 의의를 갖고 있다.

1) 특권정치

사람들이 동물 세계로부터 탈피하여 사회적 집단을 이루고 살아감에 따라 집단을 유지하고 움직이는 사회적 기능으로써 지휘권이 발생하게 되었다. 사람들을 통일적으로 관리하고 움직이는 활동이 다름 아닌 정치다. 그러나 원시공동체 사회에서 사람들을 움직이는 활동은 아직껏 하나의 독자적인 사회적 분업으로는 될 수 없었다. 정치가 경제와 구별되는 사회생활의 독자적인 부분으로 분화된 것은 원시 사회 말기부터이다. 원시 사회 말기에 정치가 독자적인 사회 기능으로 갈라짐에 따라 특권정치의 시대가 시작되었다.

원시공동체 말기에는 경제적 특권과 더불어 정치적 특권이 생겨나고 정치적 지배계급이 출현하게 되었다. 이때에 이르러 사회집단의 규모가 커짐에 따라 사람들을 관리하는 활동이 독자적인 사회 기능으로 갈라지게 되고, 공동생활을 보장하는 데 관리권과 지휘권을 가진 자의 역할이 높아지게 되었다.

특히 공동체 사이의 전쟁이 빈번히 일어남에 따라 공동체의 관리를 맡은 추장이 군사적 지휘도 담당하게 되고, 그들의 역할에 따라서 공동체의 운명이 크게 좌우되었다. 또한, 추장의 역할이 높아짐에 따라 그들의 권한도 높아지게 되었다. 사회 성원의 사상의식 수준이 극히 낮았던 당시의 조건에서 추장의 지휘권은 점차 사람들에 대한 지배권이 되고, 정치적 특권으로 전환하면서 추장을 중심으로 하는 지배권을 행사하는 통치계급이 형성되었다.

이리하여 혈연관계에 의해서 유지되었던 원시공동체 사회는 특권이 지배하는 계급사회로 교체되었다. 혈연사회의 출현과 더불어 정치도 특권정치로 전환되었다. 그렇다면 특권의 본질은 무엇이며 특권정치의 특징은 무엇일까?

특권과 평등은 사람들의 사회적 지위와 역할 사이의 배리背離에 그 근거를 두고 있다. 인간이라면 누구나 발전하려고 하는 생활적 요구를 갖고 있으며 그것을 실현하기 위해 활동한다.

사람들이 자기의 생활적 요구를 어느 정도 실현하는가 하는 것은 그들이 사회적으로 어떠한 권한과 대우를 받는가, 바꾸어 말하면 사회적으로 어떠한 지위를 차지하고 있는가에 따라서 규정된다.

또한, 사람들이 자기의 생활능력을 얼마만큼 발휘할 수 있는가 하는 것은 그들이 사회적으로 어떠한 의무와 책임을 분담하고 있는가, 바꾸어 말하면 사회적으로 어떠한 역할을 하고 있는가에 따라서 규정된다.

그럼에도 불구하고 특정한 자가 사회를 유지하고 발전시키는 데 실질적인 역할보다도 높은 권한과 대우를 받는 경우가 있다. 이때 다른 사람들은 자신이 수행한 역할보다도 낮은 권한과 대우를 받을 수밖에 없다. 바꾸어 말하면 역할보다도 높은 지위를 차지한 사람들은 그만큼 다른 사람의 이익을 침해하는 것이 되고, 역할보다도 낮은 지위를 차지하는 사람들은 그만큼 이익을 침해당하게 된다.

정작 사람들이 자기의 준비 정도에 맞지 않는 유리한 역할을 담당하고 실질적인 역할보다 더 높은 사회적 지위를 맡는 것이 사회적 특권이다. 사회적 특권은 부당한 사회적 권한이며 이와 같은 사회적 특권을 가진 사람들의 집단이 특권계급 또는 특권층이다.

특권에는 정치적 특권도 있고 경제적 특권도 있다. 정치적 특권은 정치적 권한을 행사하는 분야에서의 특권이며, 경제적 특권은 물질적 부를 창조하고 공유하는 분야에서의 특권이다. 문화 분야에서도 일부의 특권적 요소는 있지만 사상과 지식, 기술 그 자체를 독점하는 것은 곤란하기 때문에 문화적 특권은 정치적 특권이나 경제적 특권에 비해서 부차적인 비중을 차지하는 데 불과했다. 사회적 특권 속에서도 명확하고 강력한 것은 정치적 특권이라고 말할 수 있다.

특권정치는 일부 사람들의 사회적 특권을 옹호하고 보장하는 정치이다. 특권정치란 한마디로 말해 사회의 극소수를 이루고 있는 특권층을 위한 정치, 특권층이 수행하는 정치이며, 그 기본적 수단은 군사적 폭력과 경제력이다.

특권정치가 군사적 폭력에 의거하는가, 경제적 수단에 의거하는가 하는 것은 주로 사람들의 발전 수준과 관련되어 있다. 자주적인 사상의식과 창조적 능력이 낮을수록 사람들을 움직이는 것에 있어 폭력에 더 많이 의존하게 된다.

폭력에 의거하는 특권정치는 주로 노예 사회와 봉건 사회에 지배적인 정치형태이다. 노예제 사회에서 실시된 폭력에 의거하는 특권정치는 비록 야만적이고 비인간적이었지만 당시의 조건과 사회 발전의 역사적 견지에서 볼 때, 불가피했으며 필요한 것이기도 하였다.

노예 사회에서 폭력에 의거하는 특권정치가 실현됨으로써 원시공동체 사회에서 지배적이었던 사람들 사이의 자연적, 혈연적 명맥이 사라지고 그들 사이의 관계가 정권과 부를 둘러싼 사회적인 관계로 변화 발전하게 되었다. 또한 원시적인 평균주의가 없어지고, 개인 간의 폭력적인 경쟁을 통해서 사회 발전을 보다 급속하게 촉진시키게 되었다.

봉건 사회도 노예 사회와 마찬가지로 폭력에 기초한 특권정치가 지배하는 사회였다. 노예제 사회와 봉건 사회 사이에 차이가 있다고 하면 그것은 노예제 사회에서는 폭력에 의거하는 실력 경쟁이 사람들 사이에서 무차별적으로 수행된 것에 비해, 봉건 사회에서는 폭력에 의거하는 실력 경쟁의 결과가 계층적인 신분제에 고착되고 그것이 세습화됨으로써 사회적 안전이 비교적 보장되었던 것이다.

폭력에 기초한 특권정치는 봉건 통치계급의 본성적 요구라고 말할 수

있다.[37]

봉건 통치계급은 군사 정치계급이기도 하며 지주계급이기도 하지만 여기서 기본은 어디까지나 군사 정치계급이다. 따라서 봉건 계급의 특권 가운데 주된 것은 군사 정치적 특권이며, 그들의 정치는 본질상 군사력에 기초한 폭력정치였다.

봉건 사회에서의 특권정치는 폭력에 의거했을 뿐만 아니라 종교에 의해서도 보장되고 신성화되었다. 봉건 지배계급은 농민을 정신적으로 몽매蒙昧화하고 결박시키기 위해, 사상 문화를 독점하고 종교를 펼쳤다. 이리하여 봉건 사회에서는 신분제에 기초한 정치적 특권이 폭력에 의해 유지되었을 뿐만 아니라 종교에 의해서도 합리화되게 되었다.

봉건 사회에서 폭력과 함께 종교에 의해 특권정치가 강화됨으로써 노예 사회에서 무자비한 실력 경쟁에 의해서 양성된 사회적 불안정이 어느 정도 완화되고, 사회생활이 일정한 지역을 단위로 해서 정상화되었다. 이와 같은 점에서 폭력과 종교에 의거한 특권정치도 봉건 사회 초기에는 일정한 긍정적인 작용을 했다고 할 수 있다.

그러나 폭력과 종교의 힘에 의해 신분적 특권과 특권정치가 절대화됨으로써 그것은 점차 자주성과 창조성을 억압하고, 사회 발전에 막대한 장해를 양성하는 부정적 역할을 하게 되었다. 여기서 봉건적 폭력정치와 특권정치는 국민 대중의 자주성과 창조성이 높아짐에 따라 배척을 받게 되고 드디어 역사 무대에서 밀려나게 되었다.

봉건 사회를 대신하여 태어난 자본주의 사회도 여전히 특권정치가 지

---

37) 많은 경우, 봉건 사회에서는 토지가 기본적인 생산수단이며, 농업이 물질적 부의 생산의 기본영역이 되어 있었기 때문에, 지주계급을 봉건 통치계급으로 이해하고, 봉건 사회의 권력 구조를 토지소유권에 의해서 규정하는 것으로 간주했다. 그러나 실제 봉건 통치계급은 폭력적인 실력경쟁에서 승리한 자의 지위를 신분적인 특권으로써 고착시키고, 세습화한 결과 생겨난 계급으로써 본질상, 군사 정치적 계급이다.

배했다. 그러나 자본주의 사회에서 실시되는 특권정치는 경제적 특권을 기본 수단으로 해서 실시되었다는 점에서 노예 사회나 봉건 사회의 특권 정치와 구별된다.

인간 사회에서 차지하는 지위가 봉건 사회에서는 신분상의 귀천에 의해서 규정되었다면 자본주의 사회에 이르러서는 빈부의 차에 의해서 규정되었다.

자본주의 사회의 정치가 경제적 특권에 기초한 특권정치가 된 것은 주로 이 사회에서 지배적인 지위를 차지하고 있는 자본가 계급의 본질적 특성과 관련되어 있다.[38]

자본가 계급은 신분제도를 철폐하고, 경제적 경쟁을 장려했을 뿐만 아니라 정치적 경쟁도 장려하는 방향으로 나아갔다. 물론, 자본주의는 금전과 물건을 가장 중요한 것으로 생각하는 경제 중심의 사회이므로, 이 사회에서는 경제적 경쟁에서 승리한 자가 정치적 경쟁에서도 승리한 것이다.

자본가 계급은 경제적 경쟁에서 승리함으로써 경제적 특권을 장악했기 때문에 그것에 의거해서 정권을 장악하기 위한 정치적 경쟁에 있어서도 승리하게 되었다. 자본주의 사회에서의 정치가 금권정치로 되는 것은 바로 이 때문이다. 결국, 자본주의 사회의 정치는 경제력을 장악한 소수 자

---

38) 자본가 계급은 정치, 군사적 계급이었던 봉건 통치자와는 다르게, 물질적 부의 생산에 참가하고, 경제력을 강화하고, 그것에 의거해서 정권을 장악하는 계급이다. 자본가 계급의 전신은 봉건 사회 말기에 경제력을 급속히 발전시켰던 상공인이었다. 봉건 사회에서는 사회 성원을 사농공상(士農工商)으로 분류하고, 상인과 수공업자를 농민보다도 신분적으로 낮은 상태에 두었다. 그러나 상공인의 사상 문화적 수준은 농민보다 높았다. 특히 봉건 사회 말기에 발생한 도시에서의 상공업의 발전과 신대륙의 발견에 의해서, 해외무역의 급속한 발전에서 힘을 얻은 상공업자는, 경제력을 강화하고, 기술문화 수준을 비교적 빠르게 높였다. 도시를 중심으로 하여 상품, 화폐 관계가 발전하면서, 사회 정치발전에서 수행하는 상공업자들의 역할이 높아지고, 시민계급이 형성되고, 시민혁명의 결과, 자본가 계급의 정권이 수립되었다.

본가 계급이 경제적 특권에 의거해서 실시하는 특권정치이다.

폭력에 의거해서 수행되는 특권정치이든 경제력에 의거해서 실현되는 특권정치이든 그것은 소수를 위한 정치, 소수가 신앙하는 정치라는 점에서 공통성을 갖고 있지만, 사회 발전과 정치 발전의 견지에서 볼 때에는 경제력에 의거하는 특권정치가 폭력에 의거하는 특권정치보다도 진보한 것이라는 것은 명백하다.

자본주의 사회에서는 모든 사람들이 출신에 관계없이 자유로운 경쟁에 참가하고, 그것이 법적으로 인정되고 있다. 자본주의 사회에서는 누구라도 경쟁에서 승리만 하면 출신에 관계없이 자본가로 된다.

이와 같은 점에서 자본주의 사회는 사람들의 사회적 지위와 역할이 신분에 의해서 선천적으로 규정되는 봉건 사회와는 다르게 자신의 능력과 역할에 상응해서 사회적 지위를 높여가는 가능성이 주어져 있다. 이것은 폭력을 기본 수단으로 하는 봉건주의에서 경제력을 기본 수단으로 하는 자본주의에로의 이행이 정치 발전에서 일보 진전한 것을 의미한다.

그러나 자본주의 출현에 의해서 이루어진 정치의 변화 발전을 과대평가해서는 안 된다. 봉건주의 정치든 자본주의 정치든 목적은 모두 일부의 사람이 특권을 옹호하고 보장하는 것에 있기 때문에 사회의 절대다수의 사람들의 자주성과 창조성을 억압하는 데는 공통성을 갖고 있다.

자본주의 사회에서 모든 사람들이 경쟁적으로 자유롭게 참가할 수 있는 평등한 권리를 갖고 있다고 해도 경제에서 현실로 승리하는 것은 경제적 특권을 가진 사람들이다. 경제력이 약한 사람들은 경쟁에서 패배할 수밖에 없으며, 생산수단을 독점한 특권계급에 고용되어 그들의 지배와 예속을 받을 수밖에 없다는 한계성을 지니고 있다.

산업자본주의 단계에서는 수많은 개별적인 산업자본가가 국내시장을 무대로 하여 자유경쟁을 통해서 가치 증식과 자본축적을 추구하게 되고, 정권은 그들의 이와 같은 욕망을 충족시키기 위하여 경쟁을 보장하는 역할을 하게 된다. 그러나 제국주의 단계에 이르러 국내시장이 소수의 대자본가에 의해 독점되는 조건하에서 시장을 해외로 확대해 가는 것이 자본가의 운명을 좌우하는 사활적인 문제가 된다.

개별적인 자본가가 국내시장을 무대로 하고 가치 증식과 자본축적을 추구할 때에는 시장 분쟁이 국내법에 의거해서 해결되는 수도 있었다. 그러나 제국주의 단계에서 제기되는 해외시장 문제는 국가 간의 절실한 이해관계와 관련되어 있기 때문에 국가마다 자기의 자본력과 군사력에 의거해서 그것을 해결하는 방향으로 나아갔다.

역사의 교훈은 폭력에 의거하든 경제력에 의거하든 사람들에게 불평등을 강요하고, 극소수의 인간의 특권을 옹호하는 특권정치는 인간의 사회적 본성에 반하는 것으로써 반드시 부정된다는 것을 알려주고 있다. 자주성과 창조성이 높아지면 높아질수록 불평등과 특권에 반대하고 평등과 민주주의를 요구하는 것은 억제할 수 없는 법칙이다.

개별적인 사회 세력이나 국가가 국내적 범위나 국제적 범위에서 특권을 추구하는 것은 시대착오이며, 망상이라고 말할 수 있다.

2) 민주정치

민주정치는 특권정치와 근본적으로 구별되는 유형의 정치방식이다. 민주주의는 말 그대로 국민이 주인이 되는 정치, 국민의 의사를 집대성하는 정치이다.

민주정치는 본질에 있어서 국민의 요구와 이익을 반영하고, 정책을 세우고, 그들 자신이 주인이 되며, 그것을 실현하도록 하며, 모든 사람들의 자유와 평등을 실질적으로 보장하는 정치이다.

특권정치와 구별되는 민주정치의 중요한 특징은 정치의 주체와 정치적 지휘의 주체가 모두 국민 대중이다. 특권정치는 소수를 위한 정치이며 소수가 신앙하는 정치이므로 거기에는 정치의 주체도 정치적 지휘의 주체도 모두 사회의 극소수를 이루고 있는 특권층이 될 수밖에 없다.

이와는 다르게 민주정치는 국민 대중을 위한 정치이며, 그들 자신이 실현하는 정치이기 때문에 정치의 주체도 정치적 지휘의 주체도 모두 사회를 구성하고 있는 국민 대중이 되는 것이다.

물론 사회의 모든 사람들이 전부 정치 전문가로서 정권을 움직이는 데 직접 참가할 수는 없지만, 그들은 자기의 요구와 이익을 대변하는 정치 전문가를 자신이 선출하게 된다. 따라서 민주정치는 국민에 의해서 선출된 대표가 국민의 의사와 요구 및 이해관계를 집대성하고, 나라의 정책을 세우고, 그것을 국민 대중의 것으로 그들의 열의와 창발성에 의거해서 철저하게 실현한다.

또한, 특권정치와 구별되는 민주정치의 중요한 특징은 모든 문제를 협의와 협조를 통해서 해결해 가는 정치인 것이다. 특권정치는 소수의 이익을 옹호하는 부당한 정치이므로 거기에는 폭력이나 금전, 물건을 동원해서 사람들을 움직일 수가 있다. 이와 같은 점에서 특권정치는 즉 공포정치, 강권 정치이며, 금권정치라고 말할 수 있다. 그러나 민주정치는 사회를 구성하고 있는 국민을 위한 정치이기 때문에 강권과 기만, 금권과 같은 부당한 수단과 방법에 의거해야 하는 어떠한 이유와 근거도 없다.

민주정치에서는 모든 문제를 숨김없이 사회와 국민에 공개하고, 모든 사람들이 그 해결을 위한 토론에 자유롭게 참가하고, 의사를 표명할 수가 있으며 소수가 다수의 의견에 따르는 원칙으로 결정을 하고 시행하게 된다. 이와 같은 점에서 민주정치는 공개 정치이며 합의 정치라고 말할 수 있다.

민주정치는 사회적 인간의 본성적 요구를 구현하고 있는 보편적인 정치방식이다. 특권정치는 약육강식의 동물적 생활방식을 사회관리 분야에 옮겨놓고 있기 때문에, 비록 역사 발전의 일정한 단계에서 불가피했다고 해도 평등하게 살려고 하는 인간의 사회적 본성에 근본적으로 반하는 것이며 자주성과 창조성이 발전함에 따라 부정되고 청산되어야 하는 과도적인 것이다.

그러나 민주정치는 예속과 불평등에 반대하고, 평등하게 살려고 하는 인간의 본성적 요구가 정치 분야에서 구현되는 것으로써 자주적 요구와 창조적 능력이 높아지면 높아질수록 더욱 발전하고 완성되어 간다.

민주주의와 민주정치 자체는 어떠한 계급이나 계층의 독점물이 아니며, 그것은 어디까지나 모든 불평등과 특권에 반대하고 모든 사람들이 자주적으로 살아가기를 원하는 인간의 사회적 본성에 기인하고 있다.

민주주의와 민주정치가 인간의 본성을 반영하는 보편적인 이념, 보편적인 정치방식이기 때문에 그것은 어떠한 개별적인 계급이나 사회제도 나아가 특정 시대에 국한되는 것은 아니다.

민주주의와 민주정치를 어느 정도 전면에 내걸고 실현할 것인가는 성숙된 객관적 조건, 특히 어떠한 사회 세력이 그것을 표방하고 이끌고 갈 것인가에 따라 국가마다 시대마다 차이는 있어도 그것이 인간의 본성을 반영하고 있는 한, 인간의 발전과 사회적 진보를 가져오는 데 언제나 큰 의의를 갖게 된다.

역사적으로 볼 때 민주주의 이념과 민주주의 방식은 봉건 사회 말기에 발생하고 자본주의 시대를 거쳐 오늘날에 이르는 오랜 기간 수많은 좌절과 우여곡절을 거치면서 낮은 단계에서 높은 단계에로 한없이 변화 발전

해 왔다.[39]

인류 역사에서 민주주의적인 정치이념과 정치방식이 실제로 발생하기 시작한 것은 봉건 사회 말기부터이다. 이 시기에 인간의 존엄과 가치 및 개인의 자유와 평등을 강조하는 인도주의 사상이 출현했다. 인도주의는 인간은 출신, 신분에 의한 것이 아니라 그들 자신의 인격에 의해서 평가되어야 하며, 모든 사람들은 자연적으로 평등하며 자유롭다고 주장하는 사상이다.

인도주의 사상은 정신생활을 신성시했던 종교를 개혁하기 위한 운동의 추진력이 되었다. 교회와 승려의 특권에 반대하고, 신 앞에서의 신도의 평등을 요구하며 전개되었던 종교개혁은 사실상 반봉건 민주주의 혁명의 사상적 전주곡이었다.

자유와 평등의 사상은 '미국 독립선언(1776년)'과 '프랑스 인권선언 (1789)'에 명확히 표현되어 있다. 특히 프랑스혁명을 계기로 세계적인 범위에서 민주주의는 보편적인 정치이념으로 전환되었다.

반봉건 민주주의 사상은 원래, 인간의 자유를 극도로 유린하는 봉건적인 신분적 예속과 불평등, 전제주의적인 억압과 수탈에 반대하는 광범한 근로대중의 요구와 이익을 반영해서 발생했다. 반봉건 세력 가운데 가장 유력한 자가 자본가 계급이었기 때문에 반봉건 민주주의 사상은 점차 자

---

39) 일반적으로 민주주의적 정치방식의 기원을 논할 때, 《노예 소유자적 민주주의》에 대해서 논하기도 한다. 그러나 《노예 소유자적 민주주의》는 노예 사회의 압도적 다수를 이루고 있는 노예를 제외한 것이므로 본래의 의미에서의 민주주의라고는 말할 수 없다. 《노예 소유자적 민주주의》라는 것은 실제, 사회의 소수자에 지나지 않는 귀족과 평민 사이의 《민주주의》였다. 고대 그리스의 경우를 봐도 귀족은 군대에서 기병이었고, 평민과 빈곤층이 보병이었다. 그러나 전쟁에서는 기병이 아닌 보병이 결정적인 역할을 하였다. 자료에 의하면 기병대 보병의 비율이 19 대 81이었다고 한다.

본가 계급의 이익을 위해 봉사하는 사상으로 전환하고, 반봉건 민주주의 혁명은 자본가 계급의 정권 수립과 자본주의 제도의 승리를 보장하는 결과를 가져왔다.

민주주의 이념과 그것을 구현하는 민주주의적 정치방식의 출현은 정치이념과 정치방식의 발전으로 이루어진 획기적인 발전이며, 사회 발전에 큰 영향을 미친 역사적인 사건이다.

프랑스에서 반봉건 혁명의 슬로건으로 된 자유 · 평등 · 박애의 기치에는 자본가 계급뿐만 아니라 노동자 · 농민 · 수공업자 · 인텔리에 의한 광범한 근로대중의 요구와 이익이 반영되었다. 바로 그 때문에 반봉건 민주주의 혁명에 광범한 근로대중이 참가하고 희생적으로 싸웠다. 그러나 그후 반봉건 민주주의 사상은 자본가 계급의 요구에 부합하여 변색되었다. 초기의 보편적인 반봉건 민주주의 사상이 자본가 계급의 요구와 이익을 대변하는 부르주아 민주주의 사상으로 변색된 것은 자본가 계급이 반봉건 민주주의 혁명을 이끌었기 때문이다.

봉건적인 신분제도에 반대하는 데에 자본가 계급과 근로대중의 이익이 일치했으나 봉건적 신분제와 전제주의를 타도한 후에는 자본가 계급과 근로대중의 이해관계가 대립하게 되었다. 자본가 계급의 절실한 이해관계는 경제적인 특권을 유지하는 것이었으며, 근로대중의 사활적인 이해관계는 경제생활 분야까지 평등을 실현하는 것이었다.

이리하여 반봉건 투쟁에서는 광범한 근로대중과 더불어 전제주의적인 특권과 불평등에 반대한 자본가 계급이 그들의 경제적 특권을 옹호하는 부르주아 정권을 수립하게 되고, 그때부터 민주주의 사상은 부르주아 정치이념으로써 왜곡되고 사회에는 부르주아 민주정치가 지배하게 되었던 것이다.

부르주아 정치의 본질적 한계는 개인 이기주의에 기초하고 있다는 것이다. 원래 사회적 인간의 생명은 개인적인 면과 집단적인 면의 통일을 이루고 있기 때문에 인간의 사회적 생명을 통일적으로 지휘하는 정치는 인간 생명의 개인적인 면과 집단적인 면을 함께 긍정하고 양자를 밀접하게 통일시켜야 한다.[40]

바꿔 말하면, 민주주의는 각자 개인이 자유롭게 경쟁하는 평등한 권리를 갖고 있는 것에서 출발하고, 개인적인 이익을 추구할 때, 타인도 개인적 이익을 추구하는 것을 고려해야 한다. 모든 인간이 평등하기 때문에 평등하게 대해야 하고, 평등한 관계를 갖는 것이 진정한 민주주의이다.

그럼에도 불구하고 부르주아 정치는 자본가 계급의 이기적인 목적에 부합하여 인간의 사회적 본성을 왜곡하고, 인간 생명의 개인적인 면을 집단적인 면과 분리해 대립시키고, 그것을 일면적으로 절대화한다.

부르주아 민주정치의 전형적인 형태로 볼 수 있는 다당제 의회 민주주의의 경우를 보더라도 그것이 사람들에게 자유와 평등을 실질적으로 보장할 수 없다는 것은 보여주고 있다. 물론, 다당제에 기초한 의회 민주주의가 자본주의 사회의 조건하에서 개인의 생명을 어느 정도 보장하기 위한 하나의 정치방식으로써 의의를 갖고 있다는 것을 부정해서는 안 된다.

그러나 의회 민주주의가 여러 가지 정당 간의 자유스러운 경쟁을 보장한다고 하지만, 그것은 어디까지나 하나의 정치적 형식에 지나지 않는 것이며, 거기에는 약육강식의 법칙이 그대로 작용하고 있다.

의회제 민주주의하에서는 패배자가 승리자에 복종하는 것이 하나의 정

---

40) 정치는 인간 생명의 개인적 면이 집단적인 면으로 해소되지 않도록 함과 동시에, 집단적인 면이 개인적인 면에 의해서 무시되지 않도록 함으로써, 개인의 요구와 집단의 요구가 함께 원만히 실현되도록 해야 한다. 여기서 민주주의는 개인의 요구와 자주성을 옹호하는 것을 사명으로 한다. 누구나 출신, 신분에 관계없이 자유롭게 경쟁하는 평등한 권리를 갖는 것이 민주주의의 요구이다.

치법률 상의 요구로 되며, 승리자(집권당)에 의해서 모든 것이 좌우되는 것이 합법칙적인 것으로 되고 있다. 부르주아 민주주의 정치방식을 통해서 자본가 계급은 경제적 특권에 상응하는 무제한의 정치적 특권을 행사하는 자유가 보장된다.

마르크스주의 창시자는 부르주아 민주주의 정치의 계급적 본성과 역사적 한계를 분석한 결과 자본주의하에서는 참된 자유와 평등, 민주주의 이념을 실현할 수가 없고 오로지 사회주의 사회에 있어서만 그것을 실현할 수 있다고 하는 결론을 내렸다. 여기에서 그들은 부르주아 민주주의에 비해 사회주의적 민주주의의 우월성을 강조하고, 그 구현을 정치의 중요한 목표로 내세웠다.

그러나 마르크스주의는 계급적 예속과 불평등의 원인을 소유의 불평등에서 찾았고, 사적 소유를 철폐하고, 국가의 이름으로 소유권을 장악하면 계급이 철폐되고, 모든 사람들이 일체의 사회적 예속과 불평등에서 해방되며 따라서 자유와 평등의 이념이 완전히 실현되는 것으로 보았다.

이것은 마르크스주의가 자유와 평등의 이념만을 갖고서는 자유와 평등 자체도 충분히 실현되지 않는다는 것을 간과했다는 것을 의미한다. 사실상 마르크스주의는 개인의 생명을 사회적 인간 생명의 기본으로 보면서, 인간에게는 개인의 생명과 더불어 집단의 생명이 있다는 것을 올바로 파악할 수 없었다.

제3장

———

민주주의 정당론

정치무대에 정당이 출현하고, 정당정치가 시작됐을 때부터 오늘날에 이르기까지 정치 발전 과정은 정당정치의 역사이다. 본래, 정당은 정치를 실현하는 것을 사명으로 하여 출현했으나 정치 발전과 사회 발전에 큰 영향을 주었다.

현대에 이르러서도 정당은 당연히 정치에서 주도적인 지위를 차지하고 있으며, 중요한 역할을 하고 있으나 사회주의 정당이나 자본주의 정당을 불문하고, 적지 않은 정당이 자신의 근본 사명을 올바로 수행하지 못하고 우여곡절과 진통을 겪고 있다. 지금 한국의 정당들이 그 표본이다.[41]

역사상 최초의 사회주의 국가의 강력한 집권당으로써 사회주의 건설과 세계 정치의 한 극極을 담당한 소련 공산당이 붕괴하고, 이어서 동유럽 사회주의 국가가 와해되고, 오랫동안 집권했던 많은 자본주의 정당과 발전도상국가의 정당이 집권적 지위를 상실했다.

많은 정당이 좌절과 실패의 쓴 진통을 겪고 있는 것은 정당정치 그 자체가 주로 종래의 정당론의 심각한 역사적, 사상이론적 한계와 관련되어 있다고 볼 수 있다.

오늘날 종래의 정당론의 역사적, 사상이론적 한계를 극복하고, 정당론을 새로운 과학적 기초 위에서 발전시키는 것은 정당정치를 현대의 요구에 맞게 실현하고, 인류의 운명을 책임지고 이끌어가야 할 사명을 지니고

---

41) 준연동형 비례대표 제도를 도입한 공직선거법 개정안이 2019년 12월 27일 국회 본회의를 통과했다. 국회는 본 회의에서 제1야당인 자유한국당의 반발 속에 4+1(민주당·바른미래당 통합파·정의당·민주평화당+대안신당) 협의체가 제출한 선거법 개정안을 재석 167명, 찬성 156명, 반대 10명, 기권 1명으로 가결했다. 통과한 선거법 개정안에 따르면 의석 수는 '지역구 253석, 비례대표 47석'으로 현행 그대로 유지하고, 비례대표 47석 중 30석에만 '연동형 캡(cap)'을 적용해 연동률 50%의 준 연동형 비례 대표제를 적용하는 것을 골자로 한다. 그러나 군소 정당의 난립과 비례 정당의 출현 등으로 많은 부작용이 예상된다.

있는 것이다.

현재 제기되는 이 중요한 역사적 과제는 인간 중심의 정치철학 사상에 기초해서 사회 구성원의 정당에 관한 새로운 이론, 주체의 정당을 확립함으로써 해결될 수 있다.

이 책에서는 인간 중심 철학의 근본 원리에 기초하여 정당의 근본 사명과 그 지위와 역할, 정당 활동의 근본 원칙과 그 사상과 조직 및 사상 활동의 기본 방향과 방법, 또한 정당의 전략과 전술 등을 분명히 하고 있다.[42]

마르크스주의는 유물사관의 원리와 계급투쟁론에 따라서 경제가 사회생활과 사회 발전의 기초를 이루고 있기 때문에 경제를 중심에 두고 계급적 견지에서 고찰하고, 정당은 경제에 의해 규정되고, 경제를 위해 봉사하는 계급적 정당 조직, 계급투쟁의 무기로 보았다. 결국, 마르크스주의 정당론은 정당을 인간, 즉 주체의 구성 부분이 아니라 주로 주체가 이용하는 수단으로써, 그것도 경제를 위한 수단으로 보는 경제 중심의 정당론이며, 노동자 계급의 계급적 정당론이다.

인간 중심 철학은 마르크스주의 정당론의 논리와 함께 그 역사적, 사상 이론적 한계를 깊이 분석하고, 인간이 사회의 주인이며 사회적 운동의 주체이므로, 정당과 같은 사회적 정치조직을 인간과 떨어져 논의하고 주체가 이용하는 수단으로써 고찰하는 것은 잘못이라는 것을 분명히 했다.

---

42) 박용곤, 전게서, 제2부 정치학 편, p. 203

제1절_ 정당의 지위와 역할

　정당론에서 일차적으로 제기되는 중요한 문제는 정치에서 정당이 차지하는 지위와 역할을 올바르게 해명하는 것이다.

　사회적 운동을 일으키고 추진하는 담당자, 즉 주체는 어디까지나 인간이므로 인간의 생명활동을 통일적으로 지휘하는 사회적 기능으로써의 정치도 인간에 의해서 실현된다. 정치를 담당하고 실현하는 사람들의 집단이 다름 아닌 정치적 주체이다.

　정치이념이 진화하고 정치적 주체가 발전함에 따라 점차 정당이 정치적 주체의 중심에 서서 정치를 주도하게 되고, 정당정치가 정치세계에서 급속히 일반화되고, 현대 정치의 기본 추세로 되었다.

　정당정치 시대인 현대에 이르러 정치적 주체로서 차지하는 정당의 지위와 역할을 과학적으로 해명하는 것은 정치적 주체를 발전시키고, 역사를 전진시키는 데 모든 정당이 자신의 사명을 다하기 위해 매우 중요한 과제로 제기되고 있다. 일찍이 어떠한 정당론도 정치적 주체 문제를 정치의 근본 문제로 제기하지 않았으며, 정치적 주체로서 정당이 차지하는 지위와 역할을 해명할 수 없었다.

　마르크스주의도 인간을 사회의 주인, 사회적 운동의 주체로 볼 수가 없었기 때문에 정치적 주체의 문제를 제기할 수 없었고, 정치적 주체로 정당이 차지하는 지위와 역할을 해명할 수가 없었다.

정치적 주체로서 정당이 차지하는 지위와 역할의 문제는 국민 대중[43]을 역사의 주체, 정치적 주체로 본다. 국민 중심 즉 사람 중심의 정당론인 인간 중심의 철학에 의해서 비로소 해명되게 되었다.

1. 정당의 발생과 발전

정당은 목적과 이념의 공통성에 기초하여 결합된 사람들의 사회적 조직이며, 정치를 실현하는 것을 사명으로 하는 정치조직이다. 정당정치는 다름 아닌 정당에 의해서 지도된다. 따라서 정치란 무엇이며, 정당과 정당정치가 어떻게 발생하고, 발전해 왔는가를 해명하는 것은 정당의 지위와 역할을 올바로 해명하기 위한 필수적 요구가 된다. 정치는 사회의 존립과 발전의 근본 요구를 반영해서 태어난 사회적 기능이다.

사회가 유지되고 발전해가기 위해서는 개별적인 사람들의 요구와 이해관계를 사회 공통의 요구에 맞게 통일시키고, 그들의 능력과 힘을 조절해야 한다. 이와 같이 하지 않으면 이해관계의 충돌과 행동의 불일치에 의해 혼란과 무정부 상태가 양성되고, 사회 자체가 하나의 집단으로써 존속할 수 없게 되며, 사회가 순조롭게 발전할 수 없다. 사람들의 요구와 이해관계, 그들의 힘과 능력을 체계적으로 조절하고 사회적 존립과 발전을 보

---

43) 사회의 기본 집단은 경제에 종사하는 사회적 집단만이 아니라 정치에 종사하는 사회적 집단과 문화에 종사하는 사회적 집단이 모두 포괄되어야 한다. 사회 발전의 기본적인 담당자를 사회적 운동을 일으키고, 밀고 나아가는 역사의 주체로 간주하고, 역사의 주체인 사회적 집단을 계급주의자들은 근로대중이라고 말한다. 또한 근로대중의 구성에는 인간적 우월성에 의거해서 자주적, 창조적으로 살아서 활동하는 경제 분야의 사회적 집단만이 아닌, 문화와 정치 분야의 사회적 집단도 포괄된다. 따지고 보면 모든 분야에 종사하는 국민 전체를 '근로대중'이라고 부르게 되는 것이므로, 여기서는 이를 광의로서 '근로대중'을 '국민 대중'이라 쓰기로 한다.

장하는 사회적 기능이 바로 정치다.

사회를 이루고 있는 사람과 사회적 부 및 사회관계 속에서 사람들의 자주성의 실현과 창조성의 작용, 그들의 지위와 역할을 규정하는 것은 사회적 관계이다. 따라서 정치는 사회적 관계를 수립하고 운영해가는 사회적 기능이 된다.

사회는 경제·문화와 함께 사회생활의 3대 분야를 이루고 있다. 여기서 경제가 물질을 관리하는 활동이며 문화가 인간을 육성하는 활동이라면, 정치는 사람들의 지위와 역할을 지휘하는 활동이다. 문화와 경제가 주로 사회를 이루는 물질적 실체인 인간과 사회적 부와 관련해 있다고 한다면, 정치는 주로 사회의 결합방식인 사회관계와 연결되어 있다.

경제의 주인도 인간이며, 문화의 주인도 인간이므로 인간의 요구와 능력, 지위와 역할을 지휘하는 정치는 사회 발전에서 주도적이며 결정적인 역할을 수행하게 된다. 사회관계가 인간의 발전 수준과 사회적 부의 발전 수준에 부합하여 발전할 수 있도록 사회관계를 수립하고 운영해가는 정치도 자주성과 창조성의 발전 수준과 사회적 부의 발전 수준에 상응해서 발전해 간다. 이것이 정치 발전의 일반적인 합법칙성이다.

역사적으로 볼 때 정치가 발전해 가는 과정에서 그 필연적 요구를 반영하고, 정당이 출현하고, 정당의 형성 발전과 더불어 정당정치가 발생, 발전해 왔다. 사회적 운동에는 그것을 일으키고 실현해 가는 주체가 있다. 따라서 하나의 사회적 기능인 정치에도 그것을 담당하고 실현해 가는 주체가 있는 이상, 정당과 정당정치의 발생, 발전은 결국 정치주체의 변화 발전에 의해서 규정하게 된다. 사회를 구성하고 있는 사람들은 누구나 일정한 정치적 권리와 임무를 갖고 정치생활을 수행한다. 그러나 그들이 모두 정치적 지휘를 전업으로 할 수는 없다.

따라서 어떠한 사회에서나 정치적 기능을 직접 수행하는 지휘자와 정치적 지휘를 받는 피지휘자가 있게 마련이다. 사회에서 정치적 지휘를 실현하는 직접적인 담당자를 피지휘자와 구별해서 정치적 지휘의 주체라고 말할 수 있을 것이다. 정치의 조직적 집단인 정당과 정당정치의 발생, 발전은 결국 정치적 지휘의 주체의 변화 발전과 가장 밀접하게 관련되어 있다고 말할 수 있다.

역사적으로 정치적 지휘의 주체의 범위와 형태는 인간의 발전 수준과 정치 발전의 요구와 수준에 맞게 변화 발전해 왔다. 원시 사회도 사람들이 모여서 살아가는 하나의 집단이었기 때문에 사람들에 대한 지휘가 필요했으며, 사회에 대한 체계적인 지휘능력이 있었기 때문에 이 사회의 통일을 보장할 수 있었다.

원시 사회 말기에 실력 본위적인 경쟁이 행하여짐에 따라 사회는 이해관계에서 상호 대립하는 계급으로 분열하게 되었고, 혈연적으로 통일된 원시공동체 사회는 점차 붕괴하고, 특권이 지배하는 계급사회가 출현하게 되었다.

원시 사회에서 정치적 지휘권의 담당자가 추장이었다고 한다면, 노예 사회와 봉건 사회에서 정치적 통치의 담당자는 왕과 군주였다. 원시 사회에서 추장이 사회의 모든 성원의 이익을 대표하였다고 한다면, 노예 사회나 봉건 사회의 왕이나 군주는 특권층의 이익을 대변하였다.

특히 봉건 사회에 이르러 개인에 의한 정치적 지휘의 독점은 검劍을 가진 군사 계급이라고 말할 수 있는 봉건 계급에 의해 신분적으로 고착되었다. 봉건 사회 말기에 이르러서는 개인에 의한 정치적 지휘의 한계가 명확히 드러나고, 그것은 사회 발전에 큰 부정적인 영향을 미치게 되었다.

주로 농업에 종사하며 경제생활에 몰두해 있던 사람들이 사상 문화생활과 정치생활에 있어서도 큰 관심을 갖게 되었다. 이와 같은 과정에서 사람들은 신분제도와 종교에 의해서 이중으로 구속되어 압박을 받았고, 점차 인격과 존엄을 자각하게 되면서 그 옹호에 나섰다. 자주성과 창조성의 발전은 정치에서의 변화 발전을 요구하게 되고, 개인에 의한 정치적 지휘의 독점을 허용하지 않게 되었다.

반봉건 투쟁의 시기에 부르주아지는 다른 계급과 계층에 비해 자주 의식과 창조적 능력이 비교적 높았으며, 따라서 자기의 경제권을 옹호하기 위한 어떤 계급과 계층보다도 목적의식적으로 활동했다.

경제권을 옹호하고 확대하는데 부르주아계급이 직면한 장해물은 봉건 군주의 절대적 권력이었다. 따라서 부르주아계급이 자기의 경제권을 정치적, 법률적으로 보장하기 위해서는 하나의 결합된 정치 세력을 편성하지 않을 수 없었다. 이리하여 반봉건 부르주아 혁명을 전후하는 시기에 부르주아계급의 선구자에 의해서 일정한 목적과 이념을 함께하는 사상 정치적 집단을 결성하기 위한 투쟁이 전개되고, 그 과정에서 최초의 사상 정치적 집단으로서의 정당이 출현하게 되었다.

부르주아혁명이 최초로 수행된 영국에서는 17세기 후반기에 이르러 《토리 당》,《히―크 당》과 같은 정당이 출현하고, 프랑스와 독일에서는 19세기에 이르러 정당이 형성되었다. 일본에서는 19세기 말에 《애국 공당 公黨》이 출현하고, 미국에서는 18세기 말에 오늘의 《공화당》과 《민주당》의 전신인 《연방파》와 《분권파》가 생겨났다.[44]

정당으로 결속된 부르주아계급은 봉건 군주의 절대 권력에 반대하고, 사회에 대한 정치적 지배권을 확립하기 위한 정당을 더욱 조직화하고, 대

---

44) 부남철 옮김, M..포사이스, M..킨스 소퍼, J. 호프만 저. 『서양 정치사상 입문 2』 (The political classic Hamilton to Mill) -알렉산더 해밀턴, 존 제이, 제임스 메디슨: 「연방주의자 논문집」, pp.18~39 참조.

중을 획득하기 위한 정당 활동을 수행하게 되고, 나아가서는 정권을 장악하고, 그것을 통해서 사회를 전반적으로 지배하기 위한 정당정치 투쟁을 수행했다. 이러한 측면에서 정당은 반봉건 부르주아혁명을 서막으로 하는 근세의 산물이라고 할 수 있으며, 이때부터 정치적 지휘가 개인에 의한 독점에서 탈피하여 일정한 사회정치적 집단을 위해 실현되는 길로 들어서게 되었다고 말할 수 있다.

또한, 근세 이전에도 '당'이라고 부르는 집단이 있었던 것도 사실이다. 고대 그리스의 아테네에서는 《바 아니 당》, 《카이 아 당》과 같은 '당'이 있었다. 그러나 그들은 사상적 집단 또는 조직된 집단으로서의 정당은 아니고, 어디까지나 통치 층 내부의 권력 쟁취를 위한 파벌에 지나지 않았다. 따라서 근세 이전에는 고유한 의미에서의 정당정치가 수행되었다고 볼 수는 없다.

정당의 출현과 정당정치의 발생은 사회 발전과 정치 실현에서 획기적인 의의를 갖는 역사적 사건이다. 정당정치가 출현함으로써 정치가 개인에 의한 독점에서 탈피하여 일정한 사회적 집단을 주체로 하여 실현되는 새로운 단계로 나아가게 되고, 사람들의 존경과 자주성을 옹호하는 인도주의와 민주주의를 구현하고, 사회적 지위와 역할을 높여가는 길이 열리게 되었다.

정치적 주체로서의 정당은 사회 구성원들의 수준이 발전함에 따라 끊임없이 발전해 왔으며, 그에 따라 정당정치도 변화 발전해 왔다.

사회 구성원의 자주성과 창조성이 발전하고, 그 지위와 역할이 높아짐에 따라 특정한 사회적 집단을 대표하는 정당에서 보다 포괄적인 사회적 집단을 대표하는 정당으로 발전하고, 나아가 자주성을 보다 철저하게 실현하고 옹호하는 정당으로 발전하는 것은 정당 발전의 일반적인 합법칙성이다.

사회에 대한 체계적 지휘를 담당하는 정당이 되기 위해서는 사회를 형성하고 있는 개인의 자주성뿐만 아니라 사회적 집단의 공동의 자주성을 함께 옹호해야 한다.

자본주의 사회의 정당은 자본주의의 변화 발전과 더불어 변화해 왔다.

자본주의가 산업자본주의에서 독점자본주의 및 현대 자본주의로 변화하는 과정에서 자본가 계급의 요구와 능력이 변화 발전하고, 자본가 계급의 구성도 복잡해지고, 이해관계를 달리하는 많은 세력 집단이 형성되게 되었다. 이에 따라 자본주의 정당은 사상적인 면에서 볼 때 최초에 내걸었던 개인주의적 민주주의에서 자본가 계급의 이기적 요구와 결합된 개인 이기주의로 변색하게 되었다.

따라서 자본주의 정당이 국민들의 불만을 억제하고, 자본주의 체제를 유지하고, 사회에 대한 정치적 지배를 계속하기 위해서는 새로운 사회적 조건에 부합하여 변화시키지 않으면 안 되게 되었다.

마르크스는 진정 계급 자체를 폐절하고 모두가 평등하게 살아가는 사회를 건설하는 사상을 부르주아 사상과 구별해서 사회주의 사상이라고 부르고, 그와 같은 사회주의 사상을 노동자 계급의 사상으로써 정식화했다. 따라서 사회주의 정당도 노동자 계급의 정당으로 규정하고, 그 최초의 정당으로써 1847년에 《공산주의자 동맹》을 결성했다.

레닌은 마르크스주의적 사회주의 원칙을 고수하고 그것을 새로운 역사적 환경에 맞추어 발전시키고, 그것을 토대로 1903년에 새로운 형태의 노동자 계급의 전위조직인 볼셰비키 당을 창립했다. 정치무대에 마르크스주의적 노동자 계급의 정당이 등장한 것은 새로운 진보적인 정치적 주체의 출현으로서 사회 발전에 큰 의의를 갖고 있었다.

그러나 마르크스주의적 노동자 계급의 정당은 일정한 역사적 한계를 갖고 있다. 이 정당은 대립적인 계급으로 분열한 사회에서 가장 비참한 상태에 있었던 노동자 계급의 이익을 대변하는 데에는 중요한 역할을 하였으나, 모든 사회 구성원이 국가의 주인이 되는 사회에서는 사회 공동의 요구를 원만히 체현할 수가 없으며, 계급투쟁의 무기로서는 의미를 갖고 있으나 자주성을 원만히 실현하는 인간해방의 수단으로서는 한계를 면할 수가 없었다.

　앞으로의 국민의 정당은 특정의 계급을 일면적으로 옹호하는 계급적 정당이 아닌 국민 대중의 정당으로 되어야 한다. 이와 같은 정당만이 국가와 사회의 공동의 주인으로 되는 민주주의 사회의 정치적 주체로서의 사명을 다할 수가 있을 것이다.

2. 정당의 지위와 역할

정당의 지위와 역할은 자기의 운명을 자주적으로 창조적으로 개척해 가는 사회 구성원과 밀접하게 연관되어 있다.

모든 사회 구성원은 역사의 주체이지만 언제나 자기의 운명을 자주적이며 창조적으로 개척해 가는 것은 아니다. 자기의 운명을 자주적으로 창조적으로 개척할 수 있는 사람들을 그렇지 않은 사람들과 구별해서 역사의 자주적 주체라고 할 수 있다. 사회 구성원이 자주적인 주체로 발전하는 과정에서 자신들의 자주성을 대표하고 실현하는 정당이 출현하고, 그들은 정당의 지도와 더불어, 정당을 중심으로 하여 역사의 자주적 주체로 형성되어 발전해 간다.

마르크스주의는 유물사관의 원리에 기초하여 사회를 토대와 상부구조로 나누고, 정당을 토대에 의해서 규정되는 상부구조의 일부분으로써 토대에 반작용하는 정치적 수단으로 보았다. 유물사관에서 말하는 토대는 인간 사이에서 맺어지는 경제적 관계이며, 상부구조는 사람들의 사상과 정치적, 법률적 관계를 의미한다.

마르크스주의적 유물사관에서 논하는 상부구조에는 인간이 포함되어 있지 않다. 따라서 유물사관은 상부구조에 포함되어 있는 정당도 인간의 집단인 주체 자체의 구성 부분으로 볼 수가 없다. 이 이론에 있어서 정당은 주체가 이용하는 사회적 수단에 지나지 않는다.

또한, 토대가 상부구조를 규정하고 상부구조가 토대에 반작용하는 것은 경제 관계가 사상 정신적, 정치적 관계를 규정하고, 결국 사회의 운동 변화가 경제 관계에 의해서 규정되게 된다. 이것은 유물사관이 사회적 운동을 인간의 운동으로서, 즉 주체의 운동으로서가 아닌 객관적, 물질적 요인의 상호작용으로 보는 것을 의미한다.

따라서 이 이론에서는 정당의 역할도 사회적 운동의 주체인 인간을 이끌고 가는 활동으로서가 아니라, 객관적인 사회적 조건과 물질적 요인으로 작용하는 역할로써 해석했다.

종래, 마르크스·레닌주의에서 노동자 계급의 정당을 노동자 계급의 전위적, 조직적 부대, 즉 최고 형태의 계급적 조직과 프롤레타리아트 독재체계의 최고기구로써 규정한 것은 유물사관의 원리에 기초하여 주로 정당의 구성, 다른 사회정치적 조직과의 관계의 견지에서 정당의 특징을 규정한 것이었으며, 역사의 자주적인 주체와 결합시켜 정당의 지위를 해명한 것은 아니다.

결국, 그들의 이론은 정당을 주체인 인간과 결합시켜 고찰할 수가 없으며, 정당의 지위와 역할을 역사의 자주적 주체와의 관계 속에서 해명할 수 없었다.

어디까지나 인간의 정치조직인 정당을 인간, 즉 사회적 운동의 주체와 떨어져서 논의하고 정당 자체를 주체의 구성 부분으로서가 아닌 주체가 이용하는 하나의 수단으로 보았다.

사회는 사람들의 집단이며 사회적 운동은 사람들의 운동이다. 인간은 고립적이 아니라 상호 결합되어 사회적 집단을 이루며 발전하고, 이와 같은 사회적 집단에 의해서 역사가 개척되고 전진한다. 인간은 결국 사회적 집단을 이룰 때, 사회적 운동의 주체가 된다.

역사의 주체는 개인이나 개별적인 계급, 또는 집단이 아니라 사회의 기본 집단인 사회 구성원이다. 고립된 개인이나 개별적인 계급과 집단은 사회 공동의 자주성을 옹호하고 대표할 수는 없으며, 그들의 개별적으로 제한된 힘만으로는 사회의 발전을 담당해 나갈 수가 없다.

자본주의 발전의 현 단계에 이르러서는 물질적 생산에 종사하는 육체적 노동자와 정신노동자는 물론, 문화와 사회정치 분야에서 일하는 많은 사람들이 비인간적인 특권에 반대하고 역할에 상응하는 평등한 권리와 지위를 요구함으로써, 특권이 지배하는 낡은 사회제도를 부정하고 특권이 없는 새로운 사회를 건설하는 담당자가 주체가 되는 것이다.

사회적 존재인 인간은 사회정치적 생명을 지니고 있으며, 사회적 집단도 생명의 주체가 됨으로써, 역사의 자주적 주체는 실무적 결합체가 아닌 운명을 함께하는 하나의 사회정치적 생명체가 된다.

하나의 사회정치적 생명체를 이루고 있는 역사의 자주적 주체의 본질은 그 생명으로 가장 확실하게 표현된다. 따라서 역사의 자주적 주체로서 정당이 차지하는 지위는 그 생명과의 관계에서 집중적으로 표현된다. 정당이 역사의 자주적 주체의 중추라는 것은 실로 이 생명이 중심이라는 것을 의미한다.

인간의 생명이 자주성과 창조성으로 표현되는 것과 같이, 사회정치적 집단의 생명도 그 집단의 자주성과 창조성으로 표현된다. 정당이 역사의 자주적 주체의 생명의 중심이라는 것은 결국, 그 자주성과 창조성의 중심이라는 것을 의미한다.

정당은 역사의 자주적 주체의 생명을 집중적으로 체현하고 있는 중추적 조직이기 때문에 사회 구성원을 하나의 사회정치적 집단으로 결합시키는 정치활동의 중심으로 된다.

생명은 존재에 체현되어 있는 속성이면서도 그것은 생명활동을 통해서 나타난다. 생명의 중심은 생명체의 구조적 중심이 될 뿐 아니라 생명활동의 중심이 된다. 그와 마찬가지로 정당은 사회 구성원의 자주적 요구와 창조적 능력을 집중적으로 체현하고 있는 생명의 중심임과 동시에 사회 구성원의 자주적이며 창조적인 활동을 통일적으로 지휘하는 지도의 중심이 된다.

정당이 역사의 자주적 주체로써 생명의 중심, 지도의 중심 지위에 있는 것은 사회 구성원의 운명을 책임을 지고 이끄는 역할을 하는 것을 의미한다. 자주적인 주체의 생명활동에 대한 정당의 지휘는 사회 구성원에 대한 지휘를 통해서 실현한다. 따라서 정당의 역할은 사회 구성원에 대한 지도적 역할이다. 정당이 사회 구성원을 지도하는 것은 본질에 있어서 그들의 자주성과 창조성, 지위와 역할을 체계적이며 통일적으로 지휘하는 것이다.

여기서 정당은 사회 구성원의 근본적 요구와 사고를 반영하는 자주적인 사상을 정립하고 지도를 강화함으로써 구성원이 자기의 생활적 요구와 이익을 자각하고, 사회 발전에서 헌신성과 창의성을 적극적으로 발휘하도록 해야 한다.

구성원에 대한 정당의 지도는 조직적 지도이다. 구성원에 대한 조직적 지도는 이들을 정치적 주체로 조직화하는 활동이다. 사람들의 요구와 힘은 강고한 사회적 결합관계인 조직을 통해서 유기적으로 결합될 수 있다. 정당은 자주적인 정치조직을 결성하고, 그것에 기초해서 구성원을 결집시키는 조직적 지도를 강화함으로써, 대중을 하나의 사회정치적 집단으로 만들고, 그들의 조직적 통일을 수행하고, 구성원들의 단합된 힘을 동원하여 사회 발전을 추진해야 한다.

이와 같이 정당은 역사의 자주적 주체의 중추 조직으로서의 지위를 차지하고 있으며, 구성원에 대한 사상적, 조직적, 전략 전술적 지도를 통해서 자주적인 사회정치적 생명체의 생명활동을 지도해야 한다. 확실히 정당은 역사의 자주적 주체와 운명을 같이 할 뿐만 아니라, 그 생명의 중심 및 생명활동의 중심으로서의 지도와 역할을 하는 것이다.

3. 정당의 강화 발전이 갖는 의의

사회를 어떻게 발전시킬 것인가 하는 것은 정당을 어떻게 발전시킬 것인가에 달려있다. 정당을 강화시키는 문제는 사회 역사 발전에서 우선적으로 해결해야 하는 근본 문제이다. 정당의 강화 발전과 그 정당의 지도적 역할을 어떻게 높일 것인가에 따라 역사 발전이 좌우된다.

사회 역사 발전에서 정당의 강화 발전이 갖는 중요한 의의는 사회 발전의 근본 법칙에 의해서 규정된다고 보았다.

유물사관에서는 생산력이 발전함에 따라 생산관계가 발전하고, 생산관계의 총체인 토대가 발전함에 따라 사람들의 사상과 그것을 구현한 상부구조가 발전하는 방식으로 사회가 발전한다는 것이 법칙으로 된다. 이와 같은 해명에서는 자연개조가 사회 발전의 기초이며, 사회개조와 인간 개조는 그것에 의해서 규정되는 파생물에 지나지 않는다는 결론이 나온다.

마르크스주의는 유물사관의 이와 같은 법칙에 기초해서 정당을 경제에 의해서 규정되는 정치적 수단으로 인정하면서 사회 발전에서 정당의 강화 발전이 갖는 중요성과 의의를 주로 경제 발전과 결합시켜 이해했다.

원래 사회의 주인이 인간인 이상, 사회의 발전 수준은 인간의 발전 수준에 의해서 규정되며 사회 발전 과정은 자연사적으로 이루어지는 과정이 아니라 인간의 자주적이며 창조적인 활동에 의해서 이루어지는 주체적 과정이다. 따라서 인간의 발전에 상응해서 사회적 부가 발전하고 인간과 사회적 부의 발전에 상응해서 사회관계가 발전하는 것이 사회 발전의 근본적 법칙으로 된다. 사회의 발전 과정은 인간 개조 활동에 상응하여 자연개조가 발전하고 인간 개조와 자연개조의 발전에 상응해서 사회개조 활동이 발전하는 과정으로 된다.

진정으로 정당을 강화 발전시키는 문제는 인간 개조의 가장 근본적인 문제이며, 정당을 강화 발전시키는 활동을 훌륭하게 수행하는 것은 사회 역사 발전에서 결정적인 의의를 갖는 것이 된다.

사회 역사 발전의 견지에서 볼 때 정치의 주체는 사회관계를 개조하는 담당자이며 경제의 주체는 자연을 개조하는 담당자이고, 문화의 주체는 인간을 개조하는 담당자이지만 근로대중이 저절로 자주적인 정치·경제·문화의 주체로 되는 것은 아니다.

정당을 강화 발전시키는 것은 정치적 주체의 핵심 자체를 만드는 것이며, 정당을 훌륭하게 만들 때 정치적 주체 전반을 끊임없이 강화 발전시킬 수가 있다. 역사적으로 정치적 주체의 형성 과정은 정당의 창건으로부터 시작되며 정당의 강화 발전과 더불어 정치적 주체가 끊임없이 확대 발전해 왔다.

물질을 관리하는 경제적 역할과 사상 문화 수준을 높이는 문화적 역할은 사회의 주인인 사람들을 지휘하는 정치적 역할에 의해서 규정된다.

이것은 정당을 강화 발전시키는 활동을 훌륭하게 수행하는 것이 사회 구성원의 정치적 역할을 높이게 될 뿐 아니라, 경제, 문화 분야에서도 주체로서의 역할을 충분히 할 수 있도록 하는 확고한 보장이 된다는 것을 말해 주고 있다.

정당을 강화 발전시키는 것은 사회 구성원이 사회의 주인이 되기 위한 투쟁에서 사회적인 문제가 될 뿐만 아니라, 그들이 국가와 사회의 주인으로 된 후에도 항구적으로 제기되는 중대한 원칙적 문제가 된다.

과거 일부 사회주의 국가에서 지도적 국가였던 소련식 정당은 마르크스·레닌주의의 역사적 한계를 보지 못하고, 그것을 교조주의적으로 적용함으로써 정당을 강화 발전시키는데 당연한 주의를 기울이지 못하고, 사회주의 발전의 새로운 현실적 조건에 부합하여 정당을 조직 사상적으로 강화시킬 수가 없었다.

그 결과 정당이 사상적으로 변질하고 결국은 조직적으로 와해되었다. 사회주의 정당의 지도적 지위가 붕괴하고 그 지도적 역할이 마비됨으로써, 정당과 대중의 통일체인 사회주의 정치가 파괴되고 나아가서는 사회주의 제도 자체도 붕괴하게 되었다. 따라서 이들 국가에서는 사회주의가 자본주의로 전환하고 사회 발전이 후퇴하는 비정상적인 현상이 나타났다.

개인주의와 집단주의의 장점을 최대한 살리고 인간 중심의 사상을 대표하는 것이 진정한 인간 중심의 철학사상이다. 특히 소련 사회주의가 붕괴하고 냉전의 종언에서 시작된 새로운 역사적 시기에 인간 중심의 사상은 시대의 지도 사상으로서의 지위를 차지하게 되었고, 사회 구성원의 자주적 사상을 진실로 실현하고 정당 활동의 지침을 제시하고 있다.

인간 중심 철학의 정당론에 기초해서 정당을 강화 발전시키고 그 역할을 높여나갈 때 인류의 역사는 자주의 길에 따라서 확실하게 전진할 것이다.

4. 정당 창건의 계급적 기초와 대중적 기반

정당이 역사의 주체인 국민 대중의 자주성을 실현해가는 정당으로서 창건하기 위해서는 무엇보다도 광범한 대중을 자기의 기반으로 하여야 한다. 아무리 좋은 씨앗도 비옥한 대지에 뿌리를 내리지 않으면 싹이 터서 성장할 수 없고 아름다운 열매를 맺을 수가 없듯이, 확실한 기반을 갖지 못한 정당은 국민 대중 속에 깊게 뿌리를 내리지 못하고, 그 존재도 오래 유지될 수 없다.

종래에는 정당을 일정한 계급의 이익을 대표하고 옹호하는 계급적 정치조직으로서 계급투쟁의 무기로 보았다. 정당은 일정한 계급의 요구와 사상을 실현하기 위해서 투쟁하는 계급도 선진 부대라고 하지만, 당을 일정한 계급만을 위한 당으로써 창건하게 되면 혁신적 정당으로서의 본분을 이룩할 수가 없으며 광범한 국민 대중의 지지를 받을 수가 없다.

광범한 국민 대중이 자기의 운명의 주인으로서 등장한 오늘날의 역사적 조건은 전 국민의 이익을 대표하고, 대중적 정당으로서 건설할 것을 요구하고 있다.

종래 마르크스주의는 사회의 기본 집단을 국민 대중이 아닌 계급을 기본으로 해서 정당의 기반 문제를 고찰했다. 이와 같은 이해는 인간을 사회적 운동의 주체로 보는 것이 아니라, 객관적인 사회적 관계에 의해서 제약되는 존재로 보는 유물사관과 발전의 원천을 사물의 대립과 투쟁에서 구하는 변증법적 모순론에 기초하고 있다.

마르크스주의는 이와 같은 계급주의적 견해에서 일찍이 정당을 계급적 정치조직, 즉 계급적 정당으로 간주하고 정당의 계급적 기반 문제를 강조한 것이다.

사회는 국민 대중을 기본으로 하여 형성되는 사람들의 통일체이며 사회 역사를 개척하고 발전시키는 주체도 사회의 기본집단인 국민 대중이다. 따라서, 계급을 기본으로 하여 국민 대중을 고찰하는 것이 아니라 국민 대중을 기본으로 해서 계급을 보아야 한다.

마르크스주의는 사회주의 정당, 즉 노동자 계급의 정당의 기반을 산업노동자, 즉 노동자 계급으로 규정했다. 그러나 산업노동자, 즉 노동자 계급만을 사회주의를 위한 주체로 간주하고, 사회주의 정당의 기반을 노동자 계급에서만 구하는 것은 올바른 것이 아니다.

사회는 사회적 부를 가진 사람들이 사회적 관계로 결합되는 사람들의 공동체이다. 사회는 사람들과 사회적 부와 사회적 관계로 구성되지만, 사회적 부와 사회적 관계는 사람들의 창조물이며, 사회의 주인은 어디까지나 자주성과 창조성, 의식성을 가진 사회적 존재인 인간이다. 따라서 생산방식의 발전 수준에 의한 것이 아니라 인간의 발전 수준에 의해서 사회의 성격과 사회 발전 수준이 규정되고, 사회의 발전 과정은 인간이 발전하고 그에 따른 사회적 부와 사회적 관계가 발전하는 과정으로 된다.

사회의 기본집단은 경제에 종사하는 사회적 집단만이 아니라 정치에 종사하는 사회적 집단과 문화에 종사하는 사회적 집단이 모두 포괄되어야 한다. 사회 발전의 기본적인 담당자를 사회적 운동을 일으키고, 밀고 나아가는 역사의 주체로 간주하고, 역사의 주체인 사회적 집단을 근로대중[45]이라고 말한다. 근로대중의 구성에는 인간성을 지니고 있는 인간적

---

45) 사회주의 국가에서 주로 사용하는 근로대중의 의미는 다음과 같다. "자기 힘으로 사회생활에 필요한 모든 것을 창조하며 사회 발전을 저해하는 온갖 낡은 것을 극복해 나가는 사회적 집단, 온갖 사회적 예속과 구속을 반대하고 사회 발전을 지향하는 자주적이며 진보적인 사회세력이다. … 사회주의 사회에서는 노동자, 농민, 근로인텔리 등 사회의 모든 계급, 계층이 근로인민대중을 이룬다."라고 정의하였다. 『북한 주체철학 사전』, 북한 사회과학 연구소 지음, 도서출판 힘, p. 95

우월성에 의거해서 자주적, 창조적으로 살아서 활동하는 경제 분야의 사회적 집단만이 아닌, 문화와 정치 분야의 사회적 집단도 포괄된다.

　사회의 계급 구성에서 큰 변화가 일어난 현대의 역사적 조건에서, 근로 대중의 정당은 당연히 광범한 국민 대중을 기반으로 해서 창건되어야 한다. 제2차 세계대전 후 자본주의 국가에서는 사회 계급 구성에서 큰 변화가 일어났다. 발전한 자본주의 국가에서는 기술이 발전하고 생산의 기계화와 자동화가 추진됨에 따라 육체노동에 종사하는 근로자의 수가 현저하게 감소하고, 기술노동과 정신노동에 종사하는 근로자 즉 화이트칼라의 수가 급속히 확대되고, 그들이 숫적으로 근로자 속에서 압도적 비중을 차지하게 되었다.

　그러나 역사 발전의 현실적 과정에서는 자본주의가 발전함에 따라, 노동자 계급이 양적으로 증대하는 것이 아니라 점차 감소해갔다. 그뿐 아니라 물질적 부를 생산하는 농업과 제조업 분야에 종사하는 사람들의 수 자체가 적어지고(표1 참조) 과학, 교육, 예술, 보건, 문화, 서비스 분야와 입법, 사법, 행정 등 사회에 대한 포괄적인 관리를 실현하는 정치 분야에 종사하는 사람들의 수가 증대했다.

〈표1〉 (2019)세계 주요국 농업/제조업 고용현황 (단위: %)

구분	세계 평균	한국	북한	미국	영국	독일	캐나다	프랑스	일본	이태리
농업	28	5	60	1	1	1	1	3	3	4
제조업	23	25	17	19	18	27	19	20	24	26

※Data The World Bank, Home Page. (2019)

　경제 분야에서 일하는 사람들 가운데서도 생산이 기계화, 자동화, 로봇화됨에 따라 육체노동에 종사하는 사람들의 수가 감소하고, 기술 노동과 정신노동에 종사하는 사람들의 수가 증대하고, 사회 전반을 볼 때, 생산 분야에 종사하는 사람들보다도 서비스업을 위시한 비생산 분야에 종사하는 사람들이 더욱 증대했다. 현재, 가장 발전한 국가에서 물질적 부를 생산하는 노동자, 농민과, 서비스 분야에 종사하는 근로자의 비율은 약 1:4이다.

따라서 노동자 계급이 시민의 절대다수를 차지하는 것은 아니며, 과반수를 차지할 수도 없었다. 그뿐 아니라 제조업 분야에서도 육체노동자의 수는 10% 이하로 감소하고, 기술노동자와 지식노동자의 수가 대대적으로 증대했다. 지금 일본에서는, 총 노동인구 속에서 육체노동에 종사하는 사람은 4%에 지나지 않는다. 이것은 현대 자본주의 사회의 사회 계급 구성에서 자본주의 시대의 노동자 계급의 구성에 비해 육체노동자의 수가 매우 적다는 것을 나타내는 명확한 실례이다.

오늘날 발전한 자본주의 국가의 사회 계급적 구성에서 일어난 이와 같은 변화를 올바로 평가하는 것은, 국민 대중의 정당 창건의 기반 문제를 훌륭하게 해결하기 위한 중요한 원칙적 문제가 된다.

과학과 기술이 발전함에 따라, 물질적 부의 생산에서 육체노동이 결정적인 역할을 하는 것은 아니며, 기술노동과 정신노동이 결정적인 역할을 한다.

본래 지식인은 육체노동과 정신노동이 갈라지면서 역사에 등장했다. 지식인은 어떠한 특권도 없지만, 인간성을 지니고 지식과 기술과 같은 인간의 본질적 우월성에 의해서 운명을 개척하는 사회적 존재이다. 이와 같은 점에서 지식인은 정치, 경제적 특권에 의거해서 사람들을 착취하고 압박하는 지배계급, 착취계급과 같은 특권계급과는 근본적으로 구별될 뿐아니라 인간의 자주적 요구를 실현하기 위해 창조적 노동에 공헌하며 근로하는 사회적 집단에 속한다.

현대에 이르러 지식인의 역할은 경제 분야만이 아닌, 문화와 정치 분야에서도 나날이 높아지고 있다. 문화생활은 인간의 생명력 자체를 발전시키는 생활로 하여 사회가 발전함에 따라 그 의의와 중요성이 더욱 증대한다. 이와 같은 문화 발전은 교육전문가, 과학전문가, 문학예술전문가, 보건 전문가와 같은 지식인에 의해서 직접 실현된다.

현대 자본주의 사회에서 자본가는 경제적 특권과 정치적 특권을 갖고 주인답게 행동하지만, 기술자 및 전문가와 같은 지식인에 의거하지 않으면 경제와 문화를 발전시키고, 사회를 관리 운영할 수 없기 때문에 사실상 지식인이 사회의 주인으로서의 역할을 하고 있다고 할 것이다.

오늘날 자본주의 사회의 지식인은 진리와 정의를 파악할 수 있기 때문에 자본주의의 비인간적인 성격을 올바로 인식할 수가 있으며, 모든 특권에 반대하고 자기의 가치가 공정하게 평가되도록 인간의 본성적 요구, 국가와 사회의 주인으로서 살아가려고 하는 자주적 요구를 실현할 것을 지향하게 된다.

이와 같이 오늘날 발전한 자본주의 국가에서는 지식인이 자주성을 위한 투쟁의 중요한 세력으로서 국민 대중의 정당이 의거해야만 하는 기본적인 기반으로 되었다.

물론, 오늘날 발전한 자본주의 국가에는 공장노동자와 지식인과 구별되는 농업 인구가 있다. 그러나 그들은 앞의 〈표 1〉에서 볼 수 있듯이 총노동인구에서 매우 적은 비중을 차지하고 있다. 농업 인구는 미국, 영국, 독일, 캐나다에서는 1%에 불과하며, 프랑스와 일본은 3%, 이탈리아는 4%, 한국은 5% 지나지 않는다. 농민도 자주성, 창조성과 같은 인간성을 지니고, 인간적 우월성에 의거해서 살아가는 존재이며, 자주성을 실현하기 위한 창조적 노동에 공헌하고 근로하는 사회적 집단이다.

오늘날은 노동자, 농민, 지식인뿐만 아니라 인간성을 존중하는 모든 사람들이 국민 대중의 정당의 기반이 된다.

국민 대중의 정당은 특정한 계급적 정당이 아닌 대중적 정당이다. 따라서 모든 계급, 계층의 선각자를 통일적으로 망라하는 방법으로 정당을 창건하는 것은 정당의 대중적 본성에 맞는 올바른 조직 방식이다.

제2절_ 민주주의 이념정당 건설과 정당활동

1. 민주주의 이념정당의 지도이념

민주주의 정당의 지도이념이란 민주주의 정당이 자기의 정치활동에서 지침으로 삼아야 할 지도指導 사상을 말한다.

자본주의 사회에서 민주주의를 표방하는 정당들은 다 나름대로 지도이념이 있다. 여기서 공통적인 것은 자본주의적 사회정치 체제를 긍정하는 사상이다. 일반적으로 자유민주주의와 시장경제라고 표현하고 있다. 개인의 자유와 평등을 보장하며 그 원칙을 경제 분야에서 구현한 시장경제 체제를 지지한다는 뜻이다.

자본주의 사회의 정당들은 이러한 정치이념을 내걸고 자본주의 체제가 허용하는 테두리 안에서 정권을 쟁취하기 위한 경쟁을 벌여나간다.

과거 공산당은 인간이 다 같이 잘살 수 있는 이상 사회인 공산주의 사회 건설을 목표로 내세우고 공산주의 사회로 나가는 사회 발전 과정의 기본 특징과 공산주의 사회를 건설하는 방법을 제시하였다. 공산당의 지도이념은 세계관, 사회 역사관, 인생관과 결부되어 있었으며 인간의 이상을 실현하기 위한 전략 전술로 뒷받침되어 있었다.

지금에 와서 검토해 보면 공산주의자들의 세계관, 사회 역사관, 인생관이 잘못된 점이 많을 뿐 아니라, 그들의 지도이념이 인간의 본질적 특성에서 개인적 존재의 면을 무시하고 집단적 존재의 면만을 강조하며 그것도 인민이 아니라 계급을 역사의 주체로 내세우는 근본적인 결함을 가지고 있다는 것을 발견하게 된다.

그러나 처음에 공산당의 지도이념을 접한 사람들은 이 지도이념이야말로 인류가 나아갈 길을 처음으로 밝혀주는 진리라고 생각하게 되어 만난을 무릅쓰고 공산당이 제시한 노선과 정책을 실현하기 위하여 헌신적으로 투쟁하게 되었다.

그러나 우리가 깨닫게 된 것은 인간존재의 기본 특징이 개인적 존재와 집단적 존재의 대립물의 통일이라는 이해에 도달하게 되었으며 이러한 이해를 출발점으로 하여 민주주의의 두 면이 있다는 것을 인식할 수 있게 되었다. 마르크스주의자들이 이상 사회로 생각한 공산주의 사회는 계급투쟁의 방법으로 실현된 집단주의 사회였다.

정당은 정치전문가들의 집단으로서 정치를 사회 발전의 요구, 민주주의 발전의 원칙에 맞게 이끌어 나가는데서 선봉적 역할을 담당해야 한다. 그러므로 자본주의적 민주주의의 일면성을 극복하고 민주주의를 보다 높은 단계로 발전시키는 데 대한 역사적 과제가 대두되고 있는 오늘날, 민주주의를 표방하는 정당들은 무엇보다 먼저 시대적 요구에 맞게 민주주의 지도이념을 재정립하고 민주주의 지도 이념을 널리 보급하며 민주주의적 정치개혁을 밀고 나가도록 해야 할 것이다.

그러면 민주주의 이념, 당의 지도이념을 정립하는 데서 의거해야 할 중요 원칙은 무엇일까?

① 인간이 개인적 존재인 동시에 집단적 존재인 만큼 민주주의에서도 개인 중심의 민주주의와 집단 중심 민주주의의 양면이 있을 수 있다. 따라서 양자를 절대적으로 대립시키거나 어느 한 면만의 정당성을 절대화하여서는 안 된다.

② 개인 중심 민주주의적 요구 실현을 앞세우면서 이에 집단 중심 민

주주의적 요구 실현을 밀접히 결부시켜 나가야 한다는 것이다.

개인 중심 민주주의인 자본주의적 민주주의가 역사적으로 먼저 발전하여 역사 발전에 위대한 공헌을 하게 된 것은 우연한 일이 아니다. 인간이 먼저 개인적 존재의 생존을 보장하는 문제에 관심을 돌리는 것은 인간의 본성, 사회 발전의 기본 요구에 맞는 것이다.

③ 개인 중심 민주주의와 집단 중심 민주주의를 결합시켜 나가는 데서 의거해야 할 기준은 세계에서 차지하는 인간의 자주적 지위와 창조적 역할을 높이는 데 도움이 되는가 안 되는가, 인간의 종합적인 생명력을 강화하고 인간의 행복의 수준을 높이는 데 도움이 되는가 안 되는가 하는 것이다.

④ 사회적 불평등이 제거되고 모든 사람들이 사회의 주인의 지위를 차지하고 주인으로서의 책임과 역할을 할 수 있는 사회적 조건이 마련되어야 한다.

⑤ 새로운 민주주의의 이념을 정립하는 사업은 장기간에 걸쳐 진행하여야 하는 만큼, 이념정당 건설 사업과 민주주의를 개선 완성하기 위한 실천사업을 밀접한 연관 속에서 병행해 나가야 할 것이다.

민주주의 이념정당의 지도이념의 확립은 인류 역사 발전에서 중대한 의의를 가진다. 그것은 민주주의 사상이 철학화, 과학화되어 일상생활의 원리로 전환되어 인간이 온갖 낡은 정신문화의 구속에서 해방되어 자기 자신의 자주적인 정신과 완전한 민주주의 정신을 지니고 살며, 발전하게 된다는 것을 의미한다.

2. 민주주의 이념정당의 조직 노선

민주주의 이념정당은 국민의 정치적 선봉대이다. 이념정당의 조직 노선은 국민의 민주주의적 정치 발전을 이끌어 나가는 선봉대의 역할을 수행할 수 있도록 정당 내부의 결합 구조와 활동 규범을 규제하는 민주주의적 원칙을 말한다.

이념정당은 인간의 본질적 특징인 자주성과 창조성, 사회적 협조성의 수준이 일반 국민들보다 높은 정수분자들의 집단인 만큼 그들의 결합 구조와 활동 범위의 민주주의적 수준도 일반 국민들의 모범이 되어야 한다.

민주주의 이념정당의 조직 건설에 의거하여야 할 중요한 원칙은 무엇인가?

첫째, 정당 조직과 이념의 발전을 결합시키는 데 대한 원칙

민주주의 이념정당은 민주주의 이념을 실생활에 구현할 목적으로 결합된 조직체이다. 민주주의 이념은 민주주의 정당의 활동을 규정하는 정신적 생명력이라고 볼 수 있다. 생명체를 떠난 생명력이 있을 수 없는 것처럼 조직체를 떠난 이념은 추상적 관념에 지나지 않는다.

민주주의 이념은 정당 조직과 결부되어 조직적으로 작용함으로써만 당의 정신적 생명력이 될 수 있다. 이것은 이념정당의 조직 건설 사업이 민주주의 이념을 발전시켜 나가는 것 못지않게 중요한 사업이며, 당원들로 하여금 당 조직에 대한 충실성을 지니게 하는 것이 지도이념에 대한 충실성을 지니게 하는 것 못지않게 중요하다는 것을 말해 준다.

이념정당의 당원은 민주주의 이념을 자기의 생명과 같이 여기고 지도이념에 끝없이 충실하여야 할 뿐 아니라, 정당 조직을 자기의 생명의 모체

174

와 같이 귀중히 여기고 정당 조직에 끝없이 충실해야 한다.

민주주의 이념정당 건설에서 가장 중요한 것은 당원들로 하여금 인간 중심의 세계관, 사회 역사관, 인생관에 기초하고 있는 인간 중심 민주주의 지도이념의 정당성과 진리성을 확고부동한 신념으로 간직하게 하고 정당 조직에 대한 충실성을 자기 생명의 모체인 인류의 생명에 대한 충실성의 집중적 표현이라는 굳은 신념을 갖게 하는 것이다.

과거 공산당은 당의 지도이념에 대한 충실성, 순결성을 주장하면서 지도이념의 중요성에 대하여 강조하면서 마르크스주의를 지도이념으로 내세우고 그것을 무조건 신봉하도록 절대화하였다. 그러나 어느 탁월한 개인이 인류를 대표할 수 없으며, 어느 탁월한 개인의 사상이 인류의 사상을 대표할 수 없다.

민주주의 이념정당은 그 어떤 특수한 지위를 차지하고 있는 사람이 독단적으로 조직하고 강제적으로 사람들을 참가시키는 것이 아니라 사회적 집단, 인류의 운명에 대해 걱정하는, 뜻을 같이하는 사람들이 모여서 자주적으로 민주주의 원칙에서 만든 조직이다.

민주주의 이념정당의 조직 성원들은 개인의 생존과 발전을 실현하기 위한 개인생활을 희생시키는 것이 아니라 그것을 세계의 민주화를 위한 집단적 존재의 생존과 발전을 실현해 나가는 큰 생활의 흐름 속에서 개인생활의 행복과 집단생활의 행복을 다 같이 누리게 하는 것이다.

둘째, 개인의 자주성과 집단의 통일성을 결합시키는 데 대한 원칙

정당 조직 내부에서도 인간의 개인적 존재로서의 특성과 집단적 존재로서의 특성을 합리적으로 결합시키는 것은 원칙적인 중요한 의의를 가진다.

고립된 개인으로서는 개인의 생존과 발전도 실현할 수 없다. 집단의 생

존과 발전은 인간 집단의 결합된 힘에 의해서만 실현될 수 있다.

정당 조직의 주인은 어느 특정한 개인의 것이 아니라 조직 성원이 다 같이 공동의 주인이다. 그러므로 모든 조직 성원들이 정당 조직의 주인으로서 자기의 자주성과 창조성을 원만히 발휘할 수 있도록 매개 조직 성원들의 자주적 권리를 보장하는 것이 필요하다.

이와 함께 개별적인 조직 성원들의 자주성과 창조성이 정당 조직 집단의 자주성과 창조성을 강화하는데 이바지할 수 있도록 합리적으로 결합시켜 나가는 것이 필요하다.

이러한 문제를 해결하기 위하여 인류가 창안한 지혜의 총 결론은 국민의 이익을 충실히 대표할 수 있는 도덕적 품성과 능력을 갖춘 사람들을 국민이 선출하여 그들에게 사회에 대한 지휘와 관리를 위임하자는 사상이었다.

이러한 사상을 보통 '신임은 밑으로부터, 권력은 위로부터'라는 원리라고 부르게 되었다. 이러한 관리 원칙을 구현한 민주주의 중앙집권제가 민주주의적 사회적 집단의 조직 원칙으로서 일반적으로 공인되어 왔다.

민주주의 중앙집권제는 민주주의 발전 초기에는 국민들의 민주주의적 요구를 충족시키는 데서 큰 진보적 역할을 하였고 별문제가 없었으나 국민들의 민주주의적 요구 수준이 높아짐에 따라 민주주의 중앙집권제의 제한성이 드러나게 되었다.

공산당은 민주주의 중앙집권제의 약점을 민주주의를 말살하고 중앙집권제만을 강화하는 방향에서 왜곡하여 중앙의 극소수 집단이나 수령 개인의 독재를 담보하는 수단으로 이용하였던 것이다.

민주주의 이념정당에서는 조직 성원들(당원)의 자주적 지위와 창조적 역할을 담보하기 위한 엄격한 질서를 확립하여야 하며 조직 성원들의 역할을 정확하게 평가해 주는 상벌체계를 확립해야 한다. 이와 병행하여 정

176

당 조직의 통일 단결과 조직집단의 협조와 협력을 담보할 수 있는 규율을 엄격하게 세워야 한다. 지도기관 성원들에 대한 개인숭배와 개인적 특권을 절대로 허용하지 말아야 한다.

셋째, 삼권의 독자성과 협조성을 결합시키는 데에 대한 원칙

정당 조직의 삼권이란 정당활동의 노선과 정책을 결정하는 지도권과 결정된 노선과 정책에 따라 정당활동을 실제로 관리하고 지휘하는 집행권, 그리고 당의 지도이념과 강령, 규약(당내 행동 규범)에 의거하여 당 지도기관 성원들과 당원들의 활동을 검열하고 평가하는 심사권이다. 이것은 민주주의 정권에서 일반적으로 인정되고 있는 입법, 행정, 사법의 삼권과 유사하다.

공산당은 삼권분립주의를 반대하고 당의 지도의 유일성만을 강조하다 보니 당내 민주주의를 보장하지 못하고 집권자들의 혹심한 전횡을 허용하는 돌이킬 수 없는 과오를 범하였다.

민주주의 이념정당에서는 삼권분립과 상대적 독자성을 보장할 필요성을 인정하는 동시에 삼권의 협조를 보장하기 위한 대책의 필요성도 강조한다. 이 점에서 개인 중심 민주주의에서의 삼권분립주의와 커다란 차이를 가진다.

① 당 지도위원회와 집행위원회, 심사위원회를 분리시키고 각각 독자성을 가지고 운영하게 한다. 당 지도위원회에서는 당의 정책과 노선을 토의 결정하며 정당 내 법을 제정한다. 지도위원회 위원장과 집행위원회 위원장, 심사위원회 위원장은 완전히 동격으로 되어야 하며 겸임할 수 없게 해야 한다. 재정 문제와 인사 문제도 위원회별로 독자적으로 처리해야 한다.

② 심사위원회는《심사부》와《판결부》,《협조부(지원부)》의 3부를 포괄한다.

《심사부》는 당 규율 문제와 재정 문제, 인사 문제 등 정당활동의 모든 문제를 취급할 수 있다.《판결부》는 정당법에 의거하여 심사부의 제의를 심의하고 재판한다.《협조부》는 동지적 화해와 협력을 권고하고 조직하는 사업을 담당한다.

③ 최고자문위원회는 정당 중앙 이념연구소가 중심이 되어 정당의 사상, 이론 전문가들과 정당의 원로들로 조직되는 비상설 기구이다. 정당 중앙 이념연구소는 당 지도기관에 속하지 않는다.

민주주의 이념정당 건설은 개인 중심 민주주의와 집단 중심 민주주의를 결합시켜 인간 중심 민주주의로 발전시키는데 목적이 있는 만큼 그것은 본질상 대립물의 통일의 변증법적 원리에 의거하여 개인의 독자성과 집단의 통일성, 개인의 이익과 집단의 이익, 개인의 창발성과 집단의 협조성을 사회 발전의 요구에 맞게 균형적으로 결합시켜 나가는 문제라고 볼 수 있다.

3. 민주주의 이념정당의 노선과 정책

1) 민주주의 이념정당의 정치건설 노선

민주주의 이념정당은 민주주의를 보다 더 높은 단계로 개선하고 발전시킬 임무를 지닌 민주주의 정당이다. 그것은 현존하는 사회체계를 근본적으로 뒤집어엎고 새 사회체계를 수립하는 것을 사명으로 하는 혁명당이 아니다.

개인 중심의 민주주의나 집단 중심의 민주주의, 그리고 그것들을 종합하여 더욱 발전시킨 인간 중심의 민주주의는 진정 민주주의로서의 공통성을 가지고 있다. 그 공통성은 국민이 국가와 사회의 주인으로 되어야한다는 주권 재민의 사상이다. 이 사상은 본질상 특권을 반대하는 평등의 사상이며 사회적 정의의 사상이다.

그러므로 우선 사회적 정의의 원리의 테두리에서 현존하는 민주주의를 개선 완성하는 방향에서 개혁을 진행하면서 주체적 조건과 객관적 조건이 성숙됨에 따라 정의의 원리와 협조(사랑)의 원리를 다 같이 실현해 나가도록 하여야 한다. 이러한 견지에서 민주주의를 더욱 개선해야 하는 데에 수반하는 중요한 문제는 다음과 같다.

① 삼권분립주의를 더욱 완전히 구현해야 한다.

지금까지 자본주의적 민주주의 나라에서는 모두 삼권분립주의를 표방하고 있지만, 아직 인류가 발견한 이 중요한 민주주의적 원리를 구현하는 데는 부족한 점이 많다.

② 법을 강화하여야 한다.

자본주의적 민주주의에서는 개인 대 개인의 경우에는 권리와 의무가 통일되어 있지만, 개인과 사회적 집단의 관계에서는 개인의 이익 보장에 치중하고 사회적 집단에 대한 의무를 지키는 면이 소홀히 되고 있다.

③ 여론정치를 제한하고 지도이념정치를 강화해야 한다.

자본주의적 민주주의 정치는 여론정치로 특징지어진다. 그러나 일정한 시기에는 그러한 정당성을 갖는다고 볼 수 있다. 그러나 정치가 너무 여론에 의하여 좌우된다면 정권의 지도적 기능은 마비된다. 정치는 여론도 중요하지만 정치적 지도이념에 충실해야 한다.

④ 자본주의 나라에서는 선거에서 승리한 당이 공산당 모양으로 집권당 행세를 하면서 정권기관과 직접 정책을 토의 결정하고 있다. 이것은 옳지 않다. 공산당의 경우에는 주권이 인민에게 있는 것이 아니라 노동자 계급에 있다고 보며, 공산당을 노동 계급의 핵심 부대, 선봉 부대로 간주하기 때문에 실제로는 주권이 공산당에 있다고 인정하는 것이다.

⑤ 정당의 정치활동 자금은 합리적인 법적 절차에 따라 국가가 부담하도록 하여야 한다. 경제기관이나 기업들로부터 정치자금을 조달하는 것을 엄금하며 정경유착을 근절해야 한다.

⑥ 세계의 민주화 요구에 맞게 민주주의 국가들과 민주주의 원칙에 기초한 동맹관계를 강화 발전시키며 독재와 인권유린을 반대하는 공동

투쟁에 적극 참가하여야 한다.

2) 민주주의 이념정당의 경제건설 노선

경제 분야에서도 정의의 원칙에 의거하여 자본주의적 민주주의를 계속 개선해 나가면서 조건이 성숙됨에 따라 협조(사랑)의 원리와 결부하여 민주주의를 더욱 발전시켜 나가도록 하여야 한다. 그러기 위해서는 자유경쟁에 기초한 시장경제를 계속 발전시켜 나가며, 경쟁에서 승리자와 패배자의 차이도 인정하는 것이 정당하다.

그러나 경제적 경쟁에서 승리자가 획득한 이윤은 자본가의 노력만의 산물도 아니고 노동자의 노력의 산물만도 아니다. 자본주의적 생산에는 기술 수단도 참가하고, 사회적 질서를 관리하는 정치도 참가하며, 생산품을 구입하여 소비하는 소비자 대중의 협조도 참가한다. 자본가들의 생산은 사회적 협조 속에서만 가능하다. 그러므로 자본가들은 사회적 혜택에 보답할 의무가 있다. 이것이 이른바 '기업의 사회적 책임'인 것이다.

경제적 경쟁에서 승리한 사람들은 자본주의 경제를 계속 발전시키기 위하여 노력해야 할 의무를 지고 있는 것이다. 그러기 위해서는

① 권리와 의무를 일치시키는 원칙에서 자본주의적 생산자들, 특히 많은 이윤을 획득하여 자금과 생산수단을 많이 가지고 있는 사람들이 시장을 확대하기 위하여 적극적으로 노력하여야 한다.

② 경제를 균형적으로 발전시키는 것은 개인의 이익에도 맞고 사회 공동의 이익에도 맞는다. 사회 공동의 이익에 맞게 경제가 균형적으로 발전할 수 있는 장기 계획을 세우고 자유경쟁과 시장경제를 발전시

켜 나가도록 해야 한다.

③ 개인의 이익과 사회 공동의 이익을 다 같이 합리적으로 실현하기 위해서는 소유 형태에서도 사회의 공동소유와 개인소유 형태를 구체적으로 실정에 맞게 배합하는 것이 필요하다.

④ 실업자를 없애고 빈부의 상대적 차이는 긍정하면서도 빈곤으로 인하여 국가와 사회의 주인으로서의 지위와 역할을 상실하지 않도록 경제정책을 세워나가야 한다.

⑤ 세계경제의 민주화를 위한 공동 위업에 적극 참가하도록 하여야 한다.

이렇게 하는 것이 정의의 원칙에 맞는다고 볼 수 있으며, 이런 방법으로 자본주의적 민주주의의 일면성을 극복해 나가야 할 것이다.

4. 민주주의 이념정당의 당 생활

민주주의 이념정당은 민주주의 이념을 실생활에 구현하기 위하여 활동하는 민주주의적 정치조직체라는 데 그 중요한 특색이 있다.

사회에는 일정한 목적을 실현하기 위하여 활동하는 다양한 사회적 조직체(사회단체)들이 있다. 정당도 사회단체의 하나이지만, 다른 사회단체와 구별되는 중요한 특징은 당이 사회적 집단의 근본 이익을 대표하는 정치적 조직으로서 사회적 집단의 본질적 특징을 압축한 형태로 가장 종합적으로 체현하고 있다는 점이다.

사회적 집단이 자기 존재를 보존하기 위하여 생존 활동을 하는 것처럼 정당도 자기 존재를 보존하기 위한 당 생활을 하지 않을 수 없다.

정당 생활은 정당의 과업을 수행하기 위한 활동과 정당 자체를 강화하기 위한 정당 내부 생활이다. 당 내부 생활은 크게 조직 생활과 사상 생활의 두 면으로 나누어 볼 수 있다.

1) 정당 조직 생활

당 내부 생활은 당 조직 자체의 생명력을 강화하기 위한 생존 활동이다. 정당 조직 생활의 목적은 정당 조직의 협조적 생명력을 강화하는 데 있다. 정당 조직 성원들은 정당 조직 생활을 통해서 생사고락을 같이하는 동지들과 조직된 집단의 사랑과 믿음 속에서 자기의 생명력을 끊임없이 강화해 나가는 기쁨과 행복을 마음껏 누릴 수 있어야 한다.

정당 조직 생활은 정당 내의 생명력의 결합 수준, 통일 단결의 조직 수준을 높이기 위한 당의 기초적인 생존 활동이다. 조직에서 가장 중요한 것은 민주주의적 정당 내에서 지휘체계를 확고히 수립하는 것이다.

과거 공산당에서는 조직 생활을 매우 중요시하였으며 그것은 독재 체계를 수립하는 데 초점을 두고 진행하였기 때문에 지휘에 무조건 복종하는 조직 규율을 강화하는 것이 중심 내용으로 되었다. 그리하여 조직 생활이 당원들을 조직 규율로 얽어매는 구속과 예속의 훈련과정으로서 당원들에게 고통을 주었다.

동지적 조직 생활은 동지적 사상 생활에 의하여 뒷받침되어야 한다. 조직 생활과 사상 생활은 뗄 수 없이 밀접히 연결되어 진행되어야 한다.

2) 정당 사상 생활

조직 생활이 정당 조직의 협조적 생명력을 강화하는 생존 활동이라고 한다면 사상 생활은 정당 조직의 정신적 생명력을 강화하는 생존 활동이라고 볼 수 있다.

정당의 사상 생활을 통하여 정당 조직은 자체의 정신적 생명력을 백방으로 강화하여야 하며, 당원들은 사상 생활을 통하여 자체의 정신적 생명력의 성장에서 오는 긍지와 기쁨, 행복을 체험하게 된다. 조직 생활이 당원들에게 동지적 생활의 기쁨을 안겨준다면 사상 생활은 자기 삶의 정당성에 대한 신심과 광명한 미래에 대한 확신을 안겨준다.

사상 생활에서의 중심은 당 조직 성원들로 하여금 민주주의 지도이념의 정당성과 진리성에 대한 신념을 공고히 하고 세계를 민주화하는 위업에 몸 바쳐 투쟁하는 높은 긍지와 자부심을 간직하도록 하는 데 있다.

이렇게 하기 위해서는 정당이 당원들의 사상 생활을 조직하고 필요한 사상적 양식을 공급해 주어야 한다.

이념정당의 조직 생활과 사상 생활은 인간 중심 철학의 원리를 구현한 새로운 형의 정당의 새로운 정당 생활 형태인 만큼 깊이 연구하여 그 구체적인 방법과 규범을 정립하여야 할 것이다. 공산당의 정당 생활은 당원들을 군대식으로 일정한 틀로 구속하는 강제적 방법에 기초하였다는 점을 고려하여 교훈을 찾아야 한다.

민주주의 이념정당의 생활은 정당 조직과 당원들의 협조적 생명력과 정신적 생명력을 강화하는 생존 활동의 전형으로 되어야 한다. 그것은 당원들의 조직·사상적 단결과 정신문화적 자질을 향상시키는 가장 중요한 학교로 되어야 하며 가장 즐겁고 보람 있는 삶의 모범이 되어야 한다. 그것은 세계의 주인, 자기 운명의 주인으로서의 인간 생활의 본질을 집약한 모범으로 되어야 한다.

제3절_ 정당 활동의 근본 원칙

정당론에서 제기되는 기본문제의 하나는 정당 활동의 근본 원칙을 올바르게 설정하는 것이다. 정당 활동의 근본 원칙이 어떠한 것인가 하는 것은 정당의 본질적 특성과 정당 발전의 합법칙성이 직접 관련되어 있다.

대중적인 정당은 하나의 운명으로 결합된 사회정치적 생명체이다. 이것은 정당이 하나의 정치이념에 의해서 결합되고, 모든 당원과 당 조직이 정당의 정치이념에 기초하여 활동하는 조직, 사상적 통일체라는 것을 말해 주고 있다. 이와 같은 대중적 정당에 있어서는 당 전체가 조직·사상적으로 강화됨에 따라 그 지도적 지위와 역할이 끊임없이 높아지는 것이 정당 발전의 합법칙성인 것이다.

여기서 정당이 조직·사상적으로 강화되는 과정은 당원의 사상성과 조직성이 높아지고, 정당의 통일, 단결이 강화되고, 당 전반의 자주성과 창조성의 수준이 높아져 가는 과정이며, 정당의 지도적 지위와 역할이 높아지는 과정은 사회에 대한 정당의 정치적 지도의 폭이 넓어지고 그 심도가 깊어져 가는 과정이다. 따라서 정당 활동의 근본 원칙은 정당의 자주성과 창조성 및 통일, 단결의 수준을 높이고 사회에 대한 체계적인 정치적 지도의 수준을 높이도록 정립해야 한다. 정당 활동의 근본 원칙은 정당의 지도이념에 기초해있으며 그것을 구현하기 위한 것이다.

인간 중심의 정치철학은 자주적인 사상, 개인주의의 장점과 집단주의적 인도주의를 정당의 지도이념으로 규정하고 그것에 기초해서 당 조직과 당원의 기본활동과 준칙을 해명했다. 또한, 정당 활동에서 민주주의의 원칙과 지도이념을 결합시키고 계승성과 혁신성, 보편성과 특수성을 결합하는 원칙을 제시했다.

1. 정당의 지도이념과 강령 및 규약

정당에 대한 올바른 이해를 갖는데 중요한 것은 그 정당의 정치이념이 어떠한 것인가 하는 것이다.

1) 지도이념

지도이념은 정당의 목적과 그 실현 방법을 해명하는 정당의 기본 사상이다. 정당은 이념을 함께하는 사람들의 정치적 집단이며, 정치이념은 정당 활동의 사상, 이론, 방법론적 기초이다. 정치이념에 의해서 정당의 성격과 사명 및 그 조직구조와 지도 방법 및 전략 전술이 규정된다. 정치이념을 떠나서는 정당의 존재 자체에 대해서 또한 그 역할에 대해서 생각할수가 없다. 나아가 그 지도적 역할에 대해서 생각할 수가 없다. 따라서 정치이념은 정당의 생명이고, 정당 활동의 출발점이며 근본 지침이 된다.

정당의 정치이념은 역사의 주체인 사회 구성원의 요구와 이익을 반영하고, 사회 구성원의 운명을 자주적이고 창조적으로 개척해가는 길을 제시하는 이념으로 되어야 한다.

정당의 정치이념의 발전 수준은 그것이 인간의 자주적인 요구와 이익을 어느 정도 깊이 반영하고, 그것을 실현하기 위한 방법을 얼마나 정확하게 해명하느냐에 따라 규정된다. 정당의 정치이념 및 자주적인 사상은 개인의 자주성과 집단의 자주성을 함께 옹호하는 인도주의 사상이다.

그러나 최초의 인도주의는 개인의 존엄과 자주성을 중시하고, 개인적인 존재로서의 인간을 중시하는 사상이었다. 이와 같은 점에서 그것을 개인주의적 인도주의라고 말할 수 있다.

사회적 집단을 이루고 살아가는 사회적 존재인 인간은 개인적 존재임과 동시에 집단적 존재이며, 개인의 자주성과 집단의 자주성을 함께 생명으로 하고 있다. 따라서 인도주의는 개인의 자주성과 집단의 자주성을 함께 존중하는 것이야말로 인간의 자주성을 옹호하는 참된 인도주의가 된다.

마르크스주의는 사회적 집단인 계급의 해방을 떠난 개인의 해방을 실현할 수 없다고 해명하고, 개인의 자주성에 대한 사상, 즉 개인주의적 인도주의에서 집단의 자주성에 대한 사상, 즉 집단주의적 인도주의 사상을 발전시키는데 크게 기여했다.

그러나 마르크스주의는 집단의 힘이 개인의 힘보다 양적으로 크며, 집단의 이익이 개인의 이익보다 양적으로 크다고 하는 사상은 있어도, 개인의 자주성과 질적으로 구별되는 집단의 자주성의 중요성에 대한 사상, 개인의 생명과 구별되는 집단의 생명의 중요성에 대한 사상은 없었다. 따라서 마르크스주의는 특정 계급이나 집단이 아닌, 가장 포괄적인 사회의 기본집단인 정당의 지도 사상으로서는 일정한 한계를 갖지 않을 수 없었다.

인간 중심의 철학은 인간을 사회적 운동의 주체로 간주하고, 인간의 창조적 활동에 의해서 사회가 발전하는 합법칙성을 해명하고, 자기의 자주성을 실현하는 길을 제시하고 있다.

또한, 인간 중심의 철학은 개인이 생명을 가질 뿐만 아니라 개인적 생명체가 유기적으로 결합된 사회정치적 집단도 생명을 가지며, 인간이 자신의 운명을 자주적, 창조적으로 개척해가는 역사의 자주적 주체로 되기 위해서는 운명을 함께하는 사회정치적 생명체로 결합되어야만 하는 사상을 창시했다.

2) 정당의 강령

정당의 강령은 정당의 정치이념을 구현하기 위한 투쟁 목표와 그 실현 방법을 집약적으로 규정하는 기본 방침이다.

정당은 어디까지나 사상과 이념을 실현하기 위해 투쟁하는 정치조직이므로 정당 활동에서는 올바른 정치이념뿐만 아니라, 그것을 구현하는 과학적이며 적극적인 활동지침을 갖는 것이 필요하다. 정치이념은 사람들의 요구와 이익을 반영하는 이념으로써 그것만으로 서는 집단의 구체적인 활동지침을 직접 줄 수는 없다.

정당의 강령은 그 정당의 성격과 활동 방향을 규정하고, 정당 활동의 전반적인 운명을 좌우한다. 정당이 어떠한 사회적 집단을 대표하고 있는가? 또는 사회 발전에 어떻게 봉사하는가 하는 것도 정당이 어떠한 강령을 내걸고 있는가에 달려있다. 정당의 강령에는 무엇보다도 대중의 자주성을 실현하기 위한 실행목표가 올바르게 규정되어야 한다.

국민 대중에게 있어서 가장 사활적인 것은 사회적 인간으로서 갖는 생명인 자주성을 옹호하고 실현하는 것이다. 따라서 자주성을 옹호하고 완전하게 실현하는 것이 인류 해방의 근본 목표가 된다.

국민 대중의 자주성을 완전히 실현하는 과제는 매우 복잡하고 어렵기 때문에 일정한 역사적 단계를 거쳐 수행된다. 따라서 정당의 강령에는 최종 목적과 함께 정당이 각각의 역사적 단계에서 수행해야만 하는 당면의 실천 임무를 올바르게 규정해야 한다.

자본주의 국가의 국민 대중의 정당은 당면한 경제적 특권과 불평등에 반대하고 물질생활뿐만 아니라 정신문화생활과 정치생활 등, 사회생활의 모든 분야에서 인간의 자주적 요구를 함께 보장하기 위한 과제를 내세워야 한다.

국민 대중의 정당의 강령에는 최종 목표와 상이한 역사적 단계의 당면한 투쟁 임무뿐만이 아니라 정치·경제·문화·군사 등 사회의 모든 분야에서의 중요 과제도 명확하게 해야 한다.

종전에 일부 동유럽 국가에서 사회주의가 좌절하고 자본주의로 복귀하는 상황이 발생한 것도 정치와 정권이 관료주의화, 특권화되고 정당과 국민 대중이 이탈하고, 인간 개조에 당연한 관심을 기울이지 않았던 결과 사회주의의 주체가 와해되고 주체의 역할이 마비된 것이다.

인간 중심의 민주주의 정당은 강령에서 자연개조, 인간 개조, 사회개조의 3대 개조 활동을 통일적으로 밀고 나가는 것을 자신들의 자주성을 실현하기 위한 방법으로써 규정해야 한다.

정당은 강령을 올바로 내세울 뿐만 아니라, 자신의 정치이념과 강령을 정확하게 실현하기 위한 규약을 가져야 한다.

3) 정당의 규약

정당의 규약은 정치이념과 강령에 부합해서 정당의 지위와 역할, 정당의 조직 구성 체계, 그 조직의 임무와 활동 질서, 당원의 당 생활 질서와 행동준칙을 규정하는 기본적인 규범이다.

정당의 지도이념과 강령이 정당의 성격과 사명 및 정당의 투쟁 목표와 방법을 해명하는 문제와 관련해 있다면, 규약은 정당의 기본이념과 지침을 실현할 수 있도록 정당 자체를 조직적으로 결속하고, 통일적으로 움직여가는 문제와 관련 있다. 지도이념이 있어도 강령이 없으면 그 사명을 다할 수 없으며, 지도 사상과 강령이 있어도 규약을 올바로 규정할 수 없으면 정당이 정치적 조직체로서의 역할을 다할 수가 없고, 그 존재 자체도 유지할 수 없다.

과거 마르크스주의는 정당을 주로 사회에 대한 지휘 기능의 측면에서 고찰했기 때문에 정당의 규약에 주로 정치체계에서 정당이 하는 지도적 역할과 정당 내부에서 수행하는 당 중앙의 지도적 기능에 대해서 규정할 뿐, 정당과 당 중앙이 차지하는 정당의 생명의 중심으로서의 지위에 대해서는 해명할 수 없었다.

당 중앙이 당 내부에서 단순히 지도적 기능만을 수행하는 기관이 아니라 당 조직 사이, 당원 간의 조직적 결합관계도 단순히 실무적인 견지에서가 아니라 운명을 함께하는 동지적 관계로써 규정되어야 한다.

또한, 정당의 규약에는 정당이 사회 정치적 생명활동을 훌륭하게 수행할 수 있도록 그 조직의 임무가 명확히 규정되어야 하며, 당원이 사회정치적 생명을 발휘할 수 있도록 그들의 당 생활 질서와 행동준칙이 올바로 규정되어야 한다.

그뿐만 아니라 정당 규약에는 정치활동가로서의 본분을 다하도록 당원의 임무가 규정되어야 하고, 모든 당원이 당의 생명활동의 요구에 맞게 하나의 규율에 따라서 움직이고, 정당의 공동의 주인으로서 정당의 조직 생활과 사상 생활의 모든 분야에서 높은 창의성을 갖고 자각적으로 성실하게 참가하도록 당 생활 질서가 정확히 규정되어야 한다.

이와 함께 당의 규약에는 정당이 정치적 활동을 물질적으로 보장하는 문제도 규정되어야 한다.

2. 정당의 사상 활동의 기본 방향과 방법

정당의 사상 활동에서 제기되는 가장 중요한 문제는 사상 활동의 기본 방향과 방법을 올바로 규정하는 것이다. 정당의 사상 활동은 사람들의 사상을 진화시키고 통일시키는 활동이다.

정당의 사상 활동은 정당의 구성원들에게 자주적인 사상과 인도주의 사상을 체득시키고, 그들을 자주적인 사회적 인간으로 육성하는 활동이다.

사람들이 일정한 사상을 자기의 것으로 체질화하기 위해서는 그 사상이 사람들의 생명의 요구와 결합되어야 한다. 일정한 사상이 자기의 운명과 관련되어 있으며, 사회적 인간으로서 올바르게 살아가는 자신의 기본적 사고와 요구를 실현할 수 있는 지침으로 될 수 있다는 것을 믿을 때, 사람들은 그 사상을 자기의 것으로서 받아들인다. 이것이 진정한 사상의 신념화이며, 그와 같은 점에서 사상의 신념화가 사상의 체질화의 출발점으로 된다고 할 수 있다.

정당은 사상 활동의 기본 방향에 부합하여 사상 활동의 형식과 방법을 올바로 규정해야 한다. 정당의 사상 활동의 형식과 방법에서 중요한 것은 사상이론 활동과 문학예술 활동을 올바로 결합시키는 것이다.

원래 인간의 사상을 발전시키는 활동은 다양한 대상을 갖는 창조적 활동이다. 사상 활동의 대상인 사람들은 각기 다른 준비 정도와 다양한 신념을 갖고 있으며, 사상 활동을 수행하는 환경과 조건도 다양하다. 오늘날 국가와 민족마다 역사적 특징, 민족적 발전 수준에서 서로 차이를 갖고 있는 조건하에서 제반 사상이론 활동은 구체적인 실정에 맞는 다양한 형식과 방법으로 진행되어야 한다.

인간은 이성과 함께 감정과 정서를 갖고 있다. 진리를 추구하고 사물의 법칙에 부합하여 행동하는 이성적인 능력이 아무리 크다고 할지라도, 그것이 감정과 정서에 의해서 뒷받침되지 않으면, 인간이 자기의 운명을 개척하기 위한 활동에서 상응하는 작용을 할 수가 없다.

이성적인 활동에서 중요한 것은 진리를 추구하고 그것을 원리적으로 인식하기 위한 사상이론 활동이다. 정당의 사상 활동의 방법과 형식에서 중요한 것은 사상교육 활동을 끊임없이 진화시키는 체계를 올바로 세우고 활발하게 운영하는 것이다.

사람들은 누구나 사상교육을 통해서 참된 사회적 인간이 될 수 있다. 사람들의 수준이 발전하고 그들이 수행하는 실천 활동이 어렵고 복잡해짐에 따라 사상교육을 끊임없이 진화 발전시키는 것은 구성원들에게 사회적 운동, 즉 사회 역사 발전의 주체로서의 지위를 지키고 주인으로서의 책임과 역할을 원만히 수행할 수 있게 하는 결정적 요인이다.

사람들을 교육하는 활동은 일시적인 캠페인이나 특정한 공간에서가 아닌, 전체를 포괄하고 정연하게 일상적으로 활발하게 움직이는 교육체계를 통해서 성과를 올릴 수가 있다.

국민 대중의 정당은 사상 활동을 발전하는 현실에 맞게 다양한 형식과 방법을 통해서 진화 발전시킴으로써, 사람들을 참된 자주적 인간으로 육성하고, 사상적 통일성을 확실하게 보장할 수가 있다.

3. 민주주의 원리와 사랑의 원리

민주주의 원리와 사랑의 원리를 올바르게 구현하는 것은 정당의 조직
과 활동의 가장 중요한 원리의 하나이다.

정당이 어떻게 결합되며, 그 활동을 어떻게 하느냐는 것은 주로 사랑의
원리와 민주주의 원리가 어떠한 위치에서 어떻게 구현되는가에 관련 있
다. 따라서 민주주의 원리와 사랑의 원리는 정당의 통일, 단결을 강화하
고, 그 지도적 지위와 역할을 높이는 근본 원리라고 말할 수 있다.

과거에는 민주주의 중앙집권제 원칙이 정당의 조직과 활동의 기본 원
칙으로서 공인되어 왔다. 일찍이 봉건적 전제주의에 반대한 투쟁의 시대
에 자유와 평등을 기본 내용으로 하는 민주주의가 실현되고, 그것이 사회
생활에 구현되는 과정에서 많은 경우 정당과 국가를 위시한 사회정치조
직이 민주주의를 자기의 조직과 활동의 중요한 원칙으로 삼았다.

1) 민주주의 원리

어떠한 정치조직도 민주주의 원칙을 부정하는 사람은 없다. 이에 대해
서는 어느 정당이나 모두 강조하는 문제이다. 그러나 개인의 무한한 자유
를 추구하는 '민주주의'는 조직화된 단체로서의 정당의 조직 원칙과는
무관하다. 레닌은 조직적 단체로서의 정당의 성격을 부정한 멘셰비키의
주장에 반대하면서 노동자 계급의 정당의 조직과 활동 원칙은 민주주의
원칙과 중앙집권제 원칙이 결합되어야 한다는 사상을 명확히 내세웠다.

이와 같은 민주주의 중앙집권제 원칙은 그 후 오랫동안 노동자 계급의

정당, 사회주의 정당에 있어서 보편적인 정당의 조직과 활동의 원칙으로 되어 있었다.

그러나 마르크스·레닌주의가 제기한 민주주의적 중앙집권제 원칙은 정당을 개인의 결합체로 간주하고, 당내에서 맺어지는 개인들 사이의 평등의 관계를 강조한 것으로써 정당의 조직과 활동 원칙의 한 측면을 해명한 것에 지나지 않는다.

정당은 단순히 개인의 조직적 결합체는 아니며 운명을 함께하는 사회정치적 생명체이다. 운명을 함께하는 사회정치적 집단 속에서도 인간관계는 평등한 자주적인 관계임과 동시에 상호 헌신적으로 서로 협력하는 동지적 사랑의 관계이다.

원래 운명을 함께하는 사회정치적 생명체 가운데 평등의 관계와 사랑의 관계는 분리할 수 없이 연관되어 있다. 여기서 평등의 원리는 집단을 이루고 있는 각 성원의 생명을 상호 인정하고, 존중하며, 개인의 자주성을 옹호하는데 작용하고, 사랑의 원리는 생명과 생명을 결합시키고, 집단 전체의 자주성을 옹호하는데 봉사한다.

당 내부에서 민주주의를 발양시키는 것은 당원의 주인다운 자각과 책임성, 그들의 창조적 적극성을 발휘하는데 중요한 의의를 갖고 있다. 그러나 민주주의는 어디까지나 당원의 사상, 의사 및 행동의 통일을 보장하는 기초에서 실현되어야 한다.

정당 내부에서 민주주의 원리는 모든 당원이 당의 주인으로서의 지위를 차지하고, 주인으로서의 역할을 다하기 위한 원리이다. 모든 당원은 정당의 공동 주인이므로 모두 평등한 자격을 갖고 정당 활동에 참여하고, 정당의 노선과 정책을 세우고, 정당의 결정을 채택하는데 자기의 요구와 의사를 제기할 수 있는 평등한 권리를 행사한다.

당내에서 작용하는 민주주의는 정당을 형성하고 있는 모든 당원과 조직에 당원의 주인으로서의 기본 권리를 보장하고, 개인과 집단의 관계에 이르기까지 평등한 지위를 보장하는 원리이지만 무원칙한 평균주의를 내세우는 것은 아니다. 원래 정당 내에서 민주주의가 올바로 구현되기 위해서는 모든 당원과 당 조직에 정당의 공동 주인으로서의 평등한 권리를 보장할 뿐만 아니라 역할에 상응해서 지위를 부여하고, 지위에 상응하는 권한을 행사할 수 있는 질서가 세워져야 한다.

과거 소련식 정당이 붕괴한 것은 정당의 조직과 활동에서 중앙집권제를 일면적으로 강조하고 민주주의를 경시한 결과 정당이 관료화되고 정당의 지도와 당원, 정당과 대중을 이간할 뿐만 아니라 관료주의에 반대한다고 하면서 무원칙적인 민주주의를 일면적으로 강조한 결과 중앙집권제조차 말살되고 정당이 「클럽」화 되는 사회에 무정부 상태가 조성된 것과 관련되어 있다.

예로부터 "훌륭한 정치란 아랫사람(백성)들의 사정이 상부로 잘 전달되고(下情 上達), 상부(통치자)의 뜻이 아래로 잘 전달되어야 한다(上意下達)"라고 하였다. 즉 상하 커뮤니케이션이 잘 되는 정치, 이것이 순수한 의미에서 진정한 '민주주의 정치'라고 할 수 있다.

2) 사랑의 원리

사회정치적 생명체 내에서 형성되는 사랑은 사랑 일반이 아닌 사상을 같이하는 사람들, 운명을 같이하는 사람들 사이에서 맺어지는 동지적 사랑을 의미한다. 사랑하는 것은 사람들이 인간으로서의 운명의 공통성을 인정하고, 서로 생명을 결합하는 것이다. 참된 사랑은 진정으로 운명을

196

같이하고, 고락을 같이하는 것에 대한 요구와 서로 돕고 헌신적으로 봉사하는 것에 대한 요구를 통일시키고 있다.

타인의 불행에 동정하고 슬픔과 고통을 함께 나누지 않으면 그것은 참된 사랑이라고 말할 수 없다. 참된 사랑은 언제나 운명과 고락을 함께할 뿐 아니라 헌신적으로 서로 도와야 한다.

원래 참된 사랑은 헌신적으로 봉사하는 것을 기본요인으로 하고 있다. 서로 헌신적으로 봉사하는 것에 머무르지 않고 사랑을 위해 자신을 바치는 희생적 정신은 사랑의 최고 표현이다. 물론 개인과 개인의 관계나 개인에 대한 집단의 관계에서도 희생적 정신을 요구하는 사랑이 있을 수 있다.

정당의 조직과 활동에서는 민주주의 원리와 사랑의 원리를 올바로 결합하여 구현하는 것이 중요하다. 사랑의 원리는 평등의 원리와 민주주의 원리를 전제로 한다. 본래 사랑은 상대의 자주성을 존중하는 것을 전제로 하고 있다. 상대의 자주성을 침해하고 유린하는 지배자와 피지배자 사이에 특권층과 비특권층 사이에서 사랑은 있을 수 없다.

사랑의 원리는 사회적 집단의 통일과 자주성을 옹호하고 사람들에게 영세하는 사회정치적 생명을 부여함으로써, 개인의 자주성을 옹호하고, 개인의 유한한 생명을 유지하는데 봉사하는 높은 형태의 원리이다.

사랑에 기초해 있는 민주주의 원리에서는 상급자는 지시만을 내리며 하급자는 그 지시에 복종하는 의무만을 지니는 것이 아니라 서로 돕고 이끌면서 그 지시를 함께 실행하는 공동의 의무를 지니게 된다.

정당의 조직과 활동의 실천적 경험은 사랑의 원리가 민주주의 원리를 전제로 하지만 민주주의 원리는 어디까지나 사랑의 원리에 기초해야 하며, 언제나 사랑의 원리를 기본으로 해서 이 두 가지의 원리가 통일적으로 구현되는 것을 말한다.

운명을 함께하는 사회정치적 생명체 내에서는 사랑의 원리를 중심으로 하여, 평등의 원리가 함께 작용함으로써 사람들 사이에서 맺어지는 신의는 당연히 개인의 이익과 집단의 이익을 옹호하는 것으로 되어야 한다.

4. 계승성과 혁신성 및 보편성과 특수성의 결합

정당 활동에서 계승성과 혁신성 및 보편성과 특수성을 결합하는 것은 정당 발전의 일반적 법칙과 관련하여 제기되는 문제이다. 계승성과 혁신성을 결합하는 문제는 정당 발전의 계기와 관련되어 있으며 보편성과 특수성을 결합하는 문제는 정당 발전의 환경과 조건에 관련되어 있다. 정당을 끊임없이 발전시키는데 중요한 것은 무엇보다도 계승성과 혁신성을 결합시키는 원칙을 견지하는 것이다.

1) 계승성과 혁신성

정당의 활동에서 계승성과 혁신성을 결합시키는 것은 정당이 자기를 갱신하는 방식을 규정規定하는 것이다. 정당이 자기 갱신을 어떻게 하느냐에 따라 정당의 발전 수준과 생명력의 수준, 더욱이 지도적 역할의 수준이 규정된다. 모든 생명체가 자기 갱신을 통해서 자기의 생존을 유지하고 변화 발전하는 것과 같이 정당도 끊임없이 자기 갱신을 통해서 발전해 간다.

자기 갱신을 통해서 이루어지는 사물의 발전에는 계승성과 혁신성의 두 가지 계기가 있다. 계승성은 존재하고 있는 것 가운데 자기의 발전에 필요한 것을 긍정하고 보존하는 것이며, 혁신은 현존하고 있는 것 가운데 자기 발전의 저해가 되는 낡은 것을 부정하고, 새로운 것을 긍정하고 창조하는 것이다.

정당도 하나의 실체이므로, 자기 갱신 과정을 통해서 발전하게 되며 이와 같은 발전 과정은 계승과 혁신의 두 가지의 계기를 통해서 수행된다.

정당 활동에서 계승성이 보장되지 않으면 정당의 자주적 성격과 본성이 고수될 수 없으며, 혁신성이 보장되지 않으면 끊임없이 높아져가는 사회 구성원의 자주적 요구에 부합하여 정당의 중추적 지위가 지속적으로 유지될 수 없다. 그리고 지도적 역할도 높아질 수 없다. 따라서 정당을 끊임없이 발전시키는 정당으로 건설하기 위해서는 반드시 계승성과 혁신성의 원칙을 유기적으로 결합시켜야 한다.

　정당을 새롭게 혁신한다고 하면서 혁신성을 일면적으로 강조하고 계승성을 이차적인 것으로 한다면 정당이 축적해왔던 모든 것을 부정하고, 정당 그 자체를 파괴하는 편향에 빠지게 된다. 과거 소련식 정당에서는 〈개변改變〉이라는 구실 하에 정당을 변화하는 현실에 맞게 혁신시킨다고 하면서 정당이 달성한 사상과 전통 및 업적을 모두 부정함으로써, 정당이 수정주의적 당으로 변질하고 결국 해체에까지 이르렀다.

　정당의 활동에서 계승성을 절대화하고 혁신성을 무시하게 된다면 정당이 보수화, 경직화되어 생명력을 잃게 되고, 이미 달성한 성과와 업적을 지킬 수도 없을 뿐만 아니라 정당의 존재 자체를 위험에 빠트리게 된다.

　물론, 정당의 활동 과정에서는 긍정적인 면이 있는가 하면 부정적인 것도 있을 수 있다. 그러나 정당을 정말로 발전시키는 입장에서 계승성을 기본으로 하면서 과거의 긍정적인 것을 극복하고 혁신해 갔다면 소련식 정당도 그처럼 붕괴하는 데까지 이르지는 않았을 것이다.

　정당은 자기의 사상과 전통 및 업적에 대한 자랑과 자부심을 가질 뿐만 아니라 대담하게 자기를 반성할 줄 알아야 한다. 승리와 실패의 원인을 규명하고, 진보적인 유산을 고수하면서도 낡고 뒤떨어진 것을 지속적으로 고쳐 나아가는 정당만이 활기로 가득 찬 국민의 정당으로 발전할 수 있으며 자신의 근본 사명을 원만히 수행할 수 있다.

2) 보편성과 특수성

또한, 정당을 생활력 있는 정당으로 발전시키기 위해서는 정당의 활동에서 보편성과 특수성을 견지하는 것이 중요하다. 과거에 정당을 계급적 정치조직으로써 계급 해방의 무기로 보면서 국제 노동자 계급을 계급 해방의 주체로 내세우면서 정당을 국제적인 정당으로써 하나의 중앙에 의해 세계적 범위에서 통일적으로 조직된 기구로 구성하였다.

그것이 바로 마르크스와 엥겔스에 의해서 조직된 제1국제 당(국제노동자협회)과 제2국제 당, 마르크스와 엥겔스에 의해 조직된 제3국제 당(국제공산당)이었다.

정당이 국가와 민족을 단위로 하여 건설되고, 발전하고 있는 오늘날의 정당 활동에서는 국민의 정당은 보편적인 특징과 더불어 민족 단위의 정치조직이라고 하는 특성을 함께 고려하고 구현하지 않으면 안 된다.

정당 활동에서 보편성을 보장하는 것은 정당을 조직하고 발전하는데, 역사의 자주적 주체의 중추적 조직으로서의 정당의 자주적인 본성을 구현하는 것이다. 정당 활동에서 특수성을 보장하는 것은 민족적 특성을 구현하는 것이다. 바꾸어 말하면, 그것은 자국의 구체적인 실정과 국민의 취향에 맞도록 노선과 정책을 규정하고, 민족의 고유한 감정 및 풍습과 전통을 고려하고, 각각의 시기에 전략적 전술을 세워 구현해가는 것을 의미한다.

정당 활동에 보편성을 보장하지 않으면 구성원의 자주성을 옹호하는 정당으로서의 특성을 지킬 수 없으며, 특수성을 보장할 수 없다면 서로 다른 사회 역사적 조건에서 대중을 지도하는 정치조직으로서의 창조적 특성을 구현할 수 없다. 따라서 정당 활동에서는 보편성과 특수성의 어느 한쪽도 경시할 수 없으며, 그것을 유기적으로 결합시키고 함께 보장하는 것이 중요하다.

제4장
—
자본주의의 발전

제1절_ 자본주의 사회와 그 전망

1. 자본주의 사회의 본질적 특징

봉건 사회가 바뀌어 자본주의 사회가 출현한 것은 고대 노예제 사회가 바뀌어 봉건 사회가 탄생한 것보다 더욱 큰 전환이었다. 봉건 사회에서 자본주의 사회로 이행한 것은 신분제적 전제주의로부터 개인주의적 자유주의 사회로 이행한 것이며, 폭력 중심 사회로부터 경제 중심 사회로 이행한 것 등이 그 특징이다.[46]

1) 자본주의는 개인 중심의 사회

자본주의는 개인주의에 기반을 둔 사회이다.

노예제 사회와 봉건 사회는 개인의 요구와 이익을 우선적으로 실현하는 세력에 의해서 수립되고 지배되는 사회다. 이러한 점에서 두 사회는 개인주의에 기초를 둔 사회라고 할 수 있다. 그러나 노예제 사회와 봉건 사회에서는 개인의 요구와 이익을 실현하고 있는 권리를 가진 자는 모든 신하와 백성을 자기의 소유물인 것처럼 지배하는 군주였다.

이러한 권리는 군주의 지배하에 있는 지배계급에는 제한되고, 피지배계급에는 박탈되어 신분적 불평등이 고착되었다. 이러한 사회는 신분적

---

46) 박용곤, 〈인간 중심 철학에 관한 연구자료집〉, 제3부 경제학 편, p. 74

불평등에 기반을 둔 군주독재 사회이며, 그 이념적 기반은 본질상 군주의 독재적인 개인주의이다.

근대적 이념으로서의 개인주의는 사회를 형성하고 있는 모든 사람들의 이익을 침해하지 않고, 자기의 요구와 이익을 중심으로 실현해 가는 것을 주장하는 보편적인 개인주의이다. 군주의 독점적인 개인주의는 최고 권력을 자기 중심으로 하고 다른 모든 사회 성원의 요구와 이익을 복종시키는 일원적인 개인 이기주의이기 때문에 그것은 근대적인 이념으로서의 개인주의와는 구별된다. 종래의 독점적 개인주의는 일반적으로 개인주의라고 말할 수 없으며, 노예제 사회와 봉건 사회를 개인주의 사회에 포괄하지 않는 것은 이와 관련된 이유 때문이다. 자본주의 사회는 독점적 개인주의가 아니며 근대적 이념으로서의 개인주의에 기초를 두고 있다.

근대적 이념으로서의 개인주의는 신분적 예속과 전제주의적 독재에 반대하고 개인의 자유와 평등을 표방한다. 자유와 평등은 소위 시민사회라고 불리는 자본주의 사회의 기본이념이다.

2) 자유와 평등을 지향하는 사회

자본주의 사회는 봉건적인 신분제도와 전제제도를 붕괴시키고 자본가 계급의 이익에 맞게 자유와 평등의 원리를 제도적으로 구현한 사회이다.

자유의 원리의 기본적 요구의 핵심은 모든 개인에게 어떠한 구속과 제약도 주지 않고 자기의 요구와 이익을 실현하기 위한 행동을 할 수 있는 자유를 보장하는 것이다. 자유의 원리를 실현하는 데에 자본가 계급이 가장 깊은 이해관계를 가지는 것은 경쟁의 자유를 실현하는 데 있다.

자본가가 요구하는 자유란 결국 임의로 계약을 체결하고 마음껏 기업

활동을 하며, 제약 없이 매매를 실현하고, 사유재산을 확대하는 자유이
다. 이렇게 해서 자본주의 사회의 자유의 원리는 자유경쟁을 보장하기 위
한 계약의 자유, 기업 활동의 자유, 매매의 자유를 제도적으로 구현하게
되는 것이었다.

평등의 원리의 기본적 요구의 핵심은 개인 사이에 모든 특권을 없애는
것이었다. 평등의 원리를 구현하는 데에 자본가의 절실한 요구는 무엇보
다도 신분적 특권을 없애는 것이다. 봉건 사회의 붕괴기에 자본가 계급의
전신인 공업과 상업에 종사한 사람들은 개인의 자주성과 창조성이 가장
높은 계층이었음에도 불구하고, 사士, 농農, 공工, 상商의 봉건적 신분의 서
열에서는 하층계급에 속해있는 가장 비천한 사람으로 차별을 받았다.

상공인 출신 자본가의 경우는 기업 활동에서의 신분적 차별은 사활적
인 문제였다. 또한 자본가에게는 권력에 의한 불평등 교환의 강요를 배제
하고, 교환의 등가성을 보장하는 것이 절실하게 요구되었다. 이와 반대로
그들의 우위성을 보장하는 경제적 특권과 사적 소유에서의 불평등을 폐
절하는 것은 인정하지 않았다. 자본주의 사회에서 평등의 원리는 결국 신
분적 평등과 교환의 등가성에 한정되며, 경제적 특권과 불평등한 사적 소
유를 기정사실로 받아들이는 방향에서 제도적으로 구현되게 된 것이다.

제도적으로 구현된 자유와 평등은 반봉건 세력의 이해관계와 세력 관
계에 의해서 그 실현에 차이가 생긴다. 반봉건 세력 가운데 압도적 다수
를 차지한 농민은 개인 경쟁력이 약했다. 그들은 개인 경쟁력을 통해서
사유재산을 확대하는 자유보다 신분적 평등과 균등한 토지 분배를 보다
중요시했다.

그러나 농민은 사상적으로 뒤떨어지고 정치적으로 열세였기 때문에 그
들의 평등은 구현되지 않았다. 한편 권력의 독점을 바라는 사람이 농민을

자기의 지반地盤으로 끌어들여, 자유의 정치적 구현을 저해함으로써 반봉건 자본주의적 변혁은 우여곡절의 진통을 겪게 되었다.[47]

반봉건 세력에서 농민보다 수적으로는 적었지만, 세력이 강하고 주도권을 장악한 사람은 자본가 계급이었기 때문에 사회의 반봉건적 자본주의 변혁은 일시적인 좌절과 왕제가 복귀하는 혼란을 거치면서 결국 자본가 계급이 요구하는 방향으로 추진되었다. 경제력이 강한 자본가 계급에서는 사적 소유가 확대되는 경제적 자유보다 절실한 사회적 요구는 없었다.

따라서 자본주의 사회에서는 경제적 자유가 우위를 차지하고 평등은 이에 종속되어 제도적으로 구현되었다. 자본주의 사회를 소위《자유 세계》라고 하는 것도 평등에 비해 자유의 제도적 구현이 우위라는 것과 관련된다. 자본주의 사회에서 제도적으로 구현된 평등의 기본은 신분적 평등이다.

신분적 평등이란 경제활동에 참가하는 자격에서 신분의 고저가 문제가 되지 않는 평등이며, 경쟁의 결과 승리자가 되는 데 신분의 차별을 받지 않는 평등이다. 이러한 점에서 볼 때 자본주의 사회는 사적 소유에서는 불평등이지만, 신분적으로 평등한 개인의 자유경쟁을 기본 원리로 하는 사회이다.

---

47) 18세기 말 프랑스의 반봉건 부르주아 혁명기에 반봉건 세력의 신분은 2,600만 명이며, 그 가운데 자본가 100만 명, 비농업 근로자 200만 명에 비해 농민은 2,200만 명으로 압도적 다수를 차지하고 있었다. 당시 농민은 사상 문화 수준이 지극히 낮았다. 그들은 전국의 전야(田野)에 분산되어 있었으며, 무력한 것을 자각하고 사회의 지배적 지위를 차지하는 것은 생각조차 못했다. 농민은 경제의 자유를 요구한 것이 아니라 신분적 평등과 토지 분할을 실현하고, 그 분할지를 보호하는 통치를 요구했다. 나폴레옹은 이와 같은 요구를 간파하고, 그 실현을 보장함으로써 사상적으로 뒤떨어진 농민, 특히 농민 출신 사병의 광범위한 지지를 획득했다. 그는 거기에 중요한 사회적 지반을 두고, 황제가 되어 자유의 정치적 구현을 억제하면서 군주제를 부활하여 혁명을 정치적으로 매장했다.

3) 폭력 지양의 사회

자본주의 사회는 경제 중심의 사회이다.

노예제 사회와 봉건 사회는 유형상 서로 구별되지만, 두 사회는 모두 폭력이 주된 지배 수단인 폭력 중심의 사회이다. 봉건 지배계급은 노예주계급奴隷主階級과 마찬가지로 폭력을 생명으로 하고, 폭력적 특권을 주된 특권으로 하여 피지배계급을 억압 착취하는 계급이다. 봉건적 압박으로부터 벗어나는 것은 폭력적 지배와 폭력적 특권의 제거를 떠나서는 생각할 수 없다.

그리하여 봉건 사회가 자본주의 사회에 의해서 교체하는 시기에 국내에서 폭력 사회의 제한이 역사적 과제로 되고, 거기서 일정한 진전이 이루어졌다. 자본주의 사회에서는 경제 · 정치 · 문화 분야에서 폭력적인 수단과 방법에 의거하는 것을 금지하는 범위가 설정되고, 그것이 제도화됨으로써 봉건제 말기에 이르기까지 역사적으로 지속되어 온 폭력을 중심으로 하는 성격이 극복하게 되었다. 자본주의 사회에서는 지배 수단으로서의 폭력이 갖는 가치는 저하했다.

경제적으로는 발전했지만 봉건 잔재가 농후한 자본주의 사회에서는 폭력이 지배 수단으로 많이 사용되지만, 전형적인 자본주의 사회에서는 경제력이 지배의 가장 중요한 수단으로 부상하고 폭력은 부차적인 것으로되었다. 사회적 특권의 가장 중요한 지위를 차지하고 있었던 폭력적 특권은 소멸하고 경제적 특권이 그것을 대신했다.

4) 경제 중심의 사회

자본주의 사회를 지배하는 자본가 계급의 가장 중요한 수단은 경제력 즉 자본이며, 그것은 자본가가 폭력에 의거해서 권력을 장악함으로써 소유한 것은 아니다.

유럽에서 자본의 원시적 축적의 시기에 파산해 가는 소생산자의 생산수단에 대한 폭력적 강제에 의한 분리가 동반한 것은 사실이지만, 폭력을 직접 사용한 것은 대두하는 자본가 계급이 아니라 그들로부터 세금 수탈을 중요한 원천으로 하는 봉건 절대 왕조였다.

자본가 계급의 전신인 상공인 가운데서 상인은 이해 판단과 세상의 움직임에 밝고, 공인工人은 기술 기능 수준이 높았다. 그들에게는 냉철한 이해 판단에 기초해서 경제를 실정에 맞게 관리 운영할 능력과 기술을 발전시킬 수 있는 능력이 있었다. 상공인은 이와 같은 능력에 의거해서 기술을 혁신하고, 새로운 경제 형태를 창설하고, 경제를 발전시켜서 자본을 축적함으로써 자본가로 되어 경제적 지배계급으로 등장했다.

봉건적 지배계급은 먼저 정치적 지배계급으로 되어 정치적 권력에 의해서 토지를 대대적으로 소유해서 경제적 지배계급으로 되었지만, 자본가 계급은 먼저 경제적 지배계급이 되어 경제력에 의거해서 정치적 지배권까지 장악했다.

봉건 지배계급은 폭력이 생명이었다고 하면 자본가 계급은 자본으로서의 경제력이 생명이다. 자본주의 사회에서는 경제력을 가장 중요한 수단으로 하는 자본가 계급의 지배체제가 확립되어 있다. 자본주의 사회에 이르러서 경제력이 가장 중요한 수단으로 되고, 경제적 특권이 가장 중요한 사회적 특권이 됨으로써 경제력의 가치는 최고로 높아졌다.

물론 자본주의 사회에서는 신분적 특권은 폐절되었지만 그렇다고 해서 정치적 특권이 모두 없어진 것은 아니다. 경제적 특권이 있는 특권사회에서 정권이 정치적 지배권으로서의 하나의 사회적 특권으로 남아 있을 수 없다. 경제적 특권과 정권이 특권을 포기하면 자본주의 정치세력 간에 그것을 장악하기 위한 치열한 경쟁은 전개되지 않을 것이다.

그러나 자본주의 사회에서 재산의 상속제는 그 형태는 변해도 지속되고 있는 반면, 정치의 세습제는 폐지되고, 정치적 폭력을 사용하는 범위는 축소되었기 때문에 정치적 특권은 경제적 특권에 비해 부차적인 것으로 되었다.

자본주의 사회에서는 정치와 문화가 경제에 종속되어 있고, 경제를 중심으로 사회가 발전하고 있다. 이러한 점에서 자본주의 사회에서는 경제 중심의 사회이다.

경제 중심은 개인주의와 함께 자본주의 사회의 2대 이념적 지주를 이루고 있다. 경제력이 가장 중요한 지배 수단이고, 자유경쟁의 승리자는 생산수단과 국가 권력을 장악한 자본가, 지배계급이 되고, 패배자는 파산하여 고용노동자, 실업자, 피지배계급이 된다.

이러한 개인주의에 기초를 둔 사회라는 데에 자본주의 사회의 본질적 특징이 있다. 개인주의는 경제적 특권을 옹호하는 자본가의 계급적 이익과 결합되어 이기주의로 전환하며, 경제 중심은 경제력을 가장 중요한 수단으로 하는 자본가의 계급적 이익과 결합되어 정치와 문화의 경제적 종속을 가져온다.

경제 중심의 사회는 폭력 중심의 지배체제의 붕괴에 의해서 실현될 수 있었다고 한다면, 사회의 개인주의화는 폭력의 작용 제한의 진전을 떠나서는 실현될 수 없다. 자본주의 사회에서 개인주의화에 의해서 태어난 평등한 자유경쟁은 폭력의 사용 제한에 의해서 실현된 것이다.

5) 경쟁 중심의 사회

노예제 사회에 있었던 경쟁은 노예를 제외한 자유민이 참가할 수 있는 제한된 경쟁이며, 그 주된 형태는 폭력적 경쟁이었다. 폭력적 경쟁은 창조의 경쟁이 아니며 정복과 약탈의 경쟁이고, 살육과 파괴의 경쟁이었기 때문에 그러한 경쟁은 억제되지 않을 수 없었다.

봉건 사회에서의 폭력적 경쟁의 승리자는 군사적 통치자로 되고, 무력을 독점하여 경쟁 자체를 말살했다. 이것은 폭력이 경쟁의 수단으로 사용될 수 있다고 하면 그것은 곧 경쟁을 제한하고, 경쟁 자체를 말살하는 요인으로 전환한다는 것을 말해 주고 있다. 따라서 폭력의 사용 제한의 진전에 의한 경쟁 수단으로써의 폭력의 제거는 자유경쟁을 보장하기 위한 개인주의화의 근본적 조건이다.

자본주의로 이행하면서 개인주의화와 폭력의 사용 제한은 사회생활의 전 분야에서 진전되고 그 과정에서 형성된 것이 다름 아닌 자본주의 정치·경제·문화이다. 자본주의 경제는 시장경제이다. 시장경제는 경제적 경쟁에 기초를 두고 있다. 자본주의 사회에서의 경제 경쟁은 폭력에 의한 약탈을 금지하고 경제적 과정을 통해서 이윤을 회득하는 경제이다. 폭력에 의한 약탈은 법적으로 금지되고 있다. 그것을 법제화한 것이 사적 소유의 신성불가침성이다.

자본주의 사회에서 경제 경쟁의 기본 무대는 시장이다. 모든 것이 상품으로 생산되고, 시장을 통해서 실현되는 시장경제라는 점에서 자본주의 경제는 자급자족하는 자연경제와 구별된다. 시장에서는 생산물만이 아니라 노동력과 서비스도 상품으로서 매매되고, 여러 종류의 화폐와 유가증권도 거래된다.

시장경제에서 생산과 유통은 자유화되고 있다. 시장경제는 자유경제인 동시에 이윤 경제이다.

개인주의화와 폭력의 사용 제한의 진전에 의해서 형성된 자본주의 정치는 의회 민주주의 정치다. 그것은 정치적 경쟁에 기초를 두고 있다. 정치적 경쟁은 정권의 종신 세습제인 독점의 폐절을 전제로 하고 있다.

그것은 위정자와 정책의 선택을 위한 비폭력적인 집권 경쟁이다. 군사 정변에 의한 정권의 폭력적 탈취는 봉건적 잔재가 많은 미숙한 자본주의 사회에서는 성공하는 수도 있지만, 전형적인 자본주의 사회에서는 법적으로 금지되어 있고 가능성도 거의 없다. 정치 경쟁의 기본 무대는 의회이다.

자본주의 정치는 의회제 민주주의 정치라는 점에서 봉건적 군주전제정치와 구별된다. 의회제 민주주의 정치가 제도화된 자본주의 사회에서는 정권 경쟁을 위한 정당의 조직과 활동의 자유가 보장된다. 그것은 결사, 집회, 시위의 자유로서 법제화되어 있다. 이와 같은 토대 위에서 자본주의의 가장 큰 업적 중의 또 다른 하나는 법치를 토대로 한 의회제 민주주의, 즉 자유민주주의를 발전시킨 것이라고 볼 수 있다.

6) 사상의 자유를 지향

개인주의화와 폭력의 사용 제한의 진전에 의해서 성립된 자본주의 문화의 특징은 사상의 자유이다. 사상의 자유는 두 가지 측면을 가지고 있다. 그것은 사상의 자유로운 선택과 의사표시의 자유이며, 사상 상의 문제 처리에 즈음한 폭력의 금지이다. 특정 사상에 대한 신념과 연구보급을 폭력으로 탄압한 것은 봉건적인 사상통제 체계를 답습했던지, 파쇼화된 자본주의 사회이다.

전형적인 자본주의 사회에서는 사람들이 어떠한 사상을 선택하고 연구

보급을 해도 폭력적으로 탄압할 수 없도록 법제화되어 있다. 그 법제화가 언론과 출판의 자유, 학문과 신앙의 자유 등이다.

사회생활에서의 폭력 사용의 금지는 지금도 완성되어 있지 않다. 자본주의 사회에서는 사상과 정치활동의 자유가 표방되어 있지만, 자본에 반대하는 정치 세력의 사상과 정치활동에 대한 폭력적 탄압은 지금도 계속되고 있다. 자본주의 체제의 존립에 위험을 준다고 인정될 때, 통치계급은 선진 사상과 진보적인 정치조직은 물론, 생존의 권리를 위한 근로대중의 항쟁에 대해서 엄격한 탄압을 가한다. 자본주의는 타국을 침략하는 데 즈음하여 군사적 폭력에 의거하고 있다.

자본주의 사회에서 중도반단中途半斷이긴 하지만 폭력을 사용될 수 있는 범위는 축소되고, 폭력이 경제력 다음의 지배 수단으로 격하되고, 혈연에 의한 권력 세습의 폐지는 동물적 잔재를 제거하고, 사회를 인간화하는 방향으로의 전진이다. 그러나 자본주의 사회에서는 지금도 동물적 잔재가 많이 남아있다. 그 대표적인 것이 첫째는 폭력이 지배 수단의 하나로 남아 있는 것이고, 둘째는 경쟁에서 약육강식의 논리가 실천되고 있는 것이며, 셋째는 생산수단이 혈연에 의해서 상속되고 있는 것이다.

2. 자본주의 사회의 역사적 지위

봉건제 사회를 대신해서 발생한 자본주의 사회는 봉건제 사회에 비해서 진보적이고 발전한 사회이다. 자본주의 사회의 진보성은 다음과 같이 두 가지로 요약할 수 있다.

1) 반봉건 민주주의를 실현

자본주의 사회는 신분적 세습제와 전제주의적 독재를 타파하고 개인주의적인 자유와 경쟁의 자유를 보장하는 반봉건 민주주의를 실현한 것이다.

반봉건 민주주의가 실현됨으로써 사람들은 개인의 자주성과 창조성에 대한 유린과 억압을 절대적인 것으로 고착시킨 신분적 노예와 전제주의적 억압으로부터 해방되었다. 그것은 인간해방이며 획기적인 사변이다. 처음으로 인간의 신체에 체현되어 있는 모든 것을 자기의 요구와 이익의 실현을 위해서 자유롭게 사용할 수 있는 권리가 법적으로 인정되었다. 누구나 신분에 관계없이 자유롭게 경쟁에 참가할 수 있고, 경쟁에서 승리하면 거기에 상응한 지위를 차지하게 되었다.

경제적 자유경쟁의 승리자는 자본가가 되고, 정치적 경쟁의 승리자는 통치자가 되었다. 서민도 신분적 차별을 받지 않고 각 분야의 경쟁에 자유롭게 참가할 수 있고, 경쟁을 통해서 역할에 의한 사회적 평가를 받음으로써 자기의 재능을 높이고 발휘할 수 있으며, 모든 사람이 절실한 이해관계를 가지게 되었다.

이렇게 해서 역사적으로 억압된 개인의 자주성과 창조성이 자유롭게 발휘될 수 있고, 서민 출신의 인재가 광범위하게 배출되어 정치 · 경제 · 문화 분야에서 활동하게 되어 근대문명은 미증유의 발전을 이루었다. 반봉건 민주주의는 근대문명 발전의 길을 연 가장 큰 근본 요인이고, 근세에 이르러 인류가 획득한 가장 큰 성과이다. 자본주의 사회에 이르러서 국민 대중의 사회적 지위와 역할이 봉건 사회에 비해서 훨씬 높아졌다.

자유경쟁이 전개됨으로써 사회의 변화 발전에 대한 지배계급의 의욕과 행동방식에도 큰 전환을 가져왔다. 모든 경쟁이 말살되고 신분 등급이 세습적으로 규정되고 있는 봉건 사회의 지배계급은 경제를 개선하고 사회를 합리적으로 변혁하지 않고 부여된 권한의 구사에 주된 관심을 쏟았다.

자유경쟁이 치열하게 전개되는 자본주의 사회에 이르러 자본은 경쟁을 통해서 증식될 뿐 아니라 경쟁의 주된 원천이다. 자본이 많을수록 경쟁력이 강화되고, 그 때문에 자본가는 보다 많은 이윤을 획득하기 위한 자본 증식을 하게 된다. 따라서 자본가는 이윤 추구에 한없이 탐욕하게 된다.

자본가는 자유경쟁에서 승리하기 위해서 종래의 경영관리 질서와 기술 혁신을 지향한다. 이에 대해 프랑스 '장 피사니-페리'에 의하면 자본 이전의 놀랄만한 증가와 금융의 탈규제화는 그 부작용으로 일자리를 사라지게 만든다고 한다.[48]

또한, 신분적 특권을 생존의 기본이라고 생각하는 봉건 귀족은 거기에 상응하는 체면과 명예, 의례와 격식을 중시한다고 한다면, 경쟁의 승패에

---

48) CEPH(프랑스 국제 정보- 국제 전망 연구소)의 소장인 장 피사니-페리에 의하면 세계화는 다양한 방식으로 설명될 수 있다. 이 설명은 신(新) 마르크스주의 식의 설명인데, 이는 자본과 노동의 대립이라는 오래된 주제를 다시금 동원한다. 이 설명에 의하면 자본의 이전(移轉)의 놀랄만한 증가와 금융의 탈규제화는 자본 소유자들에게는 가장 큰 이익을 가져다주면서도 동시에 일자리가 사라지게 된다는 것이다. 그래서 자본 소유자들은 이제 전 세계의 임금노동자들을 자기 마음대로 부리게 되었고, 가격경쟁 체제를 자신들의 이익을 위해 이용할 수 있게 되었다는 것이다. 장 피에르 플레, 김종명 옮김, 『청소년이 알아야 할 세계화』, 東文選 現代新書, p. 49

흥망이 걸려있는 자본가는 실리를 중시한다.

봉건 귀족은 관할 지역에 대한 지배를 독점하기 위해서 지방할거와 폐쇄閉鎖에 구애된다고 하면, 자본가는 경쟁에서 승리하기 위해서 능률화의 요인인 사회적 교류와 협력의 긴밀화와 범위 확대에 의거한다. 자본가는 사회적 분업과 전문가를 발전시키는 동시에 긴밀하고 폭넓은 교류를 추구한다. 이렇게 해서 자본주의적 사회생활은 봉건 사회보다 활성화 능률화되었다.

2) 경제 중심의 사회변혁

자본주의 사회는 권력 중심으로부터 경제 중심으로 변혁시키고 경제 발전을 가져온 것이다.

경제력을 사회에 대한 지배의 주된 수단으로 하는 자본가 계급은 경제를 중시하고 그 발전에 우선적으로 힘을 쏟는다. 자본가는 정치와 문화도 모두 경제에 종속시키고 경제 발전을 위한 수단으로 발전시킨다. 그것은 봉건 사회에서 권력에 의한 통치를 가장 중시하고 그 유지 강화를 위해 경제와 문화를 복종시킨 것에 비해 자본주의 사회에서는 경제 발전에 유리한 조건을 부여했다.

권력 중심의 봉건 사회에서는 경제가 봉건 통치의 유지 강화에 복종했기 때문에 정치 권력에 의해서 광대한 재원이 생산적 수요와는 관계가 없는 곳에 우선적으로 사용되고, 그 때문에 경제 발전에 큰 장애가 되었다.

그러나 자본주의 사회로 이행한 정권의 정치는 자본가 계급의 요구와 이익에 따라서 경제 발전에 유리하고 안정된 사회적 조건을 보장하는 수단으로 전환되었다. 자본주의 정권의 정치는 물질적으로 보장하기 위한 경제적 부담은 상대적으로 감소한 반면 경제 발전에 대한 정치적 보장은 강화되었다.

봉건 사회에서는 문화가 신과 군주에 대해 영구히 봉사하는 것이었기 때문에 경제 발전에 거의 공헌할 수 없었다. 그러나 자본주의 사회의 문화는 종교와 절대 권력의 시녀의 상태에서 탈피하여 경제 발전에 봉사하는 방향 전환을 가져왔다. 종교적 교조敎條와 군사적 폭력의 억압으로부터 인간의 이성이 해방됨으로써 신비주의와 공리공론의 비합리적, 비현실적 사고방식이 배척되고 현실 세계에 필요한 것을 탐구하는 합리주의적이고 현실적인 사고방식이 문화에 뿌리를 내렸다.

현실주의와 합리주의는 문화 발전을 적극적으로 추진시켰다. 기초과학과 기술과학이 발전하고, 과학기술적 진보가 경제 발전의 큰 요인이 되었다. 과학기술의 연구 개발과 인재 육성에 큰 힘을 쏟았다. 또한 경제학과 경영학이 발전하고 그것이 경영관리 개선의 주요한 요인이 되었다. 그와 함께 경제 발전의 사회적 조건을 양성하기 위한 법제화가 중대한 사회적 문제로 제기되고, 그것에 기여하는 방향으로 법학이 발전했다.

자본주의 경제 발전에 대한 정치적, 문화적 보장이 강화하는 조건에서 수공업적 기술로부터 기계기술로 이행하는 제1차 산업혁명이 진행되고 대규모 기계적 생산이 확립되었다. 제1차 산업혁명의 결과 농업을 기본적 경제토대로 하는 사회로부터 상공업을 기본적 경제토대로 하는 사회로 이행했다.

자본주의 사회에서 경제는 기계기술에 기초한 거대한 발전을 가져왔고, 경제 발전에 봉사하는 정치와 문화의 발전에 있어서도 현저한 전진이 이루어졌다. 전반적인 사회 발전 속도는 정체한 봉건 사회에 비해 급속하게 빨라졌다.

3) 자본주의 사회의 고유 모순

(1) 우승열패의 현상 발생

자본주의 사회의 고유한 모순은 사적 소유에 뿌리를 둔 자유경쟁을 통해서 사회 발전이 추진되는 과정에서 적자생존, 즉 약육강식의 현상이 발생하고, 근로대중이 자본에 예속되고 억압 착취되며 실업자가 발생하고, 광대한 부가 소수의 자본가에 집중하고, 절대다수의 빈곤화가 진행된다. 현재 세계에는 가장 빈곤한 사람과 가장 부유한 사람의 소득 격차는 1 대 308의 수준까지 벌어져 있는 것이 사실이다.[49)]

자본주의 사회에서 자유경쟁은 우승열패優勝劣敗를 가져온다. 자유경쟁은 그 승리자가 되기 위해서 창조성을 높이 발휘하고 사회적 협력의 확대 강화를 장려하며, 또한 개인에게 그와 같은 자유를 부여함으로써 사회 발전을 추진하는 중요한 요인으로 된다. 그러나 자유경쟁은 신분적 평등과 함께 사적 소유를 전제로 하기 때문에 개인의 경쟁의 자격에서는 평등하지만 경제 조건에서는 불평등한 경쟁이다.

생산수단과 자본의 소유자는 경제의 경영자로서 경제적 자유경쟁에서 주도적으로 참가하지만, 생산수단과 자본을 가지지 못한 자는 경영을 운영할 수 없기 때문에 자유경쟁에 주도적으로 참가할 수 없다.

생산수단은 객관화된 형태로 축적된 인간의 창조력이며 자본은 객관화된 창조력과 타인의 창조력을 구매하여 경제를 운영함으로써 불로소득을

---

49) 2018년 통계에 의하면 전 세계 182개국 중 노르웨이가 1인당 국민총소득 84,806 달러인데 비해, 부룬디는 275달러로 308:1의 차이가 난다. 자료: 통계청 통계포털 (SOSIS), 국제 통계>주제별 국제 통계> 국민경제, 참조

매도하는 경제적 특권으로 가능한 경제력이다.

사적으로 소유하는 생산수단과 자본이 많을수록 보다 강한 경제력을 가지게 된다. 자유경쟁은 신분적으로 평등하지만 경제력으로는 불평등한 조건의 경쟁이다. 이 불평등한 경제력에 의해서 경쟁 과정에서 개인이 발휘하는 창조력이 억제되면서 자유경쟁의 승패가 좌우된다. 소생산자와의 경쟁에서는 그보다 강한 경제력을 가진 자본가가 승리하고 중소자본가와의 경쟁에서는 강한 경제력을 가진 대 자본가가 승리한다.

이 점에서 사적 소유에 기반을 둔 신분적 평등과 경쟁의 자유는 불평등한 경쟁이며, 경제적 특권을 가진 자본가 계급의 기정사실화된 불공평한 승리와 지배를 합리화하는 방법이다. 물론 경쟁의 승리자가 보다 높은 사회적 평가를 받는 것은 당연하다. 그렇다고 해서 경쟁이 승리자만의 것으로 되는 것은 아니다. 사회 성원 내부의 경쟁은 어디까지나 사회 공동의 이익을 위한 경쟁이 되지 않으면 안 된다.

경쟁은 모든 사람들이 보다 열심히 일하도록 고무 격려하는 데에 그 의의가 있다. 그러나 승리자가 패배자를 타도하는 자본주의적 경쟁은 사회 공동의 이익이 아니며, 경쟁력이 강한 자본가의 이기주의적인 특권적 이익에 봉사하는 것이다. 자유경쟁은 초보적인 인권조차 유린당하는 비인간적 반사회적인 면을 가지고 있다는 점에서 약육강식의 경쟁이다.

자유와 평등의 원리를 구현하여 탄생한 자유경쟁이 이와 같이 경제력이 강한 자가 약한 자를 타도하고, 예속시키고, 억압 착취하며, 소유의 불평등을 심화시킴으로써 국민 대중의 자유와 평등을 유린하고, 자주적 지위와 창조적 역할을 억압하는 사회적 폐해를 만들어 낸다.

자유 평등의 추진 작용과 사회적 악폐는 자본주의의 자유시장경제를 고찰하면 보다 구체적으로 이해할 수 있다.

자유시장은 개인의 요구와 개인적 노동을 사회적 수요와 사회적 노동에 통일시키는 매개 장媒介場이며, 모든 생산물에 대한 사회적 평가의 구축이다.

생산물이 교환되지 않고 자급자족하는 봉건적 자연경제와는 달리 자본주의 시장경제는 모든 생산물이 상품으로 되어 교환을 통해서 소비된다. 교환은 개인적 노동이 사회적 노동의 하나의 구성 부분이 되며, 상품생산에 투하된 개인의 요구가 사회적 수요의 하나의 구성 부분이 되어 상품형태로 충족된다.

봉건적 자연경제에서는 많은 생산물이 직접 지배계급에 수탈당하기 때문에 시장에서 교환을 통해서 사회적 평가를 받을 수가 없고, 부의 가치평가는 종교적 환상과 신분적 특권과 통치자의 취미에 따라서 왜곡된다.

이와는 달리 자본주의 시장경제에서는 모든 생산물이 상품으로 되고, 종교적 환상과 신분의 고저나 통치자의 취미와는 관계없이 가치는 시장가격을 통해서 사회적 평가를 받는다. 시장가격은 수요와 공급에 의해서 결정되는 사회적 평가이다. 그 기준이 되는 것은 그 상품이 사회적 수요를 얼마만큼 충족시키고, 그 상품에 얼마만큼 사회적 노동이 투하되었는가 하는 것이다.

자유 시장에서는 사회적 수요를 충족시킬 수 있는 상품은 동일한 노동이 투하된 다른 상품에 비해 그만큼 높은 가격에서 판매되고 다른 상품도 사회적 수요를 완전히 동일하게 충족시키면 동일 가격으로 된다. 여기서 모든 상품에 대한 동일한 기준에 의한 평등한 평가는 상품생산자의 높은 창조성의 발양을 자극하고, 사회적 수요에 의한 평가는 상품생산자의 사회적 교류를 강화하며 생산의 사회화 수준을 높게 한다.

시장가격에 의한 사회적 평가가 이루어지는 곳에서는 보다 높은 평가를 받기 위해서 사회적 수요에 맞는 상품을 보다 많이 생산하고 높은 평가를 받기 위해서 경쟁한다. 이 경쟁은 상품생산자가 경영관리를 합리화하고 기술을 혁신하도록 고무한다. 그렇기 때문에 시장가격에 의한 상품의 사회적 평가와 보다 높은 평가를 받기 위한 상품생산자의 경쟁은 시장경제의 효율성과 능률성을 보장하고 자본주의 경제 발전을 추진한다.

자유시장은 자본주의 경제를 추진하는 한편 사회적 모순을 격화시킨다. 자유시장은 자본주의 경제를 경제적 경쟁에서 승리자와 패배자를 가르는 심판장이며, 상품이 실현하는 시장가격의 크기는 그 판결이다. 시장가격을 통해서 높은 사회적 평가를 받으면 그만큼 이익을 얻게 된다.

이러한 가운데 경제적 경쟁의 승리자가 탄생한다. 반면 시장가격을 통해서 낮은 사회적 평가를 받으면 그만큼 손해를 본다. 손해가 커지면 패자가 된다.

소생산자는 무산자 또는 고용노동자로 전락하여 자본가의 착취를 받게 되고, 패배한 기업가는 파산하며 거기에 고용된 노동자는 실업자가 된다.[50]

그리스도교에서 낙원행과 지옥행을 가르는 심판장을 내세의 연옥煉獄이라고 한다면, 경제적 경쟁의 승리자와 패배자를 가르는 심판장인 자유시장은 자본주의 연옥이라고 말할 수 있다.

자유시장은 상품에 대한 사회적 평가를 자본가 계급의 이기적인 특권적 이익에 따라 왜곡하는 공간이다. 자본주의 시장에서는 누구라도 수요자와 공급자가 될 수 있는 자유와 권리가 있지만, 그렇다고 해서 시장가격에 의한 상품의 사회적 평가에 모두 평등하게 참가하는 것은 아니다.

---

50) 2018년 「KOSIS 국가통계포털」 국제 통계자료에 의하면 세계 77개국 평균 실업률은 9.37%인데 비해 실업률이 가장 높은 남아프리카공화국은 무려 26.9%이고, 가장 낮은 나라는 0.1%인데 비해 한국은 3.8%이다.

상품의 공급력과 생산적 수요의 기본적인 담당자는 자본가 계급이다. 그들은 수요와 공급을 좌우하는 주도권을 장악하고 있다.

자유시장은 자본주의적 착취의 필수조건이다. 자유시장에서는 모든 생산물은 말할 필요도 없고 노동력까지 상품으로 되기 때문에 자본가는 필요한 생산수단과 노동력을 구입하여 상품을 생산할 수가 있고, 생산된 상품은 시장을 통해서 자유롭게 판매할 수 있기 때문에 자본주의적 생산을 실현할 수 있다.

상품의 생산과 유통을 수행하는 자본가의 목적은 이윤 추구에 있고, 그것을 위하여 자본을 증식하고 축적한다. 소위 마르크스의《자본축적의 법칙》이 이것을 의미한다.[51]

자본주의 시장경제는 생산의 무정부성, 생산과 소비의 불일치로부터 주기적인 경제 위기와 불경기를 반복하고 실업자를 증대시키며, 재산이 많은 사람은 재산이 더 많아지고 가난한 사람은 더 빈곤해진다.

시장경제에서 각각의 자본가는 수요와 공급 관계를 판단하면서 시장경쟁에 대처하기 위해서 계획을 세우고 기업 관리를 하지만, 전 사회적으로는 통일적인 계획 지도자가 없이 경제가 운영되기 때문에 그것은 자연발생적 성질과 무정부성을 띤다. 무제한의 이윤을 추구하려는 욕망을 가진 자본가는 생산을 확대하지만, 사회에서 지불 능력이 있는 수요는 따라잡지 못한다.

자본가는 근로자를 착취하여 획득한 이윤에 상응한 큰 구매력을 가지고 있지만 그에 상응한 소비적 수요는 제한된다. 이와는 달리 근로자는 큰 소비적 수요는 가지고 있지만, 구매력이 이에 따라가지 못한다. 자본

---

51) 마르크스는 『자본론』에서 자본주의 경제 법칙을 ①자본 축적의 법칙, ②자본 집중의 법칙, ③빈곤 확대의 법칙 등을 유도하여 자본주의의 필연적인 파멸을 선언한다.

가의 착취가 강화될수록 근로자의 구매력 수준은 그만큼 낮아진다. 공급이 확대되는데 비해 지불 능력이 있는 수요가 부족하여 팔리지 않는 상품이 많아진다. 결국 자본주의 시장경제의 무정부성, 생산과 소비 간의 모순이 주기적으로 발생하여 과잉생산 공황이 일어나고 경제적 위기를 맞게 된다고《빈곤 증대의 법칙》에서 서술하고 있다.[52]

자본주의 경제는 성장률 저하와 후퇴의 혹독한 과정을 반복하고 있다. 이러한 경제공황과 위기의 시련 가운데서 경쟁력이 강한 기업은 파산한 기업을 흡수 통합하여 비대해진다. 반면에 경제력이 약한 기업은 조업을 축소하든가 파산한다. 팽대膨大한 생산과 서비스 시설 및 재료가 유휴상태에 빠지고 실업자는 증대한다고 소위《자본 집중의 법칙》을 주장했다. 이것은 생산의 요소를 대대적으로 사장死藏 하는 막대한 낭비이며, 노동자로부터 일할 권리를 빼앗는 심각한 인권유린이라는 것이다.

(2) 금전이 인간을 지배하는 세상

자본주의 사회의 고유한 모순은 금전이 인간을 지배하고 권력과 문화가 경제력에 종속되는 데 있다. 총검으로 모든 것을 지배한 봉건 사회와는 달리 자본주의 사회는 금전으로 모든 것을 지배하는 사회이다.

봉건 사회는 욕망의 대상을 권력에 의한 폭력적 약탈의 방법으로 진행되었다고 하면 자본주의 사회는 욕망의 대상을 금전에 의한 매수 또는 매매의 방법으로 획득한다. 관직과 명예, 양심과 애정까지도 매매의 대상이 될 수 있고 매매가 이루어지면 그것은 금력의 지배를 받게 된다. 폭력은

---

52) 마르크스주의자들의 주장은 "가난한 사람은 더욱더 빈곤해진다"라고 하지만 실제로는 발전한 자본주의 사회에서는 가난한 사람도 생활이 더욱더 나아지고 있는 것도 사실이다. 세계은행에 의하면 중국의 경우는 1987년부터 1994년 사이에 '빈곤 계층' 인구가 5천만 명이나 줄었다.

직접적 지배 수단이지만 금전은 간접적 지배 수단이다. 금전은 폭력과 같이 강제적으로 약탈하든가 억누를 수는 없다. 금전에 의한 지배의 고유한 방법은 매수 또는 물질적 향락으로 인간의 사회적 본성을 마비시킬 수 있다는 점에서 자주성 유린의 폭을 훨씬 넓게 하는 지배 방법이다.

자본주의 사회에서는 금전만 충분히 소유하고 있으면 무엇이라도 지배할 수 있다. 금전은 자본주의 사회에서 지상(至上)의 가치로 인정되고 만능의 위력을 가진 신으로서 숭배된다.

금전이 신神의 지위를 차지함으로써 사람들 가운데는 이기주의적 탐욕이 만연한다. 그것이 자본주의 사회에서 사람들의 건강한 사회생활을 위협하고 부정부패와 심각한 범죄를 낳는다. 금전을 신의 지위로부터 끌어내리고, 사회를 위해서 봉사하는 경제력의 전환 없이는 자본주의 사회의 증대하는 범죄와 부정부패의 근원을 없앨 수는 없다.

자본가 계급은 금전에 의거해서 사상 문화 수단을 장악하고, 그들의 경제적 이익에 사상 문화적 이익을 종속시키고, 자본주의 사회의 사상 문화 생활을 조종한다. 자본가 계급의 이익을 구현하는 개인주의와 황금만능을 합리화하고, 부패 타락한 생활 풍조를 고무하는 문학예술과 사상이 문단과 사상계를 지배한다.

자본주의를 비판하는 사람들은 자본가 계급은 사상의 자유를 표방하면서 여러 가지 사상을 난립, 경쟁시킴으로써 어떤 사상도 금전의 권위에 맞서서는 영향력을 잃게 하며, 근로대중을 사상적으로 혼란시켜 진보적 사상의 침투를 가로막고 있다고 한다. 또한, 자본가 계급은 금력에 의거해서 국가의 정치를 그들의 이익에 맞게 조종한다. 이렇게 해서 자본주의 정치를 금권정치로 바꾼다고도 주장한다.

금권정치가 강화되면 커다란 정치적 불공평을 초래한다. 범죄에 대해서 금전이 있으면 무죄가 되고, 금전이 없으면 유죄가 된다고 한다. 유전 무죄有錢無罪, 무전유죄無錢有罪라는 격언이 생긴 것은 결코 우연이 아니다.

　물론 의회 민주주의가 실시된 자본주의 국가에서는 집권을 위한 정치적 경쟁을 하는 당이 많이 있고, 법적으로 다수의 유권자의 지지를 받는 당이 집권하게 되어 있다. 경제적 자유경쟁에서 독점자본가가 중소기업과 근로자의 경제적 이익을 희생하게 하는 악폐가 나타나고, 정치적 자유경쟁에서 독점자본과 결탁한 정당이 군소 정당과 국민 대중의 정치적 이익을 희생하는 폐해가 발생한다.

　다당제 의회 민주주의는 일당독재를 견제하면서 정치적 자유경쟁을 통해서 독점자본을 비롯한 자본가 계급의 경제적 이익을 보다 잘 옹호하는 정당이 집권한다. 이는 정권 행사를 수행하는 자본주의적 정치방식이다.

　자본주의 사회는 인간의 사회적 본성에 반하는 고유한 모순을 가지고 있기 때문에 결국 그보다 발전한 새로운 사회로 이행하지 않을 수 없는 역사적 운명을 지니고 있는 사회이다. 자본주의 사회는 신분적 평등에서나 개인의 자유경쟁에서 금력에 의거해서 승리한 자본가 계급이 생산수단뿐만 아니라 국가 정권과 사상, 문화, 수단을 장악하고 사회생활의 모든 분야를 지배하며 근로대중을 억압 착취하는 고유한 모순을 지니고 있다고 자본주의 비판론자들은 주장한다.

제2절_ 자본주의 사회의 변화 발전

자본주의 사회는 역사적으로 변화 발전하며 그 과정에서 새롭고 높은 사회로 나아간다. 이와 관련해서 우선 자본주의 사회가 지금까지 역사적으로 어떻게 변화 발전해 왔는가를 개관할 필요가 있다. 여기서는 자본주의 사회의 본질적 특징에 상응해서 다음과 같은 기본적인 논점을 세우기로 한다.

첫째로 자본주의 사회의 기본 원리인 자유와 평등 가운데 어느 것에 보다 큰 중요성을 부여하고 어떠한 방법으로 구현하는가, 신분적 평등에 기초한 개인의 자유경쟁을 어느 정도로 구현하고 그 결과 불평등에 대해서 어떻게 대처하였느냐 하는 것이다.

둘째로 자본가 계급이 사회에 대한 지배의 기본 수단으로 하는 경제력인 자본이 어떠한 형태로 조직되고 기능하는가, 자본이 국가의 사회관리 기능과 폭력을 어느 정도 이용하면서 시장을 확대하고 어느 정도 이윤을 획득하며 증식했느냐 하는 것이다.

셋째로 자본주의 생산의 고유한 모순이 역사적으로 어떠한 양상을 띠고 발로되며, 자본주의는 지금까지 어떠한 위기에 봉착하고 오늘날 그것이 어떻게 심화되고 있느냐 하는 것이다.

자본주의의 발전단계는 시장가치 법칙이 관철되는 독점적 경쟁 자본주의→단일한 평균이윤 법칙이 관철되는 자유경쟁 자본주의 →평균이윤이 구조적으로 분화된 독점적 경쟁 자본주의→국가 독점적 경쟁 자본주의로

구분하기도 한다.[53]

그러나 여기서는 자본주의의 발전 단계를 산업자본주의 단계, 독점자
본주의 단계, 현대 자본주의 단계로 나누어 고찰하기로 한다.

1. 산업자본주의

산업자본주의 단계는 자본주의 사회가 확립됨으로써 시작되었다. 자본
주의 사회의 확립에서 중요한 계기가 된 것은 정치적으로는 반봉건 자본
주의 변혁을 거쳐 공화제나 입헌군주제의 형태로 의회제 민주주의가 확
립되고 민주주의적 권리와 자유가 보장된 것이었다. 또한 경제적으로는
토지를 포함한 생산수단에 대한 자본주의적 소유 형태가 수립되고 상품
생산과 유통이 자유화된 것이다. 자본주의 사회의 확립을 완성한 것은 산
업혁명이다.

산업혁명은 18세기 60년대부터 영국에서 시작되고, 19세기 전반에 결
속되어 후반기에는 프랑스, 독일을 비롯한 유럽의 많은 나라 미국, 일본
등이 수행했다. 산업혁명의 결과 대규모 기계제 공업機械制工業이 자본주의
적 생산을 지배하게 되고, 대규모 기계제 공업에 투자된 산업자본이 자본
의 지배적 형태가 되었다.

산업자본가를 기본으로 하는 자본가 계급이 형성되었다. 수공업적 기

---

53) 한국 사회경제 학회 편, 『자본주의의 장래』 사회경제평론 6, 한울, 1993. 김호균 〈
자본주의 발전단계에 대한 방법론적 고찰〉, p. 88 참조. 또한 자본주의의 발전단계
를 ① 상업자본주의(16세기 중상주의 시대), ② 산업자본주의(1786년 산업 혁명기
~1870), ③ 독점자본주의(19세기 말~20세기 초), ④ 수정자본주의(1929년 대공황
이후)와 같이 4단계로 나누는 등, 학자에 따라서는 다소 차이가 있기도 하다.

술이 기계기술로 교체됨으로써 지배계급에는 노동력으로서의 인간에 대한 인신의 구속에 대한 이해관계와 노동수단의 소유에 대한 이해관계의 경중이 일변했다.

생산력에서 기술 수단이 수공업적 도구로 되어 있었던 역사적 단계에서는 기술 수단에 객관화된 힘보다는 인간의 신체에 체현되어 있는 힘이 양적으로 보다 컸기 때문에 지배계급은 노동수단을 소유하는 것보다 노동력으로서 인간을 소유하고 인신의 예속에 보다 큰 이해관계를 가졌다.

이와 같은 점에서 수공업적 기술에 기반을 둔 생산력은 신분제도가 성립하고 유지하는 조건으로 되었다. 이와 같은 조건은 산업혁명의 결과 기계기술이 대대적으로 발전하고, 생산력에서 기계기술 수단에 객관화된 힘이 인간의 신체에 체현되어 있는 힘보다 양적으로 보다 크게 되었다. 기계기술의 발전에 의해서 노동력이 생산력에서 양적으로 적은 비율을 차지하게 되었다.

자유롭게 살려고 요구하는 인간의 노동력을 인신적으로 예속하고 소유할 필요성과 가능성이 없어지고, 기계기술 수단의 소유에 근본적인 이해관계를 가지게 됨으로써 신분제도의 폐지를 물질적으로 보장하는 객관적 조건이 조성되었다. 산업혁명을 통해서 자본가 계급은 사회를 지배할 수 있는 압도적으로 강한 경제력을 가지게 되었다. 신분적 특권을 배제하고 경제력에 의거한 자본가 계급의 사회에 대한 지배는 봉건적 세력의 저항에 의해서 붕괴될 수 없을 정도로 안정을 확보했다.

산업자본주의 단계의 산업자본가는 그 규모로 보면 중소자본이었다. 자유의 원리를 상위에 두는 것에 이해관계를 가진 자본가 계급은 산업자본주의 단계에서 자유방임주의를 내 걸고 경제적으로 자유경쟁을 전개했다. 자유방임주의는 영리를 추구하는 각자의 자유로운 활동이 사회에서 경제적으로 가장 적합한 상태를 가져온다고 보는 정책이념이다.

자유 방임주의는 경제적 자유주의 다시 말하면, 경제에 대한 국가의 불간섭주의다. 산업자본주의 단계의 국가는 될 수 있는 한 경제 운영에 간섭하지 않고, 자본가의 이윤과 자본증식을 위한 경제활동의 자유로운 조건을 보장하고, 그들의 사유재산과 경제적 특권에 의거한 지배적 지위를 지키는 임무를 수행한다.

경제 운영은 자본가의 자유로운 재량에 맡겼다. 자본가의 자유로운 판단에 의해서 전개되는 경제활동은 시장을 통해서 조절된다. 경쟁에서 이윤율이 서로 대비되고, 평균 이윤율이 형성되며, 평균 이윤율보다 떨어지지 않는 목표에서 같은 부문 내의 자본 투하와 부문 간의 자본의 이동이 자유롭게 이루어지는 것이 산업자본주의 단계의 경제에 대한 시장 조절의 주된 메커니즘이었다. 시장을 기본 무대로 하는 중소자본가 사이에 경제적 자유경쟁에서 승리자는 재산이 더 많아지고 보다 많은 자본을 축적하여 대자본가로 발전했다.

산업자본주의 단계의 정치 분야에서는 개인주의적 민주주의가 확대되고, 의회는 집권을 위한 정치적 자유경쟁의 기본 무대가 되었다. 정치적 자유경쟁에서는 주로 산업자본의 대리인이 승리하여 정치를 담당했다. 한마디로 말하자면, 산업자본주의의 특징은 산업자본이 사회 전반을 지배하는 자유주의적인 자본주의다.

산업자본주의 단계에서 민족자본은 국내시장에 대한 점유를 확대해서 그것을 모두 점유했다. 생산의 성장에 비해서 국내시장은 협소해지고 생산과 소비 사이의 모순이 격화했다. 이것이 약 10년을 주기로 분출하고 과잉생산 공황이 주기적으로 발생했다.

과잉생산 공황이 일어날 때마다 자본주의 경제는 상품이 판매되지 않고 물가는 폭락하고 신용은 저하되며, 임금은 낮아진다고 하는 심각한 혼란에 빠졌다. 경제력이 약한 기업은 파산한 반면, 경제력이 강한 기업은 다른 기업을 합병하여 보다 거대해지고 실업자는 증대하고 빈곤은 확대되었다.

경쟁을 통한 소생산자에 대한 자본가의 약육강식은 공황을 통해서 중소기업가로 확대되었다. 이로 인해서 주요한 자본주의 국가의 국내시장이 모두 협소하게 되고, 19세기 중엽부터 이들 국가에서 과잉생산 공황이 주기적으로 발발한 것은 자본주의가 경험한 제1차적 위기라고 볼 수 있다.

국내시장이 협소해지고, 생산된 상품의 판매가 곤란해진 자본주의 열강의 자본은 시장을 해외로 확대하고 있었다. 시장을 확장하는 기본적 방법은 자본주의 열강이 세계의 후진국을 침략하고, 군사적 폭력으로 점령하여 식민지 종속국으로 만드는 것이었다. 식민지 점령은 폭력에 의한 자본가 계급의 특권적 지위의 대외적 확장이다.

자본주의 열강은 후진국을 식민지 종속국으로 만들고 그 시장을 점유함으로써 처음 조성된 자본주의 위기를 일단 모면할 수 있었다. 산업혁명이 수행되고 대규모 기계제 생산이 사회적 생산의 지배적 형태가 되고 발전함에 따라서 거기에 종사하는 산업노동자는 대대적으로 증가하고 그들을 기본으로 해서 노동자 계급이 형성되었다.

당시 이윤 증대와 자본 증식에 열중하고 있었던 자본가 계급은 산업 노동자를 비롯한 근로대중을 가혹하게 착취했다. 그렇기 때문에 노동자 계급의 빈곤과 고통은 대단히 참혹했다. 노동자 계급은 자본의 착취와 압박에 반대하여 일어났다. 여기에 위협을 느낀 통치자는 노동자 계급의 투쟁을 진압하는 데 폭력을 발동했다.

이것은 폭력적 수단을 배제하고 자유경쟁을 통해서 자본가 계급이 차지한 특권적 지위의 폭력적 수단에 의한 수호이다. 투쟁 가운데서 눈을 뜨고 단결한 노동자 계급은 마침내 근로대중의 해방투쟁의 주도적 세력으로 성장했다. 그러나 노동자 계급을 비롯한 근로대중은 자본주의적 착취와 압박의 쇠사슬을 끊을 정도로 위력이 있는 정치 세력으로 발전하는 데는 아직 요원한 위치에 있었다. 산업자본주의는 공황과 실업, 빈곤과 같은 심각한 모순을 노정하였지만 총체적으로 상승곡선을 그리며 겨우 발전했다.

2. 독점자본주의

산업자본주의로부터 독점자본주의로의 넘어간 것은 19세기 말부터 20세기 초였다. 이 시기로부터 제2차 대전까지의 독점자본주의를 자본주의 발전의 제2단계로 볼 수 있다.

독점자본주의 단계에서 자본의 지배 형태는 독점자본이다.

산업자본주의가 중소기업 간의 경쟁 속에서 자본의 집적集積이 이루어지면서 독점자본이 형성되었다. 이것은 19세기 70년대 이후 새로운 획기적인 과학기술의 진보에 기반을 둔 철강, 기계, 전기공업과 같은 종래의 섬유공업에 비해서 대규모의 투자를 필요로 하는 중공업이 전도유망한 산업 부문으로 등장하는 데 촉진제가 되었다.

국가의 중요한 산업 부문에서는 생산과 유통, 은행거래의 반 이상을 장악한 몇 개의 독점체가 출현하여 독점자본이 형성되었다. 이 독점자본은 산업자본과 은행자본이 유착한 금융자본이며 한 나라의 범위에서 조직된 기업체로 기능하는 독점자본이다. 독점자본은 산업자본으로 바뀌어 자본의 지배적 형태로 등장했다. 몇몇의 독점자본가가 경제는 물론 정치와 문화에 이르기까지 국가의 사회생활 전반을 지배하게 되었다. 산업자본주의는 독점자본이 지배하는 독점자본주의로 넘어갔다.

독점자본은 독점가격을 형성하고 유지하면서 평균 이익보다 많고 이윤율이 높은 독점적 고율 이윤을 추구했다. 그것은 경쟁의 결과보다 큰 빈부의 차이를 가져왔다. 자유 원리의 구현은 여전히 상위 지위를 차지하고 있음에도 불구하고 자유경쟁은 압도적으로 우세한 경제력을 가진 독점자본의 전횡에 눌려서 일정한 제한을 받지 않을 수 없었다.

독점체가 출현해서 생산이 대규모화되고 경제 기술적 연계가 확대됨으로써 생산의 사회화 수준은 높아지고 기술력의 토대가 훨씬 강화되었다. 이와 같은 조건에서 성장한 생산에 비해서 시장의 협소화는 더욱 심각한 문제로 되었다. 독점자본주의 단계에서 그 이전보다도 파국적인 과잉생산 공황이 주기적으로 발발한 것은 그 집중적인 표현이다.

자본주의 열강은 독점자본주의로 넘어가면서 후진국에 대한 침략과 식민지화를 더욱더 강화했다. 20세기 초에 이르러 식민지화는 일단 완료했다. 제국주의는 다수의 열강이 다수의 후진국을 식민지로 지배하는 세계적인 체계가 되었다.

식민지는 종주국의 상품과 자본의 수출시장이며 원료와 노동력의 공급시장이다. 식민지 시장은 여러 종주국에 독점되어 있었다. 이와 같은 점에서 식민지 시장은 그 종주국 시장의 연장이었다. 종주국의 독점자본은 식민지에 대한 착취와 약탈을 통해서 독점적 고율의 이윤보다도 이윤이 더 높은 식민지 초과이윤을 획득했다.

국가별로 조직된 각국 독점자본은 시장과 세력권의 확대를 위해서 식민지화될 수 있는 토지가 없는 조건에서는 시장과 세력범위를 재분할하기 위해서 치열한 경쟁을 전개한다. 이 경쟁에서는 경제력에만 의존해서는 승리한다는 보장이 없었다.

경제력에 뒷받침된 군사적 폭력을 주된 경쟁 수단으로 이용했다. 이러한 각국의 독점자본은 국가 권력을 통해서 폭력에 의한 시장과 세력범위를 재분할하기 위한 정책을 실시했다. 이것이 다름 아닌 제국주의 정책이다. 이와 같은 점에서 제국주의는 독점자본의 지배에 군사 폭력적 팽창정책을 더한 것이라고 특징지을 수 있다.

제국주의는 독점자본이 출현하여 국내 사회생활 전반을 지배하는 자본주의인 동시에, 시장과 세력권의 확대를 위한 투쟁에서 군사적 폭력을 주된 수단으로 하는 자본주의라고 말할 수 있다. 사회의 개인주의화의 근본적 조건으로서의 경쟁 수단에서 폭력을 배제하고 확립한 자본주의가 제국주의 단계에 이르러서 각 자본주의 국가의 시장과 세력권 확대의 경쟁의 수단으로 군사적 폭력을 등장시킨 것은 사회생활에서 폭력을 제거하는 방향으로 나아가는 역사 발전에 역행하는 것이다.

제국주의 단계의 열강은 시장과 세력범위의 재분할에서 폭력적 경쟁에 대처하기 위해서 국가의 행정 관료기구를 강화하고 군사력을 증강했다. 이를 위해서 증대하는 재원은 자국의 국민 대중과 식민지 인민의 착취로 조달되었다. 이렇게 해서 제국주의의 3대 모순이라는 〈노자勞資 간의 모순〉, 〈종주국과 식민지 간의 모순〉, 〈제국주의 열강 간의 모순〉이 첨예화되었다.

물론 이 3대 모순의 첨예화 정도는 국가와 지역, 시기에 따라 차이가 있었다. 먼저 제국주의 열강의 모순이 첨예화된 곳에서 제국주의 전쟁이 발발했다. 소생산자 간의 경제적 경쟁이 산업자본을 낳고 산업자본가 간의 경제적 경쟁이 독점자본을 낳는다고 하면, 각국의 독점자본가 간의 폭력적 경쟁은 제국주의 열강의 전쟁을 낳는 것이다.

제국주의 열강은 시장과 세력범위를 둘러싸고 이합집산하면서 결국 식민지를 많이 점유하고 있는 열강을 한편으로 하고, 그것을 적게 점유하고 있는 열강을 다른 편으로 하는 배타적인 2대 진영으로 갈라졌다. 시장과 세력범위의 재분할을 위한 이 두 진영의 군사 폭력적인 대결과 충돌은 세계 전쟁으로 발전했다. 그것이 제1차 및 제2차 세계대전이었다.

근대적 경제력으로 보장된 강대한 군사력을 가진 열강 간의 시장과 세력범위의 재분할을 위한 식민주의 전쟁은 열강이 후진국을 식민지화하기 위해서 전개한 침략전쟁보다도 피해가 훨씬 컸다. 특히 제국주의가 일으킨 두 번의 세계대전은 지금까지 역사가 경험한 적이 없는 대규모의 살육과 파괴를 가져왔다.[54]

두 번의 세계대전을 계기로 자본가 계급과 노동자 계급을 위시한 근로 대중과의 모순, 제국주의 종주국과 식민지 종속국 사이의 모순이 극도로 첨예화되었고, 이들 제국주의 통치가 무력화된 제국주의 연쇄帝國主義連鎖의 약한 고리가 조성되었다. 제1차 세계대전의 시기에 그 약한 고리는 러시아였다. 거기서 사회주의 혁명이 승리하여 최초의 사회주의 국가가 탄생했다.

제2차 세계대전을 계기로 제국주의 연쇄의 약한 고리는 일련의 식민지 종속국에서 형성되어 전후 이들 국가가 사회주의 길로 들어감으로써 사회주의는 세계적 범위로 확대되었다. 산업자본주의 단계에서 조성된 위기를 식민지 점령에 의한 시장 확대로 벗어난 자본주의는 독점자본주의 단계에 이르러 열강 간의 모순이 격화하고, 식민지 재분할을 위한 제국주의 전쟁이 일어나 사회주의가 출현함으로써 보다 심각한 위기에 빠졌다.

이것은 역사적으로 자본주의의 제2의 위기라고 할 수 있다. 위기에 직면한 자본주의 세계에서는 파멸의 위협이 다가오고 있었다.

제1차 세계대전 후 자본주의 사회는 심각한 위기를 극복하기 위해서 다양한 대책을 세웠다. 그 대표적인 것으로 두 가지를 들 수 있다.

---

54) 제1차 세계대전에서는 약 800만 명이 사망, 700만 명이 영구불구자, 1,500만 명이 중경상을 입었다. 약 3,000억 달러의 전쟁 비용, 2,600억 달러의 물질적 피해를 내었다. 제2차 세계대전에서는 군인 전사자 3,200만 명을 포함, 약 5,500만 명이 사망하고 9,000만 명이 부상했다. 전쟁 비용은 약 1조 5,000억 달러로 그 이전의 전쟁 비용을 모두 합한 것보다 많고, 누적 피해는 4조 달러를 초과했다.

첫째는 자본주의의 2대 이념적 지주인 개인주의를 경제 중심의 전체주의와 폭력으로 바꾼 것이다. 이것이 20세기 30년대에 자본주의의 역사가 짧고 봉건적 잔재가 많이 남아있는 독일과 일본 등에서 고전적 형태를 띠고 발생한 파시즘 통치이다. 파쇼 통치는 자본주의 통치 세력과 봉건적 잔여 세력과의 정치 군사적 결탁의 산물이며 사회에 대한 폭력 중심의 지배방식이다. 파쇼 통치체계에서는 국가가 폭력을 주된 수단으로 전개하는 대내외 정책의 요구에 따라서 경제를 조절 통제했다.

　그 기본적 방법은 경제적 지렛대를 이용하는 경제적 방법이 아니라 폭력적 지렛대를 이용하는 행정 지령적 방법이다. 정치 군사적 이익을 경제적 이익보다 상위에 두고 거기에 경제 전반의 관리 운영을 복종시키는 이 방법은 군비軍備를 비롯한 비생산적 투자를 격증시켜 국가의 경제를 심각한 불균형에 빠뜨려 그 정상적인 발전을 저해하였다.

　파시즘은 스스로 도발한 제2차 세계대전에서 패배함으로써 완전히 파산하고, 폭력 중심의 전체주의적 지배방식은 경제 중심의 개인주의적 지배방식보다도 훨씬 생활력이 없는 시대착오적 지배방식이라는 것을 여지없이 폭로했다.

　둘째는 개인주의와 경제 중심을 견지하면서 그 방법을 수정하는 것이다. 그것은 30년대에 자본주의의 역사가 오래된 자본주의적 민주주의가 발전한 영국에서 형성된 케인스주의와 미국에서 채택된 뉴딜정책이다. 케인스주의는 자유경쟁과 그 결과 심각화한 경제적 불평등은 자본주의의 생존 자체를 위협하는 것으로 간주하고, 그것을 방임할 것이 아니라 정부를 통해서 적당한 정도로 조절 통제하여 완화시킬 것을 주장했다.

　케인스주의에서 정부가 경제적 자유경쟁과 그 결과 심각한 불평등을 조절 통제하는 기본적 방법은 권력적 기구를 통한 행정적 지시 방법이 아니라 재정 금융기구를 통한 경제적 방법이다. 그 요점은 재정지출과 세입의 조절, 통화관리를 통해서 공급보다 부족한 유효수요를 창출하고, 불경기에 의한 경기변동의 폭을 축소하며, 실업을 방지하여 자유경쟁의 결과 양성된 소득의 현저한 편중을 완화할 수 있도록 임금과 세율을 정하고 사회보장정책을 실시하지 않으면 안 된다는 것이라고 생각할 수 있다.

뉴딜정책은 1929년 이래 전례 없이 파국적인 대공황을 맞이한 미국의 경제적 현실로부터 그 타개를 위한 정책안을 정부에 의한 시장개입, 자유경쟁과 그 결과의 조절 통제에 기반을 둔 것이었다.

그러나 케인스주의는 제2차 세계대전 전에는 자본주의의 자유경쟁의 약육강식적 본질에 대한 수정을 가져올 수가 없었고, 뉴딜정책이 실시되었는 데도 불구하고 미국의 자본주의는 대공황의 파국적인 파탄으로부터 빠져나오지 못한 채 새로운 전쟁에 돌입했다.

3. 현대 자본주의

자본주의 발전의 제3단계는 제2차 세계대전 이후의 현대 자본주의이다. 제2차 세계대전 이후 자본주의 세계는 그 이전에 없었던 큰 변화가 일어났다.

제2차 대전 후 사회주의는 세계적 범위로 확대되고, 그 위력과 영향력이 급속하게 강화되어 제국주의 식민지 체계는 붕괴되었다. 자본주의 세계시장과 대립하여 발전한 사회주의 세계시장이 출현하여 자본주의 세력 범위는 대대적으로 축소했다. 자본주의 내부에서는 전후의 정치 경제적 혼란 가운데 가혹한 압박과 착취, 빈곤에 허덕이는 노동자 계급을 위시한 근로대중의 혁명적 진출이 강화되었다.

자본주의는 자본의 지배가 근저로부터 흔들리고 내우외환의 고통에 시달렸다. 자본의 지배를 유지하고 자본주의의 명맥을 연장하기 위해서는 자본주의의 구조와 정책을 크게 변화시키지 않으면 안 되었다. 이와 같은 변화를 경험하면서 현대 자본주의는 제2차 세계대전 전의 독점자본주의와 구별되는 일련의 새로운 특징을 갖게 되었다.

첫째로 현대 자본주의는 자본주의 열강 간의 관계가 결탁되는 방향에서 재조직화하는 자본주의이다.

자본주의 열강 간의 관계의 재조직화를 주도한 것은 미국이다. 그것은 제2차 세계대전을 통해서 자본주의 열강의 세력 관계가 미국에 결정적으로 유리하게 변화한 것과 관련이 있다. 패전국인 독일과 일본, 이태리는 치명적인 타격을 입었고, 전승국인 프랑스와 영국도 패전국 못지않게 큰 피해를 입었기 때문에 종래와 같은 열강으로서의 대등한 지위를 유지할 수 없게 되었다.

반면에 미국은 전쟁 피해를 받지 않고 공업을 두 배로 성장시켜 막대한 이익을 획득하여 급속하게 비대화했다. 미국은 다른 열강에 비해서 압도적으로 우세한 경제력과 군사력을 가지게 되었다. 미국은 한때 원자폭탄을 독점하여 핵 위협을 하면서 핵우산에 의한 보호를 표방했다.

미국이 자본주의 열강 간의 재조직화를 주도하면서 기획한 것은 우선 힘의 압도적 우세에 의거한 맹주로서의 지배적 지위를 확립하는 것이었다. 이를 위한 중요한 정책은 최초로 '트루먼 독트린'이란 말로 나타난 냉전정책과 '마셜플랜'으로 불리는 전후 자본주의 국가의 경제 복구를 위한 원조정책이었다. 대전大戰의 전란 가운데 힘이 약해진 자본주의 열강은 다시 복귀하기 위해서도 미국의 정책에 따르지 않을 수 없었다.

미국은 냉전정책을 통해서 힘으로 공산주의 팽창을 막고, 자유 세계를 수호한다는 미명하에 다른 자본주의 열강을 핵우산 아래로 모아 군사적으로 장악하고 정치적으로 종속시켰다. 더욱이 경제 복구를 돕는다는 미명하에 잉여자본을 주요한 자본주의 국가에 대대적으로 진출시켜 이들 국가를 경제적으로 종속시켰다. 종래 병렬적으로 존재하던 자본주의 열강은 재편성되어 미국을 우두머리로 하고 다른 열강을 수하手下로 하는 동맹국, 즉 하나의 정치 경제 군사적 블록을 형성했다.

미국이 자본주의 열강 간의 관계의 재조직화를 주도해서 추구한 또 하나의 목적은 자본주의 국가가 서로 대결하여 배타적인 블록으로 분열하는 것을 방지하는 것이었다. 종래 선진 자본주의 국가가 배타적인 2대 블록으로 분열했기 때문에 두 번의 세계대전을 경험하고, 그것은 예상할 수 없었던 손실을 가져왔다.

여기서 교훈을 얻은 선진 자본주의 국가는 그것을 반복하지 않는 방향으로 그들의 관계를 재조직화로 나아갔다. 이와 같이 재조직화를 하는 데에 중요한 것은 다음과 같은 두 가지이다.

하나는 자본주의 세계에서 국제 자유무역 통화체계를 확립하는 것이다. 이 체계는 미국의 주도하에 발전한 자본주의 국가가 《관세 및 무역에 관한 일반 협정GATT》을 조인하고, 《국제통화기금IMF》을 설립하는 것이었다.

관세 및 무역에 관한 일반 협정은 자본주의 국가 간의 수출입 수량의 제한을 철폐하고 관세를 인하하여 무역을 자유화하기 위한 협정이며, 국제통화기금은 자본주의 국가 간의 통화 거래의 제한을 철폐하고 미화dollar를 기축통화로 화폐교환율(환율)을 안정시키는 것으로써 통화 면에서 무역의 자유화를 보장하는 기구이다.

자본주의 세계에서 국제 자유무역과 통화체제가 확립됨으로써 기업 간의 자유경쟁이 하나의 국가 안에 국한되어 있었던 것이 이 체제에 속해있는 자본주의 국가 전반을 포괄하는 세계적 범위로 확대되었다.

또 하나는 다국적 기업을 통해서 자본을 국제화한 것이다. 전후 자본주의 세계에서 국제 자유무역과 통화체제가 수립되고 자본과 기술이 자본주의 국가 안에서 이동할 수 있게 되었다. 이와 같은 조건에서 강한 경제력과 선진기술을 가진 미국 독점자본은 1950년대 후반기부터 직접투자의 형태로 외국에 대대적으로 진출했다.[55]

미국을 비롯한 발전한 자본주의 국가의 다국적화된 거대한 독점자본체는 자본주의 세계의 경제는 물론이고 정치도 포괄한 사회생활 전반을 좌우하게 되었다. 이와 같은 점에서 현대 자본주의는 다국적 기업체를 통해서 다국화된 국제독점자본이 지배하는 자본주의라고 말할 수 있다.

---

55) 미국의 독점자본은 다른 나라에서 현지 국적을 가진 자회사를 설립하는 방법으로 자기자본을 세계의 많은 나라에 분산 배치하고 본국의 모회사의 지도하에 기술 개발과 생산 및 판매활동을 하는 다국적 기업체를 창립했다. 1960년대부터는 영국, 독일, 프랑스, 일본 등에서도 다국적기업체가 많이 탄생했다.

그러나 국제독점자본은 본국이나 자회사가 있는 국가의 국가적 이익보다는 자국의 다국적 기업체의 이익을 보다 중시한다. 독점자본이 다국적화된 국제독점자본으로 전환되고, 그것이 자본주의 세계를 지배함으로써 자본주의 국가의 이해관계는 서로 깊이 중복되고, 국가별로 조직된 독점자본이 지배할 때에 비해서 자본주의 열강 간의 이해관계의 대립은 약해지고 그 공통성이 커지게 되었다.

이것은 자본주의 열강이 배타적인 불록으로 분열해서 대결하는 것을 방지할 가능성을 양성했다. 이전에는 서로 싸우기 위해서 큰 힘을 소모한 자본주의 열강이 이후에는 자본주의적 착취와 약탈을 강화하고, 사회주의를 견제하고 붕괴시키기 위해서 서로 협력하게 되었다.

자본주의 열강이 서로 결사적으로 투쟁하던 관계에서 결탁하여 협력하는 관계로 개편되었다. 이것은 제2차 세계대전 후 자본주의 세계에서 일어난 가장 큰 변화라고 볼 수 있다. 이것은 자본주의 열강이 제2차 세계대전 후 반세기 이상 지나서도 상대방을 반대하는 전쟁이 한 번도 없고 이해관계의 마찰을 조정해 온 사실이 실증하고 있다.

둘째로 현대 자본주의는 국내 사회에 대한 자본의 통치방법을 변경시킨 자본주의다.

제2차 대전 후 노동운동의 앙양과 근로대중의 혁명적 진출에 큰 위협을 느낀 자본주의 국가의 통치자는 케인스주의적 정책 또는 사회민주주의적 정책을 실시했다. 케인스주의적 정책과 사회민주주의적 정책 사이에 일정한 차이가 있고, 또 국가마다 선택해서 실시한 정책의 구체적 내용에도 각각 차이가 있었지만, 그것은 다 같이 노자勞資 간의 계급적 모순의 격화를 방지하고 자본의 지배를 유지할 수 있도록 자본주의를 지키는 정책이었다.

자본주의 사회의 기본 원리에서 볼 때 자본주의에 대한 수정은 자유경쟁 원리의 구현의 일면에 편중된 것으로부터 벗어나 평등 원리의 구현에도 일정한 주의를 기울이면서 국가를 통해서 자유경쟁을 조절하고 그 결과 현저한 불평등을 어느 정도 완화하는 방향으로 바뀌게 되었다.

제2차 대전 후 자본주의 국가에서는 개인주의적 민주주의가 대전 전에 비해 확대되었다. 보통선거에 의한 시민의 참정권 확대와 노동조합을 포함한 일련의 공간을 통한 경영참가의 확대는 그 표현이다. 이것은 근로대중 가운데 자본주의에 대한 정치적 환상의 조장과 반자본주의적 정치투쟁을 약화시킨 것이었다.

제2차 세계대전 후 이윤의 절대 액이 전전戰前에 비해서 놀라울 정도로 증대한 조건에서 자본가 계급은 일부이지만 노동귀족을 대대적으로 육성하여 노동조합을 어용화하고 노동운동을 와해하는데 이용했다. 실업과 빈곤에 허덕이는 근로대중의 불만을 진정시키기 위해서 자본주의 경영관리 방법을 일부 변경시켰다.

전후 자본주의 국가에서는 재정금융기관에 의거해서 사회의 총 수요를 관리하는 방법으로 불경기의 수요 부족과 호경기의 수요 초과를 조절하고, 경기변동을 안정시키는 케인스주의적 경기정책을 폭넓게 받아들였다.

그 결과 자본주의는 노자 간의 모순의 격화를 완화시키고 정치적 안정을 가져와 대중의 지불 능력이 있는 수요는 증대하고 국내시장이 그만큼 확대되었다. 또한 경기순환이 어느 정도 개선되고 전전戰前까지 8~10년을 주기로 발발한 경제공황의 주기성이 불명료하게 되고 이전과 같은 대공황의 파국은 일단 피하게 되었다.

셋째로 현대 자본주의는 식민지를 침략하는 방법을 변경한 자본주의다.

제2차 세계대전 후 식민지 민족해방투쟁이 전례 없이 앙양하고, 식민지

체계가 붕괴하여 일련의 신생독립국가가 출현했다.[56]

이와 같은 조건에서 제국주의 열강은 군사적 폭력을 주된 수단으로 하여 노골적인 강압적 방법으로 식민지를 통치하고 약탈한 구식민지주의적 방법에 의거할 수 없게 되었다.

그 대신 제국주의 열강은 새로 독립한 국가와 발전도상국에 대해서 형식상 독립을 인정하고 '원조'를 제공하면서 경제적 경쟁의 장으로 끌어들여 강력한 경제력을 주된 수단으로 지배와 침략을 실현하는 신식민지주의적 방법을 적용했다.

신식민지주의적 방법은 폭력과 강권에 직접 의거하지 않는 점에서 구식민지주의적 방법에 비해 '개선'된 방법이다. 제국주의자는 이 새로운 방법에 의거함으로써 개발도상국에 용이하게 침투하게 되었다. 제국주의 열강이 구식민지주의적 방법에 의거할 때에는 서로 대립하고 치열한 식민지 쟁탈전을 전개했다.

그러나 신식민지주의적 방법을 적용한 이후에는 서로 공모 결탁하여 개발도상국에 침투하게 되었다. 특히 '원조'를 수단으로 하는 발전된 자본주의 국가는 큰 저항을 받지 않고 개발도상국을 경제적으로 예속시키고 이들 국가의 시장을 다시 장악하게 되었다.

제2차 대전 후 자본주의 세계에서는 열강이 정치 경제적으로 결탁하고 협력해서 케인스주의적 또는 사회민주주의적 정책을 실시하고 신식민주의적 방법에 의거한 3대 정책 변경을 실시한 결과 자본주의는 독점자본주

---

56) 대전 후 1940년대에 한국, 인도, 인도네시아, 파키스탄을 비롯한 11개 국가가 독립하고, 1950년대에는 캄보디아, 말레이시아를 포함 8개국이 독립했다. 1960년대에는 아프리카 국가의 대다수를 차지하는 44개국이 독립하고, 1970년대에는 25개국, 80년대에는 8개국이 독립했다. 이것은 식민지에 대한 착취와 약탈을 생명선으로 하는 제국주의에게는 치명적인 타격이 되었다.

의 단계에서 경험한 심각한 위기로부터 벗어나 새로운 활력을 획득했다.

자본주의적 생산의 사회화 수준이 훨씬 높아지고 자본주의는 경제 기술적으로 급속하게 발전했다. 사용가치가 높은 각종 가정용 전기 전자제품과 승용차를 비롯한 내구 소비재를 최종 제품으로 생산하는 대량생산 체계가 확립되고, 그것을 담당하는 중화학공업이 기간산업으로 확고히 자리 잡아 대대적인 성장을 가져 왔다.

인간의 육체노동을 대신하기 위해서 기술을 도입한 기술혁신이 새로운 높은 단계에 도달하고, 전자 정보기술을 비롯한 정신노동을 대신한 기술이 출현하여 그것과 결합하게 되었다. 이렇게 해서 1960년대 이래 자본주의 세계에서는 육체노동만이 아니라 정신노동까지 대행하는 기술수단과 생산공정을 도입한 제2차 산업혁명이 본격적으로 전개되었다. 기술혁명은 경제 발전을 촉진하는 가장 위력한 요인이 되었다.[57]

모든 면에서 수세에 처해 있던 자본주의는 정치적 안정과 함께 급속한 경제 기술적 발전에 의해서 사태를 역전시켜 사회주의에 대한 역공세를 취하게 되었다.

제2차 세계대전 후 자본주의 세계에서 큰 변화가 일어난 것은 사실이지만 그렇다고 해서 자본주의의 모순이 해결된 것은 아니라고 자본주의 비판가들은 말한다. 즉 자본주의가 아무리 국제화되어도 자본 외에는 아무것도 없다고 한다. 케인스주의적 또는 사회민주주의적인 정책을 실시하려고 하고, 신식민지주의적 방법에 의거하려고 해도 자본의 착취적 본성에는 변함이 없다는 것이다.

---

57) 1950년대부터 1970년대 초까지 자본주의 세계경제는 자본주의의 전체 역사적 기간에서 가장 급속하게 성장했다. 이 기간 자본주의 세계경제의 평균 성장율은 19세기 후반부터 2회의 대전까지 기간의 평균 성장률 보다 2배 이상이나 높았다.

또한, 자본이 국제적으로 대규모인 자본으로 전환하고, 협력하며, 재정 금융기구를 활용하고, 경기 변동을 어느 정도 안정시켰다고 해도 자본주의의 기본적 모순은 해결되지 않았다는 것이다.

단지, 자본의 조직 형태가 변화하고, 자유경쟁과 그 결과 자본주의를 연명하는 데 맞게 불평등을 일부 조절하여 그 방법이 개선된 것이며, 각각의 자본주의 국가의 부유한 계급과 빈곤한 계층 사이의 빈부 격차가 확대되고, 이는 발전된 자본주의 국가와 발전도상 국가에까지 확대된 것이라고 한다.

제3절_ 현대 자본주의의 위기와 역사적 사명

1. 현대 자본주의의 위기

1) 자본주의의 구조적 위기

제2차 세계대전 후 자본주의는 3대 정책 변경을 통해서 경제 위기로부터 벗어나 성장의 길을 걸어가는 것 같이 보였지만, 그것은 일시적인 것에 불과했다. 현대 자본주의는 일정한 수정을 하였지만 1970년대 이후 공황이 동시적으로 발발하고 대량실업자가 발생하며 빈곤화가 진행함에 따라 위기에 직면했다. 이를 탈피하기 위한 많은 시책을 강구했는데 그 대표적인 것이 케인스주의적 정책과 신보수주의 정책이었다.

(1) 케인스주의적 정책

제2차 세계대전 후 발전한 자본주의 국가에서는 케인스주의적 정책을 실시하여 1970년 초기에 이르기까지 경기변동의 폭을 현저히 축소하였고 실업률을 저하시켜 1960년대에는 완전고용에 근접한 상태에 있었다. 1950~1960년대의 고도성장을 통해서 국민소득은 높아졌으며 소득의 현저한 편중을 어느 정도 완화하는 시책을 실시하고 물질생활이 일정 수준으로 개선되었다.

이에 대해 아전인수식으로 해석하는 자본주의 변호론자는 종래 자본주의의 3대 병이라고 불린 '공황'과 '실업', '빈곤'을 현대 자본주의가 기본적으로 해결했다고 주장했다.

발전한 자본주의 국가의 정책 당국자들과 정책 입안자들은 1970년대 중엽까지도 현대 자본주의는 케인스주의적 정책에 의해서 공황을 피할 수 있다고 확신했다. 그러나 현대 자본주의에 대한 이러한 미화와 확신은 자본주의의 역사적 현실에 의해 어긋났다

　현대 자본주의는 공황의 양상을 어느 정도 변화시켰지만 공황을 회피할 수 있는 면역을 가진 것은 아니다. 1973년과 1979년에 있었던 두 번의 오일 쇼크를 계기로 발전한 자본주의 국가에서 동시에 경기순환의 악화를 가져왔고, '동시 불황'이라고 불리는 세계공황이 발발한 것에서 나타나고 있다.[58]

　오일쇼크를 계기로 경험한 두 번의 공황은 유효수요의 감소와 물가하락에서 비롯한 종래의 공황과는 달리 물가폭등과 그것을 훨씬 능가하는 인플레이션으로부터 비롯한 것에 중요한 특징이 있다. 주요한 자본주의 국가의 정권 당국자는 공황으로부터 벗어나기 위한 대책으로서 이전의 50-60년대와 같이 케인스주의적 정책을 적용했다. 우선 인플레이션을 억제하기 위해서 1973~1974년에는 유효수요를 축소하는 재정금융의 긴축정책을 실시했다.

　그 결과 공황이 심화하고 대량실업이 발생하는 심각한 사태를 초래했다. 거기서 주요한 자본주의 국가의 정권 당국자는 경기회복과 고용 확대를 주요한 정책목표로 내걸고 그 실현을 위해서 1975년경부터 재정금융의 긴축정책을 방기放棄하고, 유효수요를 창출하는 적극적인 경기자극 정책을 실시하는 방향으로 전환했다. 그러나 목표로 한 경기회복과 고용 확대의 효과는 거의 없고, 오히려 물가가 광란하고 인플레이션이 격심한 심

---

58) 발전한 자본주의 국가에서는 1973~1975년 사이 2년간 공황이 지속했다. 그 이후 경기는 회복의 국면에 들어갔지만, 경제는 저성장을 하면서 재차 공황에 직면했다. 미국과 캐나다는 1979~1982년 사이 3년 3개월 간 공황에 빠졌고, 서독, 프랑스, 영국, 이태리와 일본은 1980~1982년 사이 2년 3개월간의 공황을 경험했다.

각한 사태가 조성되었다.

결국 주요한 자본주의 국가의 정권 당국자는 인플레이션을 억제하기 위한 케인스주의적 정책을 실시하면 대량의 실업자가 발생하고, 대량실업을 억제하고 고용을 확대하기 위해 케인스주의 정책을 실시하면 인플레이션이 격증하는 사태에 빠졌다.

케인스주의적 경기 정책은 근로대중의 물가등귀와 대량실업의 심각한 고통을 주면서도 호경기를 불러올 수 없었고, 경제의 정체와 저성장을 초래했다. 주요한 자본주의 국가에서는 케인스주의적인 경기 정책과 사회보장 시책을 실시하는 과정에서 자금 조달을 위해서 발행한 공채의 누증과 경제성장률 저하에 의한 세수 감소에 의해서 재정적자가 격증하고, 국가 재정은 파탄하고 인플레이션이 촉진되어 금융위기가 발생했다.

대규모 공공투자에 의해서 창설된 국유기업이 증대함에 따라서 그것을 관리하는 국가기구가 팽창함으로써 정부는 비대화하고 커다란 정치력으로 되어 국유기업은 개인기업에 비해서 모든 능률성이 저하되었다. 요컨대 주요한 자본주의 국가의 정권 당국자가 경제 위기를 극복하고 순조로운 발전을 보장하기 위하여 실시한 케인스주의적 정책은 오히려 이들 국가의 경제 발전을 저해하는 역효과를 가져왔다.

혹심한 경제 상황 가운데 수많은 사람들은 케인스주의적 정책의 결함을 인식했다. 이것은 주요한 자본주의 국가에서 1970년대 말~1980년대 초에 정권교체와 정책 전환의 주요한 사회적 배경으로 되었다.[59]

---

59) 영국에서 1979년에 보수당의 대처 정권이 등장할 때 의회 선거와 미국에서 1986년 민주당 정권과 교체해서 공화당의 레이건 정권이 탄생할 때의 대통령 선거에서는 케인스주의적 정책의 방기가 유권자지지 획득의 유력한 관건이 되었다는 것은 주지의 평가이다. 1982년에 일본의 나카소네 정권도 케인스주의적 정책의 방기를 기정사실로 받아들이면서 등장했다.

(2) 신보수주의적 정책

미국과 영국, 일본을 비롯한 발전한 자본주의 국가의 정권 담당자는 신보수주의로 불리는 이념에 기반을 두고 정책을 전개했다. 신보수주의적 정책은 정치 군사적 면에서 군비 확장을 촉진하고, 사회주의 국가와 자주적인 발전도상국에 보다 강경하게 대처하고, 국가에 따라서는 비교적 강력한 활동을 가진 국유기업의 노동조합을 분열 와해시켜 국내의 혁명적 정치 세력의 중요한 사회적 기반의 붕괴를 목표로 했다.

신보수주의적 경제정책은 수요 조절보다 공급 증대를 우위에 둔 공급 중시론의 견지에서 우선 감세로 경제를 자극하고, 고금리와 통화 공급량 제한과 같은 통화주의적 방법에 의거해서 인플레이션을 억제하는 것을 당면의 과제로 했다.

신보수주의적 경제정책의 장기적인 기본 목표는 경제의 활성화와 경쟁력의 강화, 작은 정부, 재정적자 해소의 명분하에 기업 활동에 대한 규제 완화와 비능률적인 국유 부문의 민영화, 공공투자의 축소와 완전고용정책의 방기, 세율의 누진성의 약화와 사회보장비의 축소를 실현하는 데 있었다.

이것은 자본주의 사회의 기본 원리의 견지에서 볼 때 자유경쟁과 그 결과 불평등에 대한 국가적인 조절통제를 약화시키고 자유경쟁과 독점을 강화하는 정책이다.

이 정책의 근저에는 자유경쟁에 의한 약육강식의 논리에 의해서 멸망을 모면하고 활력을 제공하는 근본 대안으로 인정한 자유주의 이념이 가로놓여 있다.

이와 같은 점에서 신보수주의 정책의 이념은 경쟁을 자유방임하면 자본주의는 불경기, 실업, 빈곤이 증대하고 궁극적으로는 자신을 유지할 수 없게 된다. 이와 같은 모순을 극복하기 위해서 정부가 시장에 개입하여 자유경쟁을 제한하고, 지나친 불평등을 완화하지 않으면 안 된다고 생각하는 것은 케인스주의적 정책이념을 부정하는 의미가 되는 것이다.

신보수주의는 자본주의가 변화한 현실적 조건에서 케인스주의의 부정인 동시에 자유주의의 새로운 긍정이다. 케인스주의에 의해서 부정된 반세기 전에 자본주의 세계에서 영향력을 잃었던 자유주의는 신보수주의를 통해서 복권하여 재차 현행 정책이념으로 되었다. 신보수주의를 신자유주의로 불리는 것은 바로 이런 이유 때문이다.[60]

발전한 자본주의 국가에서는 신보수주의적인 정책을 실시하면서 1983년부터 공황에서 벗어났고, 경제적 경쟁력을 어느 정도 성장시킬 수는 있었지만, 거기에 부합하는 시장을 확대시킬 수는 없었다. 시장이 협소하고 생산에서 유리한 투자대상을 확보할 수 없는 과잉자본은 더욱 팽대해져서 토지나 주식거래에 열을 올리고, 부동산 금융투기에 집중했다. 부동산 금융투기는 수요와 공급을 통일시키는데 기여하는 것이 아니라 주로 일확천금을 노리는 일종의 도박이다.

이 현상을 영국의 경제학자는 현대 자본주의를 '도박장 자본주의' 라고 표현했다. 1980년대 중엽 이후 보다 팽대한 자본이 부동산, 금융투기로 집중했기 때문에 경제의 실질적인 성장과는 관계없이 토지나 주식과 같

---

60) 케인스주의에 반대하고 신자유주의를 경제학적으로 전개한 신보수주의의 대표자는 밀톤, 프리드만이었다. 케인스가《자유방임의 종말》(1926년)을 내놓았다면, 프리드만은《선택의 자유》(1979) 내놓았다. 케인스주의는 공황과 실업, 빈곤 등의《불균형》을 극복할 수 있도록 정부에 의해서 조절된 시장경제를 이념으로 생각했지만, 신보수주의는 정부 개입이 없는 시장경제를 이념으로 했다. 신보수주의에 의해서 케인스주의는 부정되고, 자유주의가 부활됨으로써 발전된 자본주의 국가에서는 경제정책의 설정에서 케인스 경제학의 정부 개입의 시장 유효론적인 불완전론보다 신고전 新古典 경제학의 정부의 시장경제 개입 무효론적인 자유시장 만능주의가 인정되고 활용되었다.

은 자산의 가격이 급등하는 소위 '버블경제'가 나타났다. 1990년 절정에 달한 버블경제는 근로대중의 높은 비판과 압력 가운데 붕괴되고, 토지와 주식의 가격은 급락했다. 이것을 통해서 팽대한 자본을 축재하고, 한편 그 붕괴에 의해서 커다란 손실을 입고 막대한 부채로 인해 파산이 속출했다.

이것은 현대 자본주의의 부패성과 한계성을 단적으로 표현했다.

(3) 자본주의 열강의 시장 쟁탈전

현대 자본주의는 위기 상황 속에서, 소련식 사회주의의 붕괴와 냉전의 종식을 맞아 변화 발전의 새로운 단계에 들어섰다. 1980년대 말부터 1990년대 초에 걸쳐 동유럽과 소련에서는 사회주의가 붕괴하고 자본주의로 복귀했다. 소련 사회주의와 함께 사회주의 세계시장도 붕괴했다.

자본주의로 복귀한 이전의 사회주의 국가는 말할 필요도 없이 잔존한 사회주의도 거의 시장경제를 도입했다. 제2차 대전 후 현저하게 축소된 자본주의 세력권은 다시 세계적 범위로 확대되고, 자본주의 시장은 세계의 모든 국가를 거의 포괄하는 세계시장으로 전환했다.

제2차 대전 후 자본주의 열강 간의 모순은 냉전 구조 속에서 열강 간의 결탁과 협력에 의해서 은폐되었다. 열강 간의 모순을 억제하고 협력과 결탁을 실현하는데 주도권을 장악한 것은 미국이었다. 미국은 자본주의 세계에 대한 치명적인 위협은 자본주의 열강 간의 이해관계가 아니라 소련을 위시한 사회주의와의 이해관계에서 발생하는 대립에서 온다는 것을 대의명분으로 내걸고, 그들의 경제력과 군사력의 압도적 우위를 방파제로 했다.

그러나 냉전이 진행하는 과정에서 자본주의 열강의 세력 관계가 현저하게 변화하고, 냉전의 주된 대상인 소련 사회주의가 붕괴됨에 따라 사정이 변하게 되었다. 자본주의 세계에서 유럽공동체가 형성되고 일본이 가장 강력한 국제경쟁력을 가진 경제대국으로 등장함으로써 경제력에서 미국의 압도적인 지위는 상대적으로 저하했다.[61]

그러나 냉전 대상국인 소련 사회주의가 붕괴하고 서구 자본주의의 공동의 '명확한 적'이 없어진 조건하에, 군사력의 압도적인 우위가 다른 자본주의 열강에 대한 미국의 지휘봉이 이전과 같은 위력을 상실했다.

세계 제패制霸의 야망을 추구해 온 미국은 힘의 규형이 파괴된 것을 계기로 우세한 힘에 의거해서 세계를 지배하는 일극화—極化의 세계를 꿈꾸고 있다.

그러나 다른 자본주의 열강은 거기에 등을 돌리고 있고, 오히려 미국의 종속관계에서 벗어나려 하고 있다. 유럽연합(EU)은 프랑스와 독일의 주도하에 경제·정치·군사적 통합을 보다 강화하여 동맹의 이익을 옹호하는 《유럽 방위 기구》를 설치하고, NATO에서 미국과 동등한 정도의 지위를 차지하려 하고 있고, 장래 유럽에서 미국을 밀어내는 길을 모색하고 있다고 볼 수 있다.

일본은 당분간 미·일 안보 체제하에서 군사력을 더욱 강화하고 경제력에 상응하는 군사 대국으로 부상하여 아시아의 맹주가 되려 하고 있고, 장래 미국의 정치 군사적 속박에서 벗어나려고 하고 있다. 프랑스와 독일은 유럽을 장악하려 하고 있다. 한편 미국은 이를 저지하려고 안간힘을 쓰고 있다.

---

61) 냉전의 종식을 고한 1991년 국민 총생산은 미국이 5조 6860억 달러인 데 비해서, 유럽연합은 미국을 능가한 5조 9734억 달러에 달했다. 일본은 국민 총생산 고가 3조 3372억 달러로서, 일인당 국민소득은 유럽연합뿐 아니라 미국보다 높고 특히 무역 흑자는 729억 달러에 달했다. 물론 미국은 군사 면에서 유일의 초강대국으로서 여전히 압도적으로 우세한 군사력을 보유하고 있었다.

냉전 종식 후 자본주의 세계에서는 상호 간 이합집산하면서 기존의 군사 블록의 확대 또는 새로운 군사 정치 블록을 형성하려는 움직임이 나타나고 있고, 세력권을 확대하기 위한 책동이 노골화되고 있다. 냉전 시대에 형성되어 있었던 동구 사회주의의 군사 정치적 블록인 바르샤바조약기구는 해체되었지만, 서구 자본주의의 군사 정치적 블록인 NATO는 유지되고 있을 뿐 아니라 보다 강화되고 있다.[62]

한편 프랑스를 비롯한 유럽 열강은 중근동 지역에서 미국의 독주를 견제하고, 그들의 영향력을 높이려 하고 있다.

자본주의 열강의 모순은 냉전 종식 후 확실하게 표면화되어 있고, 냉전 시대 양극화되어 있던 세계가 지금은 다극화로 나아가고 있다. 냉전이 종결됨으로써 이전에 비해 군사적 폭력의 가치가 저하하고 경제력의 가치가 높아졌다.

폭력의 우위를 차지하기 위한 경쟁보다 경제적 경쟁이 보다 전면에 나타났다. 그러므로 자본주의 열강 간에는 시장 확대를 위한 치열한 경쟁이 일어나고 무역 분쟁이 격화되었다. 자유무역을 표방하고 있는 자본주의 세계에서는 보호무역적인 '보복 조치'가 빈번하게 발동되고 있다.

자본주의 열강 간에 보호주의가 대두하고, 심각한 무역 마찰이 발생한 것은 자본주의적 생산이 확대된 것에 비해 그 생산물을 소비하는 시장이 상대적으로 축소된 것을 의미한다.

장래 주요한 자본주의 국가에서 자본주의적 자유경쟁의 약육강식적 체

---

62) 미국은 NATO를 동구로 확대하고 중앙 및 동유럽을 그들의 세력권으로 끌어넣으려고 하고 있다. 독일은 NATO의 동구로의 확대 문제에서 서구가 정치적 신중성을 발휘할 것을 주장하고 있고, 프랑스는 미국이 주도하는 NATO를 개혁할 것을 요구하고 있다. 러시아는 NATO의 동구로의 확대에 의해서 중앙 및 동구로의 확대에서 그들 본래의 이익과 지위를 상실한 것을 커다란 전략적 손실로 인정하고 강하게 반발하고 있다.

질을 유지하고 강화하는 신보수주의적 정책이 실시될 때는 제한되어 있는 시장을 점유하기 위한 열강 간의 경제적 경쟁이 보다 치열하게 될 것이다. 여기서 수세에 빠진 열강이 그것을 만회하기 위해서 군사적 폭력을 발동하게 되면 자본주의 열강 간의 모순이 폭발하고, 군사적 충돌과 제국주의 전쟁이 발발할 가능성도 있다.

(4) 시장의 확대를 통한 난관의 극복

자본주의는 경쟁을 중심으로 변화 발전하는 사회이며, 자본주의 경제는 시장메커니즘이 경제 전반에 대한 사회적 조절의 기본 수단이 되고 있다. 생산물이 시장을 통해서만 실현되고, 자본주의적 재생산이 이루어지며, 각종 부문 간의 경제 기술적 교류 협력이 이루어진다. 시장은 자본주의 경제의 생명선이다. 자본주의 경제의 발전은 곧 시장의 확대·발전이며, 자본주의 경제의 위기는 생산 성장에 비해서 시장 축소의 심각화이다.

시장이 확대·발전하는 한 자본주의 경제는 발전하지만, 시장이 상대적으로 협소해지는 것을 해결하지 않으면 자본주의 경제는 위기로부터 벗어날 수 없다.

그러나 구식민지 주의 정책이 파산한 조건하에서, 발전한 자본주의 국가가 발전도상국가의 시장을 점령하는 데 새로 이용한 신식민지주의 지배는 많은 발전도상국가의 경제가 뒤떨어지고, 막대한 대외 채무가 누적되며, 구매력이 저하함으로써 이들 국가의 시장 확대를 억제하는 역할을 했다.

이러한 조건하에서, 발전한 자본주의 국가는 자본주의 세계의 자유무역과 통화체제에 의거해서 상호 간 관세 및 비과세 무역의 장벽을 없애고, 내수 확대에 중요한 방책을 찾고 있다. 그러나 이와 같은 방법으로 생산의 성장에 비해 시장의 협소화를 해결할 여지는 제한되어 있다.

이들 국가의 대다수는 생활의 질의 향상을 중요시하는 소위 '경제적으로 성숙한 사회'에 도달했다. 즉 인구감소, 고령화, 환경파괴, 복원 불가능한 자원 고갈의 위험성은 개인소비의 한 단계 향상에 암운을 드리우게 하고 있다.

현대 자본주의 국가에서는 1990년대 초두에 이르러 많은 사람들이 장기적인 불황의 냉혹한 현실 속에서, 1970년대 말 이후 1990년까지 현행 정책이념이 되어 있는 자유경쟁과 독점의 강화를 요구하는 신보수주의의 허실을 간파하게 되었다. 정부의 시장개입 없이 자유 시장경쟁을 지향하는 신보수주의적 자유화 정책에 대한 불신이 높아졌다.

이에 반해서 시장의 불안정성에 기초해서 정부의 시장개입을 정당화하는 케인스주의적 자유경쟁의 조절 정책에 대한 기대가 재차 커졌다. 이전의 작은 정부와 건전재정, 공공투자의 대폭적인 축소를 요구하고 있던 기업가까지도 불황의 시련 속에서 정부가 유효수요의 창출을 위한 금리 인하와 대규모 공공투자와 같은 케인스주의적인 경기대책을 요구했다. 그래서 미국을 비롯한 일련의 주요한 자본주의 국가에서는 신보수주의적 정책을 실시하느냐, 그렇지 않으면 케인스주의적 정책을 실시하느냐의 문제가 중대한 현안이 되었다.

주요한 자본주의 국가에서는 오늘날 신보수주의와 케인스주의적인 대립 속에서 대세는 케인스주의 적으로 기울어지고 있지만, 신보수주의의 영향력도 무시할 수 없다. 신보수주의와 케인스주의를 각각 구현한 2가지 정책은 모든 발전한 자본주의 국가에서 시기와 조건에 의해서 채택된 근거를 가지고 있다. 그러나 어느 정책도 현대 자본주의의 위기를 극복하는 데에는 한계가 있다.

물론 냉전 종식 후 유일한 군사 초 대국인 미국은 '경쟁 속의 공존', 다시 말하면 군사적 폭력 없이 경제적 경쟁을 전개하는 정책을 표방하고 있고, 다른 열강도 이에 동조하고 있다. 그럼에도 불구하고 미국은 군사적 폭력의 압도적 우세를 배경으로 한 무역 마찰을 유리하게 해결하려고 하는 고압적 자세를 가지고 있다. 현재(2019년~) 미·중 간의 무역 분쟁이 그 대표적인 예이다.

현대 자본주의는 계속해서 기존의 정책 방향으로 나아가는 한 새로운 생산성에 대한 시장의 협소화를 해결할 가능성은 없고, 그 위기의 심화를 벗어날 수 없다. 그러나 현대 자본주의의 명맥을 보다 연장하기 위한 새로운 선택의 여지가 전혀 없는 것은 아니다.

현대 자본주의가 당분간 위기의 심화를 지연시키고 연명하기 위해서 할 수 있는 새로운 선택은 신식민지주의적 자유경쟁의 약육강식의 체질을 조절하고, 발전도상국의 경제개발을 원조하여 그 시장을 확대하는 것이다.

팽대한 자연자원과 인적자원을 가지고 있는 아시아, 아프리카, 라틴아메리카의 발전도상국의 경제가 발전해야만 선진 자본주의 국가의 시장 문제가 해결된다. 발전한 자본주의 국가가 살아남는 길은 그 이외에는 아무것도 없다.

세계 인구의 약 84%를 차지하고 있는 발전도상 국가에는 압도적으로 많은 인적자원과 풍부한 자연자원이 있다. 그러나 이들 국가의 경제 발전은 뒤떨어져 있고 선진 자본주의와의 경제적 발전 수준의 차이는 대단히 크다.[63]

따라서 경제 발전 수준의 차이가 큰 선진 자본주의국과 발전도상국이 함께 참가하는 지역경제권을 창설하고, 신식민지주의적 자유경쟁의 약육

---

63) 2018년 기준, 세계 182개국 1인당 국민 총소득 비교, 5천 불 미만: 84개국(46.2%), 5천 불 이상~1만 불 미만: 36개국(19.7%), 1만 불 이상~3만 불 미만: 32개국(17.6), 3만 불 이상: 30개국(16.5%). 〈자료: 국세청, 국제기구별 통계(2018년)〉

강식적 체질을 조절하기 위해 노력한다면 선진 자본주의 시장의 상대적 협소화를 완화할 수 있을 것이다. 그러나 항구적으로 해결할 수는 없다. 그렇다면 자본주의는 영원히 소멸하고 말 것인가.

자본주의적 민주주의를 반대하거나 버릴 것이 아니라 그것을 인간의 자주적 지위와 창조적 역할을 높이는 데 대한 민주주의의 생존 방식의 요구에 맞게 개선 완성해 나가야 한다. 자본주의적 민주주의는 인간이 획득한 위대한 역사적 전취물이다. 그것은 인류 발전에 획기적 기여를 하였다.

빌 게이츠Bill Gates는 시장의 힘으로 전 세계의 가난과 질병을 해결할 수 있는 '창조적 자본주의creative capitalism'를 주창했다. 그는 "창조적 자본주의는 다른 사람의 번영에 관심을 두고 이를 자신의 번영과 연결해 양쪽 모두 발전하도록 하는 것"이라며 "기업, 정부, 비영리단체들은 협력해 가난한 사람들을 도울 수 있는 창조적 자본주의를 해야 한다"라고 역설했다.[64]

마이클 맨Michael Mann[65]은 자본주의 문제들에 대해 사회민주주의적인 해결책을 지지하는 입장이지만, 맨은 자본주의가 여전히 복원력이 있다는 입장이다. 그는 "혹시라도 자본주의를 끝장낼 수 있는 어떤 것이 있다면, 그것은 핵 시대에 그 파괴력의 한계에까지 이른 전쟁의 발발이거나 아니면 지구 차원의 자연환경 위기가 될 것이다."라고 하였다.

---

64) 빌 게이츠는 2008년 1월 24일 스위스에서 열린 다보스 세계경제포럼에서 '21세기 자본주의의 새로운 접근(A New Approach to Capitalism in the 21st Century)' 이란 주제로 한 이날 연설에서 게이츠 회장은 "기업들은 가난한 사람들을 위한 제품과 서비스를 만드는 데 중점을 두는 사업을 창출해야 한다"라고 하면서 '창조적 자본주의(creative capitalism)를 주창했다. 「미래 한국신문」, 2008년 2월 2일 8면 국제뉴스 분석 참조.
65) 캘리포니아대 로스앤젤레스 캠퍼스(UCLA) 사회학 석좌교수. 사회계층을 역사와 사회적 권력의 성격과 관련지어 연구하며 사회적 권력이 군사·경제·정치·이데올로기의 다원적 근거를 가지고 역사적으로 변하는 것임을 밝히고 있다. 『The Source of Social Power』 등 다수의 저서가 있다.

앞으로도 개인적 존재로서의 인간의 특성은 변함없이 남아있게 되는 만큼 개인적 존재와 결부되어 있는 자본주의적 민주주의는 계속 인류 발전에 기여하는 민주주의의 구성요인으로 남아있게 될 것이다.[66]

2) 三大 생활 발전의 불균형

(1) 물질생활의 기형화와 정신문화 생활의 빈곤화

현대 자본주의는 사적 소유에 기초한 자유경쟁뿐 아니라 3대 개조, 3대 생활 발전의 불균형에 의해서 심각한 위기를 경험하고 있다. 사적 소유에 기초한 자유경쟁으로부터 초래한 위기는 개인주의적 위기라고 한다면, 3대 생활 발전의 불균형으로부터 발생한 위기는 경제 중심의 위기라고 할 수 있다. 경제 중심의 위기는 개인주의적 위기와 함께 자본주의 사회 위기의 2대 지주로서 상호 작용하고 보충하면서 날이 갈수록 심화되고 있다.

원래 자본가 계급의 특권적 이익에 따라서 경제 중심으로 발전하고 있는 자본주의 사회에서는 3대 생활, 3대 개조의 발전 간에 불균형이 조성되고 있는 것은 불가피하다. 자본가 계급은 경제적 우위에 의거해서 자본주의에서 지배적 지위를 차지하고 있기 때문에 경제 발전을 가장 중요시하고 거기에 문화와 정치를 종속시켰다.

자본주의 사회에서는 문화와 정치는 독자성을 충분히 발휘할 수 없고, 문화 발전과 정치 발전은 경제 발전에 비해서 뒤떨어져 있다.

자본주의 사회가 경제 중심으로 발전하는 것과 관련해서 3대 생활의 불균형은 처음부터 사회 발전을 저해할 정도로 심각한 것은 아니었다. 역

---

66) 황장엽 지음, 민주주의 정치철학, p. 137

사적으로 보아도 봉건 신분적 예속에서 벗어난 사람들에게 무엇보다도 절실하게 요구되는 것은 경제 발전에 힘을 기울여 기아와 빈곤으로부터 벗어날 수 있는 물질적 조건을 만들어내는 것이었다.

모든 사람들이 기아와 빈곤으로부터 벗어날 수 있을 정도로 물질적 부가 풍부하게 생산될 수 없는 역사적 단계에 있어서는 자본가의 동기가 무엇이든 간에 경제 발전을 가장 중요시하고, 거기에 공헌하는 방향에서 문화와 정치를 발전시킨 것은 사회 발전의 요구에 부합하는 것이었다. 이러한 과정에서 자본주의 사회에서 3대 생활 발전의 불균형이 조성되었지만, 이것은 봉건 사회에서의 폭력 만능의 전제정치에 경제와 문화가 복종하고 있었던 것과 관련해서 발생한 3대 생활 발전의 불균형에 비하면 완화된 것이다.

자본주의 사회가 경제 중심으로 발전한 것과 관련해서 조성된 3대 생활의 불균형이 사회 발전에 끼친 저해작용은 경제가 사회 성원의 절실한 물질적 수요를 전반적으로 충족할 수 있는 수준에 도달하지 못한 산업자본주의와 독점자본주의 단계에서는 그 정도로 큰 것은 아니었다.

물론 이 단계에서도 국가에 따라서는 사회 발전을 심각하게 저해하는 3대 생활 발전의 불균형도 조성되었지만, 그것은 자본주의 사회가 경제 중심으로 발전해 가고 있는 것과 관련하여 초래된 것은 아니다.

이처럼 심각한 3대 생활 발전의 불균형은 자본주의 사회가 경제와 문화를 정치에 복종시킨 봉건적 전제주의의 잔재가 아직도 많이 남아 있든지, 식민지 점령과 재분할을 위한 침략전쟁을 전개하고, 파쇼 정치를 하고 있는 것과 같은 폭력 중심의 침략과 지배 방법에 의거하고 있는 것과 관련해서 양성된 것이다. 그러나 자본주의 사회가 변화 발전해서 현대 자본주의에 이르러 그 사정은 근본적으로 변화했다.

현대 자본주의 사회에서는 경제 중심으로 발전한 것과 관련하여 조성된 3대 개조, 3대 생활의 발전 간의 불균형은 새로운 양상을 띠면서 나날이 심각해지고 사회 발전을 크게 저해하고 있다.

현대 자본주의 사회에서는 자연개조가 발전하고 물질적으로 풍부해짐에 따라 사람들의 물질생활은 더 기형적으로 되고 있다. 현대 자본주의 사회에 이르러 자연개조는 크게 발전하고 물질생활이 전반적으로 풍부해질수록 팽대한 물질적 부가 생산되었다. 그러나 인간 개조와 사회개조가 그보다 뒤떨어져 있기 때문에 막대한 물질적 부를 공정하게 배분하고, 인간의 사회적 본성과 사회적 발전의 요구에 맞게 합리적으로 소비할 수 있는 가치관과 사회제도는 수립되지 못했다.

낡은 자본주의의 제도 하에서 물질적 부의 분배는 자본가 계급의 특권적 이익에 복종하고, 불공평해지고 있다. 빈곤한 사람에게는 인간 이하의 생활밖에 할 수 없는 적은 분배에 비해서 부자에게는 남아돌 정도로 분배된다. 인간의 생활에 대한 올바른 가치관을 가지지 못한 부유한 사람은 물질적 욕망을 충족시키는 것이 가장 중요하고, 거기서 생활의 즐거움을 구하고 있다.

그러나 물질적 욕망은 충족될수록 거기서 오는 쾌락은 적어지고 오히려 물질로부터 얻어지는 쾌락은 축소되며 일정한 한계를 넘어서면 불쾌감과 혐오감조차 발생한다. 따라서 물질적으로 풍부해질수록 사람들은 지금까지 충족시켜 온 건전한 물질적 욕망과는 다른 욕망을 추구하게 되었다. 결국 물질적 욕망에 싫증 난 사람들은 불건전하고 비인간적인 욕망을 추구하는 경향이 생긴다. 이것을 민감하게 파악하고 이용한 것은 자본가와 기업가이다.

원래 자본가는 기업 활동에서 사회적 수요에 맞게 상품을 생산하고 그것을 실현해서 그 이윤을 획득할 수 있다. 개인주의적 체질을 갖고 있는 자본주의적 기업은 사회적 수요를 충족시키기보다는 기업에 투자한 자본가의 사적인 이윤 추구를 우선한다. 자본주의적 기업은 사회적 수요가 있어도 이에 상응한 이윤을 얻을 수 없다면 상품생산과 서비스를 하지 않는다. 반대로 많은 이윤을 얻을 수 있으면 비록 그것이 불건전하고 비인간적인 상품과 서비스일지라도 그것을 수행한다.

시장의 상대적 협소화에 따라서 심각한 판로난販路難에 허덕이고 있는 자본가는 기업 활동에서 사람들의 정상적이고 건전한 물질적 수요를 충족시키는 상품생산과 서비스에만 의존해서는 이윤을 추구할 수가 없게 되었다. 이러한 조건에서 자본주의는 사람들 가운데 건전한 물질적 수요는 물론 불건전한 수요를 인위적으로 조성하고, 과잉소비를 부추기고, 물질생활을 기형화함으로써 이윤 증대의 새로운 출로를 탐색하게 되었다.

물질생활은 무엇보다 의식주에 대한 요구를 충족시키기 위한 생활이며, 인간의 육체적 생명을 보존하고 발전시키기 위한 요구다. 따라서 그것은 인간의 육체적 생명을 보존하고 발전시키는 방향에서 제기되고 충족되어야 한다.

그러나 현대 자본주의 사회에서는 기업이 광고 미디어를 통하여 물질생활에 대한 가치관을 혼란시키고 건전한 물질적 수요를 충족시키는 상품, 서비스만이 아니라 불건전한 욕망을 충족시키는 상품, 서비스를 광범위하게 선전하고 있고, 그중에서도 후자가 인기를 불러일으키도록 유도하고 있다.

이렇게 해서 물질생활에 대한 올바른 가치관을 갖지 못한 사람들 사이에는 비정상적인 욕망의 충족 수단이 될 수 있는 상품, 서비스에 대한 수요가 증대하고 그로 인해 물질생활이 타락하고, 물질적 욕망의 충족은 왜곡되고 있다.

자본주의 사회에서는 식욕의 충족이 왜곡되고 일부 사람들 가운데는 식료품의 과잉소비를 동반하는 식도락食道樂이 만연하고 있다.

식욕은 인간의 가장 기본적인 욕망이며 그것을 충족시키는 것은 육체적 건강을 보장하는데 기본적 목적이 있다. 이 기본적 목적을 벗어난 식욕을 충족시키는 자체를 목적으로 하는 식도락은 무의미하고 유해한 것이다. 식도락의 고전적 형태는 알코올의 과음과 결부된 식도락이다. 이러한 식도락은 보통 소년 시대부터 시작되고 있다.[67]

자본가적 기업은 각종 광고 선전수단을 통해서 사람들에게 허영심과 호기심을 불러일으키는 한편 지나치게 화려한 포장 등으로 상품 가격을 높이고 있다. 인간의 건전한 물질적 수요를 충족시키는 본래의 사명을 떠나 허례허식虛禮虛飾을 위해서 각종 고가의 사치품을 다투어 생산하고 있다.

또한 현대 자본주의 사회에서는 생활필수품에 대한 사람들의 건전한 수요의 충족은 현저하게 왜곡되고, 막대한 낭비를 수반한 과대한 사치가 유행하고 있다. 이것은 물질생활의 타락과 기형화를 초래하지 않을 수 없다.

현대 자본주의 사회에서의 물질적 욕망 충족의 왜곡과 물질생활의 기형화의 극단적인 표현은 마약 남용이다. 자본주의 사회에서 만연하고 있는 마약은 수많은 사람들의 건강을 파괴하고 정신을 마비시키고 생명을 빼앗는다. 물론 최근에는 이웃한 사회주의 국가에서도 마약이 성행하는 경향이 있기는 하다.

현대 자본주의에서는 물질생활의 발전보다도 문화생활의 발전이 뒤떨어지고, 사람들은 물질적으로 풍부해질수록 정신적으로는 보다 빈곤화되고 있다.

---

67) 영국에서는 15세의 소년 10명 중 9명, 소녀 6명 중 5명이 이미 음주하고 있다고 한다. 알코올 중독자를 비롯해서 건강을 해치는 사람들이 증대하고 있다. 부자 가운데서 식도락은 극도에 달하고, 애완용 동물이 주인과 동반한 식도락조차 행해지고 있다. 사회의 한편에서는 빈곤자가 결식(缺食)하고 아사(餓死)가 끊이지 않는 상황이다.

현대 자본주의 사회에서는 과학과 교육이 발전하고 있다고 하지만, 그 것은 물질적 조건을 보장할 수 있는 경제의 발전 수준과 사회 발전의 요 구에 비하면 현저하게 뒤떨어져 있는 것이 현실이다.

문학과 예술은 인간의 가치관을 구현하기 때문에 저속한 가치관에는 타락한 문학예술이 생겨날 수밖에 없다. 현대 자본주의 사회에서는 물질 적 풍부함에 상응해서 문학예술이 발전하기보다는 오히려 많은 면에서 퇴패하고 있다. 원래 문학예술은 사회 공동의 요구와 이념을 구현한 생활 을 아름다운 것으로 형상화하고 묘사함으로써 즐거움과 고통을 함께 나 누는 사람들의 공통의 사회적 요구를 충족시킴으로써 가치 있는 귀중한 정신적 부로 만드는 것이다

그러나 개인주의적인 입장에서 물질적 부만을 귀중한 부로 생각하는 자본가는 사회 공통의 요구와 입장을 구현한 생활을 아름다운 것으로 형 상화한 진보적인 문학예술의 가치를 인정하지 않고, 그 창조와 향유를 억 제하고 있다.

최근 자본주의 국가에서는 타락한 문학예술에 의해서 사회 공통의 요 구와 이익에 반해 탐욕과 영예榮譽, 반목, 인간 증오, 폭행과 강탈, 무위도 식과 야성적 쾌락과 같은 것을 추구하는 비이성적인 불결한 생활이 긍정 적인 것으로 상찬되기도 한다. 더욱이 개인주의적 생명관에 기인한 개인 생명의 미력성微力性과 유한성으로부터 오는 고독과 절망, 비애와 염세가 피할 수 없는 숙명이라고 묘사되고 있다. 이와 같은 점에서 타락한 문학 예술은 정신적 마약이라고 할 수 있다.

현대 자본주의 사회에서 경제 발전에 비해 교육과 사상, 문학예술과 같 은 문화 부문의 낙후성으로 인해 많은 사람들이 사상 문화적으로 빈곤화 되고 있다. 현대 자본주의를 고도의 문명사회라고 자만하고 있는 것과 달

리 많은 사람들이 사상 정신적으로는 균형을 잃은 상태에 있다. 그들의 자연개조, 경제 관리와 관련된 과학지식은 일정한 수준에 있지만 올바른 세계관과 인생관, 가치관은 일반적으로 낮다.[68]

진리에 민감한 청년 학생들도 개인의 안락을 위한 사생활과 관련된 상식은 어느 정도 가지고 있지만, 사회와 인류의 운명과 관련된 문제에 대해서는 무지한 사람이 많다. 사상의 빈곤, 정신의 빈곤은 명백히 현대 자본주의 사회의 사상 정신생활의 중요한 특징을 이루고 있다.[69]

현대 자본주의 사회에서 사상 정신적 빈곤은 도덕적 부패로 이어지고 있다. 이것은 사람들이 고상한 이상을 가지지 못하고, 사상 정신적으로 병들고, 개인의 이기적인 향락주의로 전락시키는 심각한 부작용을 낳고 있다. 그 결과 도덕의 파괴와 범죄가 횡행하게 됐다. 2020년 초부터 세상을 떠들썩하게 만든 소위 'n번방 사건'이 그 대표적인 사례이기도 하다.[70]

(2) 정치생활의 악화와 자본주의의 한계성

현대 자본주의 사회에서는 경제 발전에 비해 사상 문화와 정치 발전이

---

68) 박용곤, 전게서, 경제학 편. p. 118
69) 사상의 빈곤에 대해서 자본주의 집권자들은 솔직히 인정하고 있다. 미국의 앨 고어 부통령은 1994년 9월 8일에 행한 연설 가운데 미국이 〈가치의 빈곤〉에 직면하고 있다고 말했으며, 빌 클린턴 전 대통령은 그 다음날 행한 연설에서 〈가치의 위기〉, 〈정신의 위기〉가 존재한다고 개탄했다.
70) 2018년 하반기부터 텔레그램 n번방과 박사방에서 자행되고 있던 '성 착취 사건'을 말한다. n번방과 박사방을 개설·운영한 가해자들은 미성년자를 포함한 일반 여성을 대상으로 성 착취 동영상을 찍도록 협박하고, 해당 동영상을 텔레그램 비밀 방에서 고액으로 판매하는 잔인한 행각을 저질렀다. 이 사건은 2020년 1월 17일 《sbs 궁금한 이야기 Y》에서 처음으로 사건이 소개되었다.

뒤떨어지고, 국민 대중의 자주적인 정치적 요구가 높아질수록 정치생활은 오히려 악화되고 있다.

원래 사회에 대한 정치적 지휘는 의식적인 지휘이고 정치생활은 의식적 생활이다. 사람들이 사상적으로 각성하고, 문화적으로 계몽되고, 일정한 수준의 정치문화를 소유하지 않는 곳에서는 정치 수준의 높이와 정치생활의 발전을 요구할 수 없고 또한 그것을 실현할 수 없다. 그러나 정치 발전이 경제 발전보다 뒤떨어지고 국민 대중의 정치생활이 날로 악화되고 있는 것이 현대 자본주의 사회의 감출 수 없는 실상이다.

현대 자본주의 사회에서 자본가에 의한 정권 장악은 금력의 우위에 의거해서 선거전을 승리로 이끌어 그들 자신이 정부에 들어가서 정치를 직접 담당하든가, 매수한 정치가를 정부에 들여보내서 그들의 이익에 맞는 정치를 하는 두 가지 방법에 의거한다고 볼 수 있다.[71]

자본가가 직접 정부 요직에 들어가서 정치를 담당하는 것이 반드시 최선의 길이라고 볼 수는 없다. 원래 자본가는 경제 관리 계급이다. 경제 관리에서는 물질 관리에 인간 관리가 수반하지만, 정치 관리에서는 인간 관리에 물질 관리가 수반한다. 경제 관리 능력과 정치 관리 능력은 결코 같은 것이 아니다. 정치를 훌륭하게 담당하기 위해서는 복잡한 정치적 이해관계를 판단하고, 거기에 맞는 정책을 적시에 선택하고, 정책 실현을 위해서 사람을 올바르게 등용하고 동원할 수 있는 정치 관리 능력을 갖추지 않으면 안 된다.

자본가는 정치 관리 능력이 부족하고, 또한 정치를 직접 담당할 경우 많은 금전을 가지고 있으면서도 그것을 사용할 정신적 여유와 시간을 가

---

71) 루즈벨트 전 미국 대통령이 임명한 정부 고급관리의 70%는 대기업가였다. 아이젠하워 정권에서는 고급관료 272명 중 150명이 자본가에 의해서 차지되었다고 한다.

지지 못한다. 자본가가 정치를 직접 담당하는 것은 부담이 되고 번거로운 일이다. 따라서 발전된 자본주의 국가에서는 자본가가 정권을 장악함에 있어서 그들이 정부의 요직을 직접 담당하기보다 그들과 결탁한 정치가를 요직에 종사하게 하는 방법을 취하고 있다.

자본주의 사회에서 정치는 경제적 특권에 의거한 자본가 계급의 사회에 대한 지배를 옹호하고 이윤 추구를 위한 자본가의 경제활동의 안전을 보장하는 것을 사명으로 하고 있다.

자본가는 자본에 의한 사람들의 지배를 체계화한 자본주의 제도를 붕괴시키는 정치는 결코 허용하지 않는다. 현대 자본주의 사회에서는 정치가 경제를 지도하는 것이 아니라 반대로 경제에 의해서 규제받고 있다. 경제가 정치를 복종시키고, 정치가 경제에 종속되어 있는 것이 자본주의 국가에서의 경제와 정치 사이의 본질적 관계이다.

현대 자본주의 사회의 정권은 본질상 경제력을 주된 수단으로 하는 자본가 계급의 특권을 옹호하는 정치적 지배권이며, 정치를 직접 담당하는 사람은 정치가라고 해도 그 배후에서 정치를 실질적으로 규제하는 사람은 경제력을 가지고 있는 자본가 계급이다.

현대 자본주의 사회에서는 말할 것도 없이 정치자금의 헌금과 사용을 제한하고, 그 내용을 사회적으로 공개하도록 법적으로 규제하고 있지만 그대로 준수되고 있지는 않다. 자본주의 국가의 정치가 사이에서는 비합법적으로 정치자금을 모으고 집권을 위한 선거전에 사용하며, 집권한 후에는 집권 연장을 위해서 비자금 조성과 부정 축재에 권력을 남용하는 것은 공공연한 비밀이다.

권력을 장악한 정치가는 금전에 의한 금권정치를 실시하고 그로 인해 권력의 부패가 만연하고 있다. 권력은 부패하며 "절대 권력은 절대적으로 부패한다"라고 하는 정치학의 격언이 현대 자본주의 사회에서도 해당된다는 것은 말할 필요도 없다.

자본주의 사회에서는 정치가의 권력남용에 의한 부패와 수뢰가 발각되어 사회적으로 큰 문제가 되며, 때로는 정치 위기로 발전하는 경우도 있다. 비자금과 수뢰에 연루된 부패한 정치가에 대해서 금전으로 권력을 매수하고, 권력으로 축재하는 데에 대한 여론의 비난이 일어나는 것은 당연한 것이다.[72]

현대 자본주의 사회에서 정치가는 일반적으로 삼권분립에 기초한 다당제 의회민주주의를 보편적 가치로 내걸지만, 그것은 자본가 계급의 이익에 맞게 개인의 자유와 평등의 원리를 구현하기 위한 자본주의적 정치방식이다. 정권이 특권으로 남는 한 특정 정당이나 개인이 정권을 독점하고 사적 이익을 추구하는 데 악용될 가능성은 상존한다.

따라서 정치적 특권으로서의 정권을 장악하기 위한 정쟁이 전개되는 조건하에서, 개인의 자유와 평등의 원리를 정치적으로 구현하기 위해서는 정권을 아무도 독점할 수 없도록 제도화하는 것이 필요하다. 그 대안으로서 출현한 것이 바로 삼권분립에 기초한 다당제 의회제 민주주의다.

그것은 시장을 무대로 한 신분적으로 평등한 사람들이 경제적 자유경쟁을 전개한 자본주의 시장경제에 상응한 정치방식이고, 정치가 경제에 종속되어 있는 자본주의 사회의 틀 속에서는 그 실현 이상으로 정치를 발전시킬 수는 없다.

---

72) 미국의 프랑크 베스는 제너럴 모터스 사(社)의 지지 하에 미국 육군 장관이 된 후 이 회사가 당시는 세계의 군수기업이 되도록 뒤에서 밀었다. 일본에서는 이미 《록히드 수뢰사건》, 《리쿠르트 수뢰사건》, 《사카와(佐川) 운수회사 수뢰 사건》과 같은 정치적 부패가 폭로되었다. 이렇게 해서 정치적 위기가 조성되고 내각이 붕괴하여 국회는 조기 해산했다.

삼권분립에 기초한 다당제 의회제 민주주의는 일당 독재와 개인 독재를 견제하고, 신분적 평등과 경쟁의 자유를 정치적으로 구현하는 데에 공헌했다. 그러나 그것은 정당 간의 집권을 위한 정쟁을 긍정하는 자본주의적 정치방식으로써 사회 성원의 분열을 조장하고, 국민 대중의 통일을 저해하며, 정권의 통일적인 지휘 기능을 약화하는 근본적인 결함을 가지고 있다.

다당제 의회제 민주주의에서는 집권 정쟁執權政爭을 전개하는 정당이 사회 공동의 이익보다 하나의 정치적 파벌로서의 자기 당의 이익을 우선시한다. 선거전에 나선 정치가는 정권에 대한 욕망을 노골적으로 드러내고 경쟁자를 공격하며, 정권을 장악하면 누구보다 훌륭한 정치를 한다고 선전하면서 대중의 지지를 얻으려고 한다.

정치가가 여러 가지 자기선전에 의해서 지지를 구하는 자본주의적 방식은 물론 강권에 의한 존경과 지지를 강요하는 봉건적 독재적 방식보다는 낫지만, 그렇게 해서는 대중의 분열을 피할 수 없다.

또한 자기선전을 훌륭하게 하는 사람이 내용이 없고, 정치 도덕적으로 저열低劣한 경우도 있다. 이같은 사람은 다수의 표를 모아 선거전에서 승리하고 정권을 담당한다고 해도 대중의 신뢰를 저버릴 위험성이 있다.

다당제 의회제 민주주의는 선거법 자체에 문제가 있을 수 있지만, 그것조차 위반하고 정권을 위한 경쟁이 부당한 방법으로 이루어질 경우가 있다. 선거전에서 금력과 권력으로 지지표를 모으는 불법행위가 저질러지는 것은 일상적인 것이다.

집권을 위한 경쟁에 출마하는 정치가는 경쟁상대를 압박하기 위해서 모든 권모술수를 행하고, 폭력단을 이용해서 테러를 저지르는 경우도 있다. 집권자 또는 집권 유력 후보자에 대한 테러가 그 극단적인 예다. 집권을 위해서 경쟁을 전개하는 정당은 자기 당의 승리를 최상의 이익이라고 생각하고, 사회 공동의 이익은 어떻게 되든지 상대의 정치적 지휘를 방해하는 데에 집중한다.

오늘날 발전한 자본주의 국가에서는 지지표를 얻기 위한 유권자에 대한 정당의 사상 기만과 재계와의 검은 유착 가운데 수행되는 정당정치가의 부정부패에 의해서 다수의 사람들이 정당정치에 대해서 환멸을 느끼고 있으며, 사회적으로 정치 불신과 정치적 무관심성이 양성되고 있다. 많은 유권자는 정당의 후보자 전반에 등을 돌려 투표를 거부함으로써 무소속 후보자에 대한 지지표가 늘어나는 한편 투표율이 현저하게 감소하는 경우도 있다. 소위 정치적 '아노미anomie' 현상이 발생하게 된다.

이것은 투표를 통해서 정치가와 정책이 선택되는 의회제 민주주의 정치가 '기능 마비'에 빠져 있다는 것을 의미한다. 의회제 민주주의가 '동맥경화증'에 걸려 있다고 비명을 울리는 것은 결코 우연한 일이 아니다.

자본주의 국가에서는 정치 부패와 정치 불신이 만연한 가운데 빈번하게 정권의 위기가 조성되고 있다. 위기에 빠진 무력한 정권은 경제에 점점 의존하고 종속되지 않을 수 없다. 이런 정권은 경제 위기가 조성되어도 즉시 강력한 타개책을 수립할 수 없기 때문에 국가가 정치경제에 더욱더 혹독한 시련을 겪게 된다.

현대 자본주의 사회에서 삼권분립에 기초한 다당제 의회제 민주주의는 경제에 추종하지 않고, 사회 공동의 이익에 맞게 발전 목표를 세우고, 그 실현을 위한 활동을 통일적으로 지휘하는 정치 본래의 사명을 수행할 수는 없다.

이러한 정치는 생명과 생명을 결합시키고, 집단의 자주적인 영원한 생명을 떠받들고, 신뢰와 사랑 속에서 살아가도록 지도할 수 없다.

그뿐만 아니라 사회정치적 집단으로서 자기의 운명을 자주적, 창조적으로 개척해 가는 생명력을 가진 국민으로 결합시키고 통일 단결을 실현하게 할 수는 없다. 정치적 자유경쟁에서는 그 형태가 무엇이든 예외 없이 경제력의 보장에 의해서 승리하고, 정권을 장악하고, 정치를 경제에 종속시키고, 집권당의 이익을 사회 공동의 이익보다 상위에 둔다.

자본가 계급의 경제적 특권을 옹호하고 보장하는 정책을 실시하면서 사회 성원 가운데 신뢰와 사랑은 없고 불신과 반목을 조장하고, 통일과 단결은 없고 분열과 파벌을 조장하는 데에 삼권분립에 기초를 둔 다당제 의회제 민주주의 정치의 치명적인 결함이 있다.

물질생활의 기형화, 정신문화 생활의 빈곤화, 정치생활의 악화는 현대 자본주의 사회의 고유한 악폐이다. 그러나 자본주의는 유사 이래 우리 인간의 의식주 문제를 해결하는 데 가장 큰 공은 세운 정치제도임에는 틀림없다.

존 스튜어트 밀은 그의 『자유론』에서 현대 자본주의 사회의 병폐로 인해 사회성이 다소 훼손되고 있기는 하지만 전체적으로 볼 때 그렇게 염려할 정도는 아니라고 했다.[73]

---

73) 『자유론』, 존 스튜어트 밀 저, 서병훈 역, p. 256

2. 자본주의의 역사적 사명

1) 세계의 민주화 실현

제2차 세계대전 이후 세계화라는 개념이 상징적인 가치를 지니기 시작했다. 심지어 전투비행사 개리 데이비스는 스스로를 '세계시민'이라고 선언했고, 공식석상에서 자신의 신분증을 찢어버렸다. 끔찍스러웠던 인류의 갈등에 크게 충격을 받은 그는 모든 국가를 초원한 '세계정부'를 만들 것을 제안했다.

현시대는 민주주의를 지도이념으로 하는 민주주의 시대이다. 국가를 기본 생활단위로 하는 데서 세계를 하나의 단위로 하는 방향으로 이행해 나가는 것, 즉 세계화 과정은 현시대의 막을 수 없는 추세이다.

또한, 세계화는 반드시 세계를 민주화하는 방향에서 진행되어야 하며, 이 방향으로 진행되고 있다는 것도 의심할 바 없다. 이런 점에서 우리 시대는 민주주의적 세계화 시대라고 말할 수 있을 것이다.[74]

아울러 서구의 많은 지도자들은 자유민주주의적 자본주의가 지구상의 모든 나라를 정복할 것이라고 자신감이 넘쳐 있었다. 그러나 민주주의의 진전은 2000년대 중반부터 뒤로 후퇴하기 시작하여 민주주의 입지는 전 세계적으로 좁아지고 있는 실정이다.

독일의 〈베텔스만 재단Bertelsmann Foundation〉 발표에 의하면, 2010년 128개국 가운데 53개 국가가 '결함이 있는 민주주의'로 분류되었다. 이 53개국 가운데 16개국은 '심각한 결함이 있는 민주주의' 국가로 분류했다.

또한 이코노미스트 〈인텔리전스 유닛Economist Intelligence Unit〉이 발표한 지수에서는 "2010년, 거의 모든 지역에서 민주주의의 평균 점수는 2008

---

74) 황장엽, 전게서, 『민주주의 정치철학』, p. 174

년보다 낮게 나타난다"라는 것이며, EIU에서 조사한 167개국 가운데 91개 나라에서 민주화 점수는 악화되었다는 것이다.

최근 발표된 이코노미스트의 2019년 민주주의 지수(Democracy Index 2019)는 조사 대상국의 46%(167국 중 76국)가 민주주의이며, 그중 22개국만이 '완전한 민주주의'였다. 한국은 167개국 중 23위로 2018년에 비해 2계단 하락했다.

이와 같은 자료를 토대로 조수아 컬랜칙Joshua Kurlantzick은 "지난 10년간 민주주의가 쇠락했다고 판단한 것은 결코 독단적인 관찰의 결과가 아니라는 것이며, 1974년이나 1989년과 같이 2001년 또한 민주주의의 봇물이 터져 나온 해였지만, 그러한 물결이 결코 긍정적인 방향으로 흐르지 않았다"[75]고 한다.

그 이후 10년 동안의 흐름은 1980년대나 1990년대보다 훨씬 더 가시적으로 개발도상국 전반에 걸쳐 민주주의가 악화되고 있음을 드러내고 있다. 그러나 자본주의는 자체의 한계성에도 불구하고, 이제 그 역사적 사명으로써 세계를 자본주의화하는 과정을 통하여 '세계를 민주화'하는 데서도 커다란 역사적 기여를 하였다. 그러나 미완의 사명을 완수해야 한다. 더구나 자본주의적 민주주의에 기초하고 있는 세계시장에서 세계를 민주화하는 데 기여해야 할 역할은 헤아릴 수 없이 크다.

(1) 개인 중심의 일면성과 집단이기주의의 극복

자본주의적 민주주의는 개인 중심주의의 일면성으로 말미암아 세계를 민주화하는 문제에서도 역사적 제한성을 발로 시키고 있다.

---

75) 『어떻게 민주주의는 망가지는가』, 조수아 컬랜칙 지음, 노정태 옮김, 들녘, PP. 23~26 참조.

    민주주의적 세계화는 온갖 지배와 예속, 온갖 형태의 이기주의와 배타주의를 반대하고 모든 나라 인민들이 다 같이 세계의 주인으로서 자주적 지위를 차지하고, 책임과 역할을 담당하며, 인류의 공영과 발전을 위하여 긴밀히 협력해 나가는 민주주의적 세계 질서를 세운다는 것을 의미한다.

    그러나 개인 중심의 민주주의는 정의의 원칙을 표방하고 있지만, 사회적 집단의 공동의 이익을 부차적副次的으로 여긴다는 점에서 이기주의적 측면을 완전히 극복할 수 없다. 개인의 이익과 집단의 이익을 합리적으로 결합시킬 때만 세계에서 차지하는 집단의 자주적 지위와 창조적 역할을 높일 수 있다. 개인 중심 민주주의의 제한성은 국제관계에서 국가 본위적 집단이기주의로 표현되고 있다. 국가 본위적 집단이기주의는 개인 중심 민주주의로서는 극복할 수 없다.

    국가 본위적 집단이기주의를 극복하고 민주주의적 세계화의 역사적 과업을 수행하기 위해서는 개인 중심 민주주의의 일면성을 극복하고 민주주의를 세계 민주화의 요구에 맞게 새로운 높은 단계로 발전시키는 것이 중대한 역사적 과제로 대두되고 있다.

    개인 중심 민주주의에서는 개인적 이해관계의 대립에 기초한 경쟁의 자유가 기본 특징이 되며 경쟁력이 강한 측이 주도적 역할을 하게 된다. 이와는 달리 집단 중심 민주주의에서는 집단의 공동의 이해관계에 기초하여 통일성을 보장하기 위한 통제가 기본 특징이 되다 보니 결국 경쟁력이 약한 측에 보조를 맞추는 방향으로 나아가게 된다.

    경쟁에서 승리한 자본가 계급이 주도하는 개인 중심 민주주의에 반대하여 대두되었던 공산주의자들이 주장한 무산계급의 사회주의적 민주주의에서는 경쟁에 패배한 무산계급이 지도 계급으로 인정되어 독재를 실시하였다.

집단 중심 민주주의는 모두가 국가와 사회의 주인이 되어 다 같이 잘 사는 이상적인 민주주의의 구호를 내세웠지만, 개인의 이익을 등한시하고 자유경쟁에 부정적으로 대함으로써 개인의 창의성을 마비시키는 결과를 초래하였다. 결국 자본주의적 민주주의와의 경쟁에서 패망하지 않을 수 없었다.

인류의 운명은 세계와의 관계에서 규정된다. 세계에서 차지하는 인류의 자주적 지위와 창조적 역할의 높이가 인류의 운명 개척의 수준을 규정하는 척도가 된다. 그러므로 인간의 모든 존재와 활동의 가치를 평가하는 종국적인 기준은 세계에서 차지하는 인류의 자주적 지위와 창조적 역할을 높이는 데 얼마나 이바지하는가 하는 것이다.

세계에서 차지하는 집단의 자주적 지위와 창조적 역할을 높이는 데 도움이 되는지의 여부를 기준으로 하여, 모든 존재와 활동의 가치를 평가하는 것은 결코 집단주의를 가치 평가의 기준으로 삼는다는 것을 의미하지 않는다. 개인의 생존과 발전을 경시하는 집단주의에 의지해서는 세계에서 차지하는 집단의 자주적 지위와 창조적 역할을 높일 수 없다.

보다 높은 차원의 민주주의는 곧 국가 본위적 집단이기주의를 극복하고 세계를 주제로 하는 민주주의를 건설한다는 것을 의미한다.

(2) 냉전 승리와 자본주의의 책무

소련을 중심으로 하는 사회주의 진영과 미국을 중심으로 하는 자본주의 진영 간의 냉전은 계급주의와 민주주의 간의 대결인 동시에 집단주의적 민주주의와 개인주의적 민주주의의 대결이기도 하였다. 냉전에서 민주주의 진영은 어렵고 복잡한 투쟁에서 참으로 위대한 역사적 승리를 쟁취하였다.

274

따라서 자본주의적 민주주의는 냉전에서 승리함으로써 세계화의 주도권을 확고하게 장악하게 되었다. 그러나 세계를 민주화하는 사업은 개인 중심 민주주의의 일면성을 극복하고, 민주주의를 더욱 개선 완성하는 사업과 병행하지 않으면 안 된다.

소련 사회주의 체제가 붕괴되고 냉전이 종식되자 민주진영 정치가들은 이것으로 민주주의가 종국적으로 승리한 것이라 생각하고, 냉전 기간에 발전시켜온 민주주의적 국제동맹을 유명무실하게 만들었다. 이것은 역사적으로 큰 과오였다.

비록 냉전에서 달성한 승리가 민주주의를 수호하는 투쟁 역사에서 길이 빛날 위대한 승리였지만, 민주주의의 종국적 승리를 이룩하기 위해서는 소련 진영의 도전을 물리친 것보다 몇십 배 더 어려운 투쟁 과업이 남아 있다. 그것은 다름 아닌 세계를 민주화하여 민주주의를 반대하는 세력의 사회적 근원을 완전히 뿌리 뽑고, 민주주의에 기초한 인류 공동체를 만드는 과업이다.

집단주의는 인간이 집단적 존재라는 측면과 결부되어 있기 때문에 개인 중심 민주주의를 고차원의 민주주의로 완성할 때까지 도전은 지속될 것이며, 계급주의적 조류도 계속 민주주의에 도전하며 나설 수 있다.

냉전을 통하여 개인 중심 민주주의가 승리한 이후 민주주의의 발전의 방향은 개인 중심 민주주의의 일면성을 극복하고 인간 존재의 양면을 다같이 포괄할 수 있는 보다 높은 차원의 민주주의를 건설하는 것이다.

원래 민주주의는 사람들에 의한 그리고 사람들을 위한 정치체제를 구현하고자 하는 실천적 시도이다. 우리는 이런 정치체제를 이상理想이라고 부른다. 인류의 역사 속에서 이런 정치체제가 실제로 완벽하게 재현再現된 적은 없었다고 생각하기 때문이다. 민주주의에 대해 정의를 내리는 일은 이론가들 사이에서 많은 논쟁을 불러일으켰다.

민주주의의 이념은 고대 그리스인들이 독점적으로 소유했던 것들이 아니다. 그렇다면 우리는 왜 다른 곳이 아니라 고대 그리스를 주목하는 것일까?

고대 그리스인들이 우리에게 특별한 이유는 우리가 그들에 대해 적어도 두 가지 사실을 알고 있기 때문이다. 그것은 바로 그들이 민주주의를 직접적으로 경험했다는 점과 민주주의의 이념을 놓고 격렬한 논쟁을 벌였다는 사실 때문일 것이다.

대체로 민주주의는 그 정치적 실천 도구로서 '다수결의 원칙'이라고 말하거나 혹은 '투표'를 통해 문제를 결정하는 것이라고 말한다.[76] 즉 이런 방식이 민주적으로 결정하는 것이라고 생각한다.

또한, 민주주의는 약 200년에 걸쳐 아테네인들이 시민에 의한 통치 정부를 구성하고자 실천하려 했던 민주주의의 일곱 가지 이념들과 링컨이 게티즈버그 연설에서 제시한 기준을 충족시키는 통치 정부 형태를 가리킨다. 일곱 가지 이념들이란 참주 정치僭主政治[77]로부터의 자유freedom from tyranny, 조화harmony, 법에 따른 통치rule of the law, 본성에 따른 자연적 평등 natural equality, 시민 지혜citizen wisdom, 지식 없는 상태에서 이루어지는 추론 reasoning without knowledge, 그리고 일반교양 교육general education[78]을 말한다.

---

76) '다수결의 원칙'이나 '투표' 등은 최초의 민주주의가 사용했던 정치적 도구였다. 예를 들면, 1.법률 제도, 2.정치기구, 3.다수결의 법칙에 대한 견제, 4.추첨제, 5.선거, 6. 책무('똑바로 하다'라는 뜻)를 도구로 사용했다.

『최초의 민주주의: 오래된 이상과 도전』, 폴 우드로프 지음. 이윤철 옮김, 돌베개, pp. 68~72. 참조

77) 참주 정치란 하층민의 불만을 이용하여 그들의 지지를 얻어 무력으로 정권을 장악한 후 독재 정치를 펴는 것을 말한다. 그러나 참주(僭主)라 하여 폭정만을 했던 것은 아니며, 민중의 지지를 얻기 위해 선정을 베풀기도 하였다.

78) 폴 우드로프 지음. 이윤철 옮김, 전게서, pp. 41~42

민주주의의 성립을 위한 덕목으로 이 이념들 외에 정의正義나 경의敬意 같은 것을 추가할 수가 있다. 그러나 이것들은 이미 그 자체로 마땅히 인정받고 따라야 할 것으로 간주되기에, 이것들을 통해 정치체제를 식별하는 일은 쉽지가 않다.

먼저 세계를 민주화하기 위해서는 민주주의의 원리 자체를 세계화하지 않으면 안 된다. 민주주의 원리를 세계화한다는 것은 개인 중심 민주주의와 집단 중심 민주주의를 인류 발전의 근본 요구에 맞게 통일시켜 나간다는 것을 의미한다. 즉 개인의 이익과 집단의 이익을 결합시키며, 정의의 원리와 사랑의 원리를 결합시켜 나가는 것이 필요하다.

이 문제를 완전히 해결한다는 것은 세계를 민주주의에 기초하여 하나의 생활 단위로 통일시킨다는 것을 의미한다. 그러기 위해서는 전 세계 인민들이 보다 긴밀히 협조하여 정치·경제·문화의 모든 영역에서 사회를 더 높은 수준으로 발전시키기 위한 장기간의 노력이 필요하다

냉전이 종식되고 자본주의적 민주주의의 승리가 확정된 현시점에서 시급히 해결해야 할 문제는 인간존재의 기본 특징과 결부시켜 개인 중심의 민주주의와 집단 중심 민주주의의 상호 관계의 본질을 정확히 규정하고, 이 양자를 결합시켜 보다 높은 단계의 민주주의 사회를 건설해 나가는 합법칙적 과정을 과학적으로 뚜렷이 밝히는 것이다.

냉전 기간 상대방을 비방하고 자기편을 옹호하는 사상전이 장기간 치열하게 전개된 결과, 상대방에 대한 그릇된 견해가 널리 퍼지게 되었다. 일부 사람들은 '공산주의자들을 인간성이 없는 무자비한 독재자들' 이라고 생각하고 있으며, 다른 편에서는 '자본주의 나라 사람들은 돈밖에 모르는 이기주의자들' 이라고 오해하고 있다.

모든 사람들이 다 같이 잘 살아야 한다는 공산주의자들의 집단주의 사상이 왜 반드시 '무자비한 독재 사상' 과 일치하는 것은 아니며, 또 모든 사

람들이 다 같이 자유와 평등을 누려야 한다는 자본주의적 민주주의 사상이 '이기주의 사상'이라고 비판하는 것은 아무런 근거도 없는 오해이다.

이제 우리 앞에는 이러한 터무니없는 그릇된 견해를 완전히 극복하고 개인주의와 집단주의의 상호 관계와 개인 중심 민주주의와 집단 중심 민주주의의 상호 관계를 역사적으로나 이론적으로 밝히고 보다 더 발전된 민주주의의 새로운 이념을 정립해야 할 과업이 제기되고 있다.

진정한 민주화란 인간의 본질적 특성인 자주성과 창조성을 최대한 발휘할 수 있고, 지역적·문화적·종교적·인종적·국가적 한계를 극복할 수 있는 정치체제인 것이다. 민주주의는 모두를 위한 그리고 모두에 의한 정치체제이다. 그런 만큼 민주주의 사회를 이루는 구성원들은 자신이 속한 사회에서 이루어지는 의사결정에 참여하고, 그 결정된 사안들을 직접 실천할 자격과 의무를 져야 한다..

이것은 인류가 세계를 민주화하여야 할 새로운 역사적 과업을 앞에 놓고 민주주의 사상이 자기 발전에서 일대 변혁의 시기에 처해있다는 것을 말하여 준다.

(3) 세계 민주화 이념의 정체성 견지

세계를 민주화하기 위해서는 인권을 유린하는 독재 통치체제를 민주주의 정치체제로 교체할 뿐 아니라 경제를 민주화하고 사상 문화를 민주화하여 민주주의적 생활양식이 전 사회생활에서 뿌리내리게 만들어야 한다. 앞으로 세계 민주화를 완수하기 위해서는 민주주의 나라들이 민주주의 원칙에 기초하여 동맹 관계를 맺고 힘을 합치는 것이 더욱 중요한 문제로 대두된다.

세계의 민주화는 인류가 국가를 기본단위로 하는 생활 체계로부터 세계를 하나의 단위로 하는 생활 체계로 이행한다는 것을 의미하는 만큼 국가 본위적 이기주의를 극복하는 것을 전제로 하지 않을 수 없다.

국가 본위주의를 극복하고 세계 민주화를 추진하기 위해서는 국가 사이의 민주주의적 동맹을 확대 강화하는 것이 필요하다. 세계 민주화는 국제 민주주의 동맹의 막강한 힘에 의해서만 가능하며, 또 개인 중심 민주주의의 일면성을 극복하는 데서도 민주주의적 국제동맹에 의거하는 것이 필요하다.

국제적인 민주주의 동맹을 확대해 나가는 과정이 곧 세계를 민주화해 나가는 과정이며, 민주주의적 동맹이 전 세계를 포괄하게 되었을 때 세계의 민주화가 완성되고 인류가 하나의 민주주의 공동체로 결합되게 된다는 것은 의심할 바 없다. 이런 점에서 참다운 민주주의자는 처음부터 민주주의적 국제주의자이며 민주주의 동맹 주의자라고 볼 수 있다.

미국의 일부 정치인들은 북한 통치자들이 핵 개발을 포기하는 경우에는 그 비인간적인 독재체제를 보장해 주겠다는 주장이 나오고 있는바, 이것은 외교적 수사修辭일 수는 있으나 민주주의자들이 할 원칙적인 발언이라고 볼 수는 없다. 또한 일본 정치가들이 납치 문제만 해결해 주면 현재 북한 독재집단과 국교도 정상화하고 배상금도 지불할 것을 약속하고 있는 것도 역시 민주주의적 국제주의 입장과는 거리가 있다.

일부 한국의 정치인들도 북한 독재체제가 더욱 악화되고, 남북 간의 체제상의 모순과 이념상의 대립이 더욱 격화된 현실을 무시하고 냉전이 끝났다는 추상적 구호를 들고 북한의 반인민적 독재집단과의 민족적 화해와 협력을 주장하며 막대한 외화까지 갖다주어 독재체제를 더욱 강화하도록 도와주었다.

이것은 기아와 빈궁, 인권유린에 신음하고 있는 북한 인민들을 배반하고 미국과의 민주주의적 동맹을 배반하는 반민족적이며 비민주주의적인 과오라고 평가하지 않을 수 없다.

한국 정치인들의 이와 같은 과오로 말미암아 북한 독재집단은 더욱 위험한 존재로 되살아나 국제민주주의 사회에서 커다란 우려를 자아내고 있다. 또한 한국 내에서 친북·반미 세력을 급격히 조장시켜 한국의 민주주의 발전을 저해하고 북한 문제 해결을 더욱 어렵게 만들고 있다.

세계를 민주화하는 데서 한국은 매우 중요한 전략적 지위를 차지하고 있는 만큼 미국은 방위비 분담금(주한 미군 주둔비 부담) 문제에 있어서도 경제적 이익에만 구애되지 말고, 한국과의 민주주의적 동맹을 강화하는데 각별히 깊은 관심을 가져야 할 것이다.

2) 이상理想 사회의 건설

자본주의 사회는 역사상 전례가 없는 위대한 진보적 역할을 수행했음에도 불구하고 그가 가지고 있는 고유한 모순과 위기의 심화에 의해 언젠가는 보다 높은 단계의 사회제도로 교체되지 않을 수 없는 운명이다.

그렇다면 다음에는 어떠한 사회가 태어날 것인가? 종래, 이 문제는 주로 자본주의 사회의 멸망의 불가피성과 사회주의 사회 수립의 필연성으로써 논의되었고, 현실에서도 사회주의 사회가 탄생했다. 그런데 일반적 예상과는 달리 소련을 비롯한 많은 사회주의 사회가 붕괴했다. 이러한 사실을 목전에 두고 여러 가지 논의가 있지만, 과연 지금까지의 사회주의가 참된 사회주의였을까 하는 의문과 동시에 사회주의에 대한 '알레르기'가 분출되었던 것도 사실이다.

뉴욕대학의 사회학 교수인 게오르기 데를루기얀Georgi Derluguian 교수[79]는 자본주의 이후 어떤 체제가 들어서든지 간에 그것은 결코 '공산주의 유형'을 닮지 않을 것이라고 주장한 바 있다.

이와 같은 상황에 기초해서 인류의 이상 사회를 사회주의나 공산주의라는 명칭으로 불러야 할 것인지의 여부에도 의문이 제기되고 있다. 원래 '공산주의'라고 하는 명칭은 재산을 공유하는 사회라고 간주한 데서 태어난 명칭이라고 추측된다. 이것은 사회를 물질을 중심으로 해서 고찰하는 것의 집중적 표현이다.

제2차 세계대전 후 사회주의가 국제적인 체계로서 발전함에 따라 자본주의는 사회주의와의 대립 속에서 자신을 재조직하고 냉전이 시작되었다.

이 속에서 공산주의는 계급투쟁과 프롤레타리아 독재 이론에 따라 세계를 사회주의 진영과 제국주의 진영으로 나누고, 양자의 모순을 계급적인 적대적 모순으로 규정하여 이 모순은 종국적으로는 소련을 중심으로 하는 사회주의 진영이 제국주의를 타도하고 세계적 범위에서 프롤레타리아 독재를 확립함으로써 해결된다고 주장했다. 이에 대처해서 자본주의 열강은 정치 · 경제 · 군사적으로 긴밀히 협조하고, 미국 자본주의를 중심으로 하는 자본의 국제적 연합을 촉진함으로써 생산의 국제적 협력 수준을 대대적으로 높였다.

동시에 국내적으로는 노자勞資 간의 대립을 완화하고 국내의 안정을 보장하는 사회적 시책을 실시했다. 또한, 발전도상국에 대한 폭력적 지배 대신에 경제적 방법에 의해 신식민지주의적인 정책을 실시함으로써 자본주의 시장의 확대에 성공했다.

---

79) 뉴욕대 아부다비 캠퍼스(NYU Abu Dh) 사회학 교수, 1980년대 이래 아프리카 · 중앙아시아 까프까즈의 게릴라 운동, 혁명, 내전 등에 관한 현장연구를 진행하고, 민족주의 지식인의 사회적 기원과 시장 개혁의 정치학을 연구하고 있다. 저서로는 『Bourdieu's Secret Admirer in the Caucasus』 등이 있다.

이것들은 자본주의 발전에 있어 획기적인 의의를 지니는 것이다. 국내적 안정과 국제적 협력 및 새로운 시장의 확대에 기초해서 제2차 산업혁명이 일어나고 현대 자본주의는 새로운 발전단계에 들어섰다.

이에 따라 사회주의와 자본주의 사회의 격차는 차츰 심화되고, 냉전은 소련 사회주의의 붕괴에 의해 종말을 고했다. 일부 사회주의 전문가들은 공산주의의 근본적 오류는 사회주의의 본질과 그 역사적 사명을 올바로 이해하지 못하고, 참된 사회주의의 원칙과 고유한 활동 방법에 의하지 않았다는 것에 있다고 주장한다.

그들은 참된 사회주의 사회는 정치적 특권과 경제적 특권 등 모든 특권을 폐절한 철저한 민주주의 사회이며, 동지애와 협조의 원리에 따라 서로 협력하는 동지적 사회가 되지 않으면 안 된다고 한다. 이와 같은 사회는 어느 특정 계급의 이익을 대표하는 사회가 아니다. 그런데 공산주의 사회는 사회주의를 노동자 계급과 직접 연결하고서는 노동자 계급의 지도하에 노동자 계급의 독재를 통해서만 이 사회주의 건설이 가능하다고 주장했다.

그러나 노동자 계급의 지도하에 노동자 계급의 독재를 통해 사회주의 사회를 건설한다고 하는 이상은 이론적 근거가 없으며, 역사적 현실에도 맞지 않는다. 무자비한 폭력적 투쟁과 폭력적 독재를 통해 사회주의 사회를 건설한다는 사상은 폭력적 방법으로 비폭력적인 사회를 건설하고, 계급적 지배를 강화하는 방법으로 민주주의 사회를 건설한다고 하는 자기모순에 빠진 잘못된 사상이다.

소련의 지도자들은 사람들이 사회주의 사상을 믿는 가운데 민주주의를 최대한으로 발양시켜 계급적 차별이 없는 동지적인 협조를 강화하는 것이 아니라 사회주의 건설이 전진할수록 계급적 반동분자의 책동이 보다 격화한다고 하는 이론을 내세워 독재를 더욱 강화하고 독재의 무기인 군사력을 강화하는 데 전력을 쏟았다. 이리하여 독재에 반대하는 민주주의 세력을 계급의 적이라는 '레테르'를 붙여 가혹하게 탄압하고, 자기들의 영구집권을 보장하려고 했다.

원래, 자본주의가 민주주의와 경제 중심주의에 기초한 사회라면, 군국주의와 독재는 본질상 봉건 사회의 기본적 특징인 폭력 중심의 사회체제이다. 군국주의적 독재가 민주주의와 경제주의를 멸망시키는 것은 불가능하다. 그것은 이미 제2차 세계대전에서 군국주의적 독재국가였던 독일과 이탈리아, 일본이 민주주의 연합국에 패배한 것에 의해 실증되고 있다.

실제로 같은 자본주의 국가일지라도 민주주의가 있는 곳은 예외 없이 발전했고, 반대로 독재국가는 멸망했다. 민주주의는 인간의 자주적 요구와 창조적 능력의 발전을 보장하고, 독재는 그것들을 억제하기 때문이다.

냉전을 통해 소련이 패배한 것은 사회주의가 자본주의에 패배한 것이 아니라 봉건적인 군국주의적 독재가 자본주의적 민주주의와의 대결에서 패배했다고 평가해야 할 것이다.

폭력적인 계급투쟁과 독재의 불가피성을 주장하는 이론은 대립물의 통일과 투쟁의 변증법적 법칙을 왜곡한 것이다. 그것은 대립은 절대적이며 통일은 상대적이라고 보면서, 대립이 절대적인 이상 투쟁도 절대적이며 투쟁만이 발전의 동력이라고 주장했다.

이로부터 그 이론은 폭력적 계급투쟁을 정당화하고 폭력에 의거하는 프롤레타리아 독재의 필연성을 주장했다. 이 잘못된 이론에 의해 수많은 혁명가가 사회주의 건설 때문이라기보다 독재자의 권력욕 때문에 희생이 되었다.

여기에서 대립은 절대적이며 통일은 상대적이라고 하는 결론을 이끌어 내는 것은 잘못이다. 만일 대립이 절대적이라면 독자적인 성질을 가진 요소가 결합된다고 하는 것 자체가 불가능하기 때문에 사물의 어떠한 발전도 있을 수 없다. 또한 통일이 절대적이라면 절대로 분리할 수 없기 때문에 어떠한 변화도 있을 수 없다.

노동자 계급을 미래 사회 건설의 담당자로 보는 계급주의자는 노동자와 자본가와의 관계를 불구대천不倶戴天의 적대관계라고 본다. 양자 간의 모순을 타협하는 방법으로는 절대로 해결할 수 없고 폭력적 투쟁만이 있을 뿐이라고 주장한다.

노자勞資 간의 대립이 절대적이라면 노동자가 자본가에 고용되는 것 자체가 성립할 수 없을 것이다. 자본가가 노동자에게 고용을 강제하는 것이 아니라 노동자가 자본가에 고용을 요청해서 고용 관계가 성립하는 것이다. 만일 이와 같은 노자 관계가 악이라고 한다면 봉건 사회에서 자본주의 사회로의 이행 자체가 악이라고 평가하지 않으면 안 될 것이다.[80]

그러면 자본주의 제도를 타도하고 노동자가 생산수단의 주인이 되는 사회주의를 건설하면, 근로자는 자유롭고 행복한 생활이 보장될 수 있는 것일까? 역사적 사실은 프롤레타리아 독재 하에서의 사회주의 사회의 노동자의 상태가 자본주의 사회의 노동자의 상태보다도 훨씬 나빴다는 것이다.

사회주의 사회에서 노동자에게는 독재정권에 대한 무조건적인 복종만이 강요되고, 자기의 이익을 실현하기 위한 노동운동은 모두 금지되었다. 만일 사회주의 사회의 노동자 계급의 생활이 좋았다면 왜 사회주의 체제가 붕괴하여 자본주의 사회로 복귀한 것일까?

노동자가 사회의 주인이었다면 프롤레타리아 독재정권의 간부들도 자기의 자제子弟를 노동자로 육성하고 싶어 했을 것이다. 현실적으로 그와 같은 간부는 한 사람도 없었다. 현실적 사회주의는 기만과 허위로 가득

---

80) 봉건영주와 농노와의 관계와 자본주의사회의 자본가와 노동자를 비교하면 자본주의 사회의 노자 관계는 비교할 수 없을 정도로 진보적인 관계에 있다.

찬 사이비 사회주의다.

자유와 평등, 민주주의는 보편적인 의미를 갖는 이념이며, 전 인류적 가치를 지니는 사상이다. 물론 이것이 계급적 이기주의자에게 악용되어 온 것도 사실이다.

민주주의가 어떤 수준에서 어떻게 실현될 것인가의 문제는 집권자의 사상 수준과 근로자의 의식 수준의 제약을 받는 점도 있지만, 민주주의 그 자체는 인류가 자기의 자주성을 자각하는 과정에서 획득한 위대한 정치사상적 재부이다. 민주주의가 계급성을 갖는 것이 아니라 집권자의 계급적 편견이 민주주의에 영향을 줄 수 있다고 보아야 할 것이다.

인류의 미래 사회, 이상 사회를 그리는 데서 중요한 것은 인류의 활동목적이 무엇이며, 자유와 민주주의 그리고 자주성의 관계는 어떠한 것인가를 고찰할 필요가 있다.

인간은 누구나 자유롭고 행복한 생활을 요구한다. 그 실현을 위해 모든 활동을 수행한다. 왜 인간은 자유롭고 행복한 생활을 요구하는 것일까? 그것은 인간이 모든 예속과 지배에서 벗어나 자유롭고 행복하게 살려고 하는 자주성을 갖고 있기 때문이다. 이 자주성이 실현되어야 비로소 자유롭고 행복한 생활을 할 수 있게 된다.

자유롭고 행복한 미래 사회(이상 사회)를 건설하기 위해서는 민주주의를 보다 완성시키고, 인류 사이의 친선 협조 관계를 발전시키는 방향으로 나아가며, 폭력적 방법을 배제하고 이성에 의거한 사회생활을 발전시키지 않으면 안 된다.

그러기 위해서는 첫째, 모든 특권을 배제해야 한다. 특권은 인간의 사회적 본성에 위배된다. 인간은 누구나 예속되어 사는 것에 반대한다. 예속에 반대하고 평등한 입장에서 공동의 이익을 실현하기 위해 긴밀하게 협력하며 협조하는 것이 사회적 본성을 반영한 생활방식이라고 말할 수 있다. 정치와 경제의 모든 특권은 자유롭게 살려고 하는 인간의 본성적 요구를 유린한다. 따라서 특권이 태어나지 않는 사회제도를 수립하지 않으면 안 된다.

둘째, 민주주의를 보다 확대시키는 활동을 사회 공동의 과제로 실현시켜야 한다. 민주주의는 모든 사람들에게 자유와 평등을 완전히 보장하기 위해 필수 불가결한 사회적 조건이다. 민주주의를 확대하는 활동은 무엇보다도 정권의 임무이다.

오늘날 민주주의를 확대 발전시키는 것은 사회 공동의 이익에도 부합하고 인류 공동의 이익에도 합치된다. 그것은 국제관계를 민주화할 필요성에서도 요구된다. 평화를 파괴하는 것은 폭력이고 폭력에 의존하는 것은 독재이기 때문에, 독재와 민주주의가 양립할 수 없듯이 독재와 평화는 양립할 수 없다. 국제관계에서 평화와 안정을 위협하는 나라는 모두 군국주의적 독재국가이다.

셋째, 사회생활의 3대 분야인 정치·경제·문화를 균형적으로 발전시키는 것이 중요하다. 현대 자본주의에서는 경제생활의 기형성, 정치생활의 수구성, 문화생활의 빈곤화가 격화되고, 사회생활의 3대 분야가 불균형적으로 발전하는 모순을 안고 있다. 이 불균형을 시정하고 사회생활의 모든 분야에서 사람들이 함께 주인으로서 참가하는 것이 민주주의의 확대와 완성에 있어 대단히 중요하다.

넷째, 개인주의와 집단주의의 장점을 최대한 결합시켜야 한다.

개인주의와 집단주의는 인간이 개인적 존재인 동시에 집단적 존재라는 불멸의 원리를 바탕으로 한 인간의 두 본성이기 때문에 양자의 장점을 결합시켜야 한다. 모든 이기주의와 배타주의를 극복하고 인류 공동의 높은 이상을 실현하기 위해 사회적 협력과 국제적 협력을 강화하지 않으면 안 된다.

개인의 자유와 평등을 보장하고 개인의 존엄을 요구하는 개인주의는 민주주의의 기초가 되며 또 인류 발전에 크게 기여했기 때문에 앞으로도 개인 생활을 규정하는 하나의 중요한 원리로서 남을 것이다.

그러나 개인주의가 일방적으로 발전하고 사회 공동의 이익을 고려하지 않게 되면, 자유방임주의와 개인 이기주의가 증대해서 그것이 배타주의와 결합하게 된다. 개인의 자유만을 강조하게 되면, 사람들은 민족의 운명과 인류의 운명에 대해서는 돌아보지 않고 개인의 요구와 이익을 실현하기 위해 살아가는 저급한 인간이 될 수 있다. 그러나 이상 사회를 지향하는 종래의 사회주의자들은 이상에서 서술한 네 가지의 원칙에 전적으로 반대되는 범죄를 범했다.

마르크스의 사회주의 사상은 유물변증법을 사회 역사 분야에 적용해서 확립한 유물사관과 계급투쟁에 의한 프롤레타리아 독재 이론이다. 계급적 이익을 최고 이익으로 보는 입장은 참된 사회주의 입장과는 근본적으로 배치된다.

민주주의와 평화적 방법의 배격, 독재와 폭력의 숭배, 군국주의와 지도자에 대한 개인숭배의 절대화, 지도자의 영구집권 등이 계급주의의 중요한 특징이다. 일반적으로 사회주의는 자본주의적 민주주의 사회 다음에 출현하는 이상 사회라고 마르크스주의자들은 규정하고 있지만, 그것은 폭력적인 독재국가로서 군림했기 때문에 국민 대중의 지지를 상실했다.

아마도 자본주의 사회 이후에 출현하는 사회는 전 인류적 입장에 서서 새로운 인도주의를 실현하는 사회가 될 것이다.

이것은 자유·평등의 원리와 민주주의의 원리를 구현할 뿐만 아니라, 동지애의 원리와 사회적 집단의 통일과 단결의 원리를 함께 실현하는 사회가 되지 않으면 안 된다. 그것은 지금의 상황에서 '인도주의 사회'라고 명명될 수도 있을 것이다. 자본주의 사회에서 개인 간의 자유로운 경쟁이 사회 발전의 주된 추진력이 되었다면, 자본주의 사회 이후에 출현하는 사회에서는 평등의 원리에 기초해서 개인 간의 경쟁을 보다 공평하게 진행하는 것과 동시에 사랑의 원리에 기초해서 서로 증오하고 배척하면서 싸우는 것보다 서로 협조·단결하는 것이 사회 발전의 주된 추진력이 될 것이다.[81]

이것은 단순 명쾌한 진리이다. 인간에 의한 인간의 지배로써 자기의 우월성을 구하는 것이 아니라 사랑의 원리에 따라 민족과 인류 공동의 이익을 위해 협조와 친목을 달성하고 사회적 신뢰와 사랑을 받는 것에서 기쁨을 찾아야만 한다.

사람들이 정치적 특권과 경제적 특권에서 벗어나 자기의 사상 문화 수준을 높이기 위해 노력한다면 인간의 존엄과 숭고한 사명에 대해서도 자각하게 되고, 권력 중심의 가치관과 물질 중심의 가치관에서 인간 중심의 가치관으로 바뀌며 인간의 자주적 요구도 질적으로 변화될 것이다.

인간은 세계의 주인으로서 살 것을 요구하는 자주적 존재이며, 인간 생활의 목적은 결국 자유롭고 행복한 생활, 즉 세계의 완전한 주인이 되는 것이다.

사랑의 세계관은 인류의 역사적 발전에 대한 새로운 철학적 일반화의 소산이며 이상 사회 실현을 위한 과학적 학설이다. 이상 사회 실현의 올바른 도정道程을 해명하고 인류의 운명 개척에 기여하는 데에 사랑의 세계관의 사명이 있다.

---

81)『사랑의 세계관』, 박용곤 저, 시대정신, pp. 443~454 참조

제5장

사회주의의 제 문제

제1절_ 사회주의 발생과 금후의 전망

1. 사회주의 사상의 발생

인간은 이기심을 가지고 있음과 동시에 타인의 불행과 고통을 함께 나누어 갖는 동정심도 가지고 있다. 이와 같은 점에서 인간의 본성은 악하다고 하는 성악설과 인간의 본성은 선하다고 하는 성선설이 대립하고 있다. 인간은 개인적 존재임과 동시에 서로 결합해서 사회적 집단을 이루고 살아가는 집단적(사회적) 존재이다.

사회가 발전함에 따라 인간은 개인의 이익만을 추구하는 것이 아니라 사회 공동의 이익을 위해 개인의 이익을 희생하는 것을 인식하도록 되어 있다.

인류의 사상 발전에서 획기적인 의의를 갖는 것은 반봉건 민주주의 혁명 시기에 발생한 인도주의 사상이다. 인도주의 사상은 인간의 본질적 특성에 대해서 명확히 자각한 최초의 사상이라는 것을 가리키고 있다. 이와 같은 점에서 인도주의 사상의 발생은 새로운 인간의 탄생을 의미한다. 인도주의 사상이 근대 역사 발전의 기본적 추진력이 된 이유가 여기에 있다.[82]

신분적 특권이 지배하던 봉건제도는 자유와 평등은 인간의 본성과 배치한다고 해서 반대했지만, 인도주의 사상은 자유와 평등만은 모든 인간이 함께 향유해야 할 인간의 기본적 권리라고 주장했다.

---

82) 박용곤, 전게서, 경제학 편, p. 140

그러나 반봉건 민주주의 혁명의 결과 신분제도가 철폐된 후에도 불평등이 남아있는 것을 발견했다. 즉 자본주의 사회에서는 신분적 불평등은 제거되었지만, 빈부의 차이에서 오는 경제적 불평등이 지속적으로 남아있다는 것을 인식했다.

자본주의 사회에서는 누구라도 자본가가 될 수 있는 신분적 자유를 가지고 있지만, 시장경쟁에서 대자본가는 승리하고 소상품 생산자는 패배하여 임금노동자로 전락한다.

사회적 불평등은 생산수단의 소유자와 비소유자 간의 불평등이라고 말할 수 있다. 따라서 신분적 특권뿐만 아니라 경제적 특권마저 없애고, 모든 특권이 없는 완전히 평등한 민주주의 사회를 건설하기 위해서는 생산수단을 자본가적 소유가 아니라 사회적 소유로 하고, 사회 전체의 성원을 위해 생산하는 사회주의 경제제도를 수립하지 않으면 안 된다는 주장이 대두되었다.

이와 같이 인도주의자는 경제적 특권을 제거하고 민주주의를 완성하기 위해서 자본주의에서 사회주의로 이행하는 필연성을 주장했다. 그러나 이와 같은 사상은 당시 일반 대중의 지지를 받을 수가 없었다.

일반 대중은 봉건적 신분제도의 억압으로부터 해방되어 신분적 자유와 평등을 얻은 큰 기쁨에 만족하고, 자본주의보다 좋은 사회를 건설하는 구상에 대해서는 예상조차 할 수 없었다. 그들에게는 더욱더 새로운 것을 요구하는 욕망보다 낡은 것에 복귀하는 것을 우려했다. 따라서 사회주의에 관한 문제는 극히 소수의 지식인 속에서 논의되는데 불과했다. 사회주의 사상의 대중적 지반을 양성하려고 한 것은 계급주의적 입장에서 마르크스의 사상으로부터 시작되었다고 말할 수 있다.

마르크스도 처음에는 인도주의 입장에서 자본주의에 대한 민주주의적 개혁을 주장했다. 당시 그는 공산주의를 참된 인도주의라고 간주했다. 그러나 그는 사회적 운동을 계급투쟁과 결합시키면서 사회주의 사상을 현실 생활로 구현시키지 않으면 안 된다는 역사적 사명이 노동자 계급에 부과되어 있다는 것을 강조하게 되었다.

마르크스주의의 철학적 기초는 유물론과 변증법이다. 마르크스주의는 선행 유물론을 변증법과 결부시켜 변증법적 유물론으로 발전시키고, 관념론적 변증법을 유물론에 입각해서 유물변증법으로 개조했다. 마르크스 철학의 근본적 입장은 변증법적 유물론이며 근본적 방법은 유물변증법이다.

마르크스의 사회주의 사상은 두 개의 이론적 지주支柱에 의거하고 있다. 그 하나는 변증법적 유물론을 사회 역사 분야에 적용한 유물사관이며, 또 하나는 유물변증법적 방법을 적용한 방법론인 계급투쟁과 프롤레타리아 독재론이다. 마르크스의 사회주의 사상의 이론적 중핵이 유물사관이라면, 그것을 실천적으로 구현하기 위한 방법론의 중핵은 계급투쟁과 프롤레타리아 독재라고 볼 수 있다.

유물사관은 사회적 존재가 인간의 사회적 의식을 규정하며, 인간의 물질생활이 정신생활을 규정한다고 하는 명제로부터 출발하고 있다. 사회적 존재라고 하는 개념은 인간이 사회생활을 수행함에 있어서 어떠한 물질적 조건의 제약을 받느냐 하는 것을 의미한다.

마르크스는 인간 생활의 본질을 물질생활, 즉 경제생활로 보았으며 인간의 사회생활을 제약하는 기본적인 물질적 조건을 생산력과 생산관계로 보았다. 그는 생산력과 생산관계의 통일을 생산방식으로 보았으며, 사회 개발의 역사를 본질상 생산방식의 교체 역사라고 규정했다.

역사에 관한 마르크스의 유물변증법적 견해는 그들의 소위 '유물사관'의 공식으로 집약되어 있다. 생산력의 발전에 생산관계가 상응하고, 생산관계를 토대로 해서 그 위에 사회적 사상의식과 그것을 구현한 정치 법률적 상부구조가 종속하며, 그 상부구조가 경제토대에 작용하면서 경제토대와 운명을 함께하는 것이 유물사관의 공식의 기본 내용이다.

유물사관은 결국 생산력과 생산관계, 토대와 상부구조와의 상호작용에 관한 이론이라고 말할 수 있다. 생산력과 생산관계의 관계는 내용과 형식의 관계로써 내용인 생산력이 형식인 생산관계의 변화 발전을 규정하지만 동시에 형식인 생산관계가 생산력 발전에 반작용한다는 것이다.

〈토대와 상부구조〉의 관계는 반영의 기초가 되는 물질적인 것과 그것을 반영한 정신적인 것의 관계로써 토대가 상부구조의 변화 발전을 규정함과 동시에 상부구조가 토대를 옹호하고 반작용한다는 것이다.

그러면 유물사관과 계급투쟁 이론은 어떻게 연계되어 있는 것일까?

유물사관에서는 생산력과 생산관계, 토대와 상부구조 등 사회적 현상이 자연현상과 같이 객관화되고 그들이 상호작용하는 것으로 서술되어 있다.

그러나 사회적 운동은 인간이 수행하는 운동인 이상, 인간의 실천적 운동을 떠나서는 생산력과 생산관계, 토대와 상부구조가 상호작용할 수 없다는 것은 명백하다. 예를 들면 생산력의 발전에 생산관계가 상응한다고 할 때 낡은 생산관계를 새로운 생산관계로 교체하는 것을 생산력이나 생산관계가 할 수 없는 이상, 그것은 반드시 인간이 수행하는 것이며, 어떠한 경로를 통해서 인간이 동원되는가의 문제가 제기된다. 이 문제를 마르크스주의는 계급투쟁과 결합시켜 해명하고 있다.

마르크스주의는 생산력과 생산관계를 인간의 사회적 존재의 기본이라고 보았기 때문에, 생산력과 생산관계의 모순을 사회적 모순의 기본이라고 보고 있다. 생산력과 생산관계의 모순은 사회적 존재 속에서의 모순이다. 사회적 존재에서의 모순은 그것을 반영한 사회적 의식에서 모순으로 표현된다.

즉, 새로운 생산력 발전의 길을 개척하는데 이해관계를 가진 계급과 낡은 생산관계를 계속해서 유지하는 데에 이해관계를 가진 계급이 상호 상반된 사상을 가지고 대립하게 되고, 이와 같은 사상적 모순에 토대해서 두 개의 계급 사이에서 계급투쟁이 전개하게 된다.

'계급투쟁'을 통해서 생산력을 발전시키는 데에 이해관계를 가진 진보적인 계급이 낡은 생산관계를 유지하는 반동적 계급을 타도하고, 낡은 생산관계를 새로운 생산관계로 교체하게 된다. 그러기 위해서는 낡은 생산관계를 옹호하는 낡은 정치 법률적 상부구조를 없애는 것부터 시작해야 한다. 따라서 진보적인 계급은 우선 낡은 생산관계를 옹호하는 정치, 법률적 상부구조를 혁명적 방법으로 붕괴시킨다. 그것이 사회혁명이다.

혁명 계급은 우선 낡은 정치, 법률적 상부구조를 붕괴시키고, 자신들이 요구하는 새로운 정치, 법률적 상부구조를 수립한 후에 그것에 의거해서 낡은 생산관계를 새로운 생산관계로 교체시키는 문제를 해결하게 된다.

이와 같이 해서 새로운 생산력에 부합해서 새로운 생산관계가 수립되면 생산력과 생산관계 사이의 모순이 해결되고, 낡은 생산방식으로부터 새로운 생산방식으로 이행, 즉 보다 낮은 계급의 사회 형태에서 높은 단계의 사회 형태로 발전한다는 것이다.

마르크스주의는 생산력과 생산관계와의 모순에 기초해서 계급투쟁 이론을 자본주의 사회에 적용해서 사회주의 이론을 정립했다.

'자본주의 사회의 기본 모순'은 생산의 사회적 성격과 소유의 자본가적 형태 간의 모순이라고 보았다. 이 모순은 자본주의적 생산력이 발전할수록 더욱 격화한다. 이에 따라 자본주의적 소유관계를 유지하려고 하는 자본가 계급과 생산력의 사회적 성격에 맞는 새로운 생산관계, 즉 사회주의적 생산관계를 요구하는 근로자 계급과의 사이에 계급적 대립과 투쟁이 격화한다.

그 결과 노동자 계급이 자본가 계급을 타도하고 생산의 사회적 성격에 맞는 사회주의 경제제도를 수립함으로써 생산력과 생산관계 사이의 모순이 해결되고, 생산력의 발전을 억제하는 낡은 자본주의적 생산방식으로부터 생산력의 급속한 발전을 보장하는 새로운 사회주의적 생산방식으로 이행이 실현되는 것이다.

이와 같은 혁명적 변혁을 가져오기 위해서는 우선 자본주의적 경제제도를 옹호하는 자본가 계급의 국가 정권을 타도하고 노동자 계급의 독재 정권을 수립하지 않으면 안 되며, 이 독재 정권에 의해서 노동자 계급이 요구하는 사회주의 제도를 수립하는 것이다.

첫째로 마르크스주의의 중요한 결론은 생산력의 발전, 경제의 발전이 사회 발전의 기본이 되며, 정치와 문화와 같은 것은 모두 경제 발전에서 파생하는 것이다. 이 점에서 마르크스주의는 경제적 결정론 또는 경제 중심의 사회주의로써 평가되고 있다.

둘째는 그것은 자본주의 사회를 자본가 계급의 사회로, 사회주의 사회를 노동자 계급의 사회로 보면서 자본주의에서 사회주의로 이행하는 것을 오로지 자본가 계급에 반대하는 노동자 계급의 계급투쟁과 그 결과인 노동자 계급의 독재를 통해서만 실현된다고 주장했던 것이다. 이 점에서 마르크스주의는 '계급주의적 사회주의'라고 평가되고 있다.

'경제 중심주의'는 물질생활이 정신생활을 규정하고 사회적 존재가 사회적 의식을 규정한다고 하는 유물론적 이론과 결합되어 있다면, 계급주의는 통일은 상대적이고 대립은 절대적이며, 사회 발전을 위한 투쟁은 절대로 필요하다고 하는 변증법과 결합되어 왔다. 마르크스주의의 이와 같은 유물론과 변증법에도 문제가 있다는 것은 말할 것도 없다.

경제 중심주의적인 유물사관은 결함이 있지만, 결국 경제 발전에 1차성을 부여하는 이론인 이상, 정치가가 현실주의적 입장에서 정책을 세우면서 조절해 간다면 큰 문제가 되는 것은 아니며 경제 발전을 촉진시키는 것도 가능하다. 그러나 계급투쟁과 계급독재를 기본적 방법으로 인정하는 계급주의는 계급의 철폐를 주장하는 무계급 사회의 건설을 요구하는 사회 이념과 근본적으로 배치한다.

실제로 소련 사회주의의 건설 과정을 본다면 경제 중심주의가 점차 계급주의에 종속하게 되었고, 계급주의가 소련식 사회주의의 본질적 결함으로서 소련 붕괴의 기본적 요인이 되었다.

마르크스는 생산력과 생산관계와 토대와 상부구조 이론을 계급주의와 결합시킴으로써 과학적 사회주의 사상을 창시했다고 자부했지만, 계급주의 때문에 사회주의 이념에 치명적인 손실을 끼치고, 인류 역사 발전에 헤아릴 수 없는 부정적인 영향을 끼쳤다.

소련 사회주의 붕괴는 동시에 그 지도 사상인 마르크스의 사회주의 이론의 붕괴이기도 하다.

2. 자본주의에서 사회주의에로 이행은 필연적인가

마르크스와 엥겔스는 1848년 런던에서 최초로 발표한 『공산당 선언』 제1장, 마지막 부분에서 "…부르주아지의 몰락과 프롤레타리아트의 승리는 필연적이다."라고 끝맺음을 맺었다. 과연 그럴 것인가?

자본주의는 그 고유한 모순과 위기의 심화에 의해서 결국 인류 역사에서 물러날 운명에 처해있는 사회라고 가정한다면 그다음에는 어떠한 사회가 형성될 것인가, 즉 인류 사회는 자본주의를 지나서 어떠한 사회로 발전하는가의 문제가 제기된다. 이 문제가 일부 국가에서 사회주의의 붕괴와 관련해서 큰 사회문제로 부상했다. 자본주의 멸망의 불가피성과 사회주의 승리의 필연성에 관한 문제, 바꾸어 말하자면 자본주의로부터 사회주의로 이행하는 필연성에 관한 문제이다.[83]

인간 중심의 철학은 일부 국가에서 사회주의 붕괴와 자본주의의 복귀는 인류 역사상 일시적인 우여곡절이며, 결코 그것이 사회주의로 이행하는 인류 역사 발전의 방향으로는 될 수 없다고 보는 견지에서 이 문제를 주의 깊게 검토하고 있다.

자본주의로부터 사회주의로 이행하는 필연성에 관한 문제는 오래전부터 탐구되었다. 따라서 이 문제를 올바르게 해명하기 위해서는 우선 종래의 사상에서 사회주의로 진행하는 것이 어떻게 제기되고 고찰되었으며, 그 문제점은 어디에 있는가를 음미하는 것이 필요하다.

인류가 자본주의로부터 사회주의로 진행하는 것을 역사적으로 처음으

---

83) 개인적 존재와 집단적 존재가 인간존재의 두 측면인 것처럼, 이와 결부되어 있는 개인주의와 집단주의는 인간 본성의 두 측면이라고 볼 수 있다. 그러므로 집단주의가 개인주의를 말살할 수 없으며 개인주의가 집단주의를 말살할 수 없다. 황장엽, 『민주주의와 공산주의』, 시대정신, 2009, p. 5 참조.

로 제기하고 고찰한 것은 공상적 사회주의이다.

공상적 사회주의자는 반봉건 자본주의 혁명이 자유와 평등을 실현하는 슬로건 아래 진행되었지만, 봉건적인 신분적 특권만을 없애고 자본가 계급의 경제적 특권은 옹호하고 보장하는 자본주의 제도의 수립으로 끝나고, 새로운 불평등한 사회를 수립한 것을 문제시했다. 그들은 착취와 억압이 없는 평등한 사회를 건설하기 위해서는 신분적 특권뿐만 아니라 경제적 특권도 폐지하지 않으면 안 된다고 생각했다.

공상적 사회주의자는 자본주의 사회에서 유산자의 경제적 특권과 사회적 불평등의 근원은 생산수단에 대한 사적 소유에 있다고 보기 때문에 평등한 사회를 수립하기 위해서는 생산수단에 관한 사적 소유를 폐절하고 사회적 소유를 수립하지 않으면 안 된다고 주장했다.

그들에게는 사회적 소유에 기초한 평등한 사회는 이상 사회라고 생각했다. 그것은 즉 사회주의 또는 공산주의라고 불리는 것이다. 공상적 사회주의는 사회주의 선각자가 사람들을 교육하고, 모범적으로 생산자를 설득하고, 사적 소유를 방기放棄함으로써 실현된다고 보았다.

그러나 사회주의로 진행하는 데서 이른바 피착취 근로대중을 그 담당자로 볼 수가 없으며, 그들의 혁명 세력의 준비와 해방투쟁을 떠나서 계몽만을 중요시하고, 사회주의에 대한 유산계급의 동정同情을 기대한 것은 공상적 사회주의의 주관주의적 약점이며 역사적 한계라고 생각했다. 공상적 사회주의자가 제기한 방법으로서는 자본주의로부터 사회주의로 이행할 가능성이 없다는 점이며, 그들의 사회주의는 공상적인 것으로써 평가될 여지를 갖고 있었다.

공상적 사회주의자가 제시한 사회주의로 이행하는 견해의 주관주의적 약점을 극복하고, 그 합리적인 면을 계승하고, 자본주의로부터 사회주의에로 이행하는 필연성을 이른바 과학적 기초 위에 세워서 새롭게 고찰하고 논증한 것은 마르크스주의이다.

마르크스와 엥겔스는 공상적 사회주의가 자본주의로부터 사회주의로 진행하지 않으면 안 된다고 하는 것은 선량한 사람들의 주관적 염원에 지나지 않는다고 보면서, 유물사관에 의해서 정립된 생산력의 발전 수준에 생산관계의 적응의 법칙과 계급투쟁의 원리에 기초를 두고 그 객관적 필연성을 논증했다. 그것을 한마디로 요약한다면, 자본주의는 생산의 사회적 성격과 점유의 자본가적 형태 사이의 모순에 있으며, 그 모순을 해결하고 매장하는 프롤레타리아트를 만들어냄으로써 필연적으로 멸망하고, 사회주의가 수립된다는 것이다.[84]

더구나 점유의 자본주의적 형태란 자본가가 타인의 노동 생산물을 사적으로 영유하는 것을 염두에 두었다.

마르크스와 엥겔스는 자본주의 사회에서 생산력이 발전함에 따라 생산의 사회화 수준이 높아지고, 자본가의 사적 영유領有와 상응할 수 없는 모순은 보다 첨예화되며, 그 발발勃發이 공황이라고 보았다. 그들은 자본주의가 공황에서 벗어나 경기를 회복하더라도 그것은 일시적이며, 결국 보다 전면적이고, 보다 파괴적인 공황을 준비하는 것으로 되어 공황에 대항하는 수단이 감소한다고 생각했다.

마르크스주의 창시자의 견해에 의하면 공황은 자본주의적 생산관계가 새롭게 발전한 생산력을 관리할 수 없다는 것을 폭로하고 있다. 그 귀결은 생산의 사회적 성격과 모순되고, 충돌하면서 양립할 수 없는 사적 소유가 필연적으로 그것에 적응하는 사회적 소유로 교체하게 된다는 것이다.

---

84) 마르크스주의 창시자는 생산의 사회적 성격과 점유의 자본주의적 형태 사이에 모순을 자본주의 생산의 기본적 모순으로 보았다. 그들은 생산의 사회적 성격을 노동수단이 개인적으로가 아니라 공동적으로 이용되어야만 효과적으로 사용할 수 있는 사회적 노동수단이 되고, 제품이 개개인의 노동이 아니라 분업과 협업으로 연계된 사회적 노동 생산물이 된다는 것을 염두에 두었다.

마르크스주의 창시자는 자본주의의 묘굴인墓掘人을 육체노동에 종사하며 잃을 것은 철쇄鐵鎖밖에 없는 무산자로서의 노동자 계급을 가리키고 있다.

그들의 견해에 의하면 자본주의적 생산방식에 의해서 형성된 노동자 계급은 자본주의적 생산의 발전과 더불어 수적으로 확대된 큰 집단으로 집결되어 그 세력이 성장하는 반면, 소상인과 수공업자들, 농민을 위시한 중간층은 자본주의적 생산의 발전과 더불어 파산 몰락한다고 한다. 여기에서 그들은 자본주의 사회가 극소수의 자본가 계급과 절대다수의 노동자 계급으로 이분화된다고 주장했다.

마르크스주의 창시자는 자본주의가 발전할수록 노동자에 대한 자본의 착취가 심화하고, 보다 부유한 자본가 계급과 더욱더 빈곤화하는 노동자 계급과의 사이에 적대적 대립이 첨예화하고, 자본가 계급에 대한 노동자 계급의 반항이 강화된다고 보았다. 여기에서 그들은 노동자 계급을 사회적 세력으로 발전시켜 자본주의를 매장하고, 사회적 소유에 기초한 사회주의를 수립하기 위한 투쟁을 담당하고 수행하는 사회적 세력으로 인정했다.

마르크스주의 창시자의 견해에 의하면 결국 사회주의는 선량한 사람들의 주관적 염원이 아니라 사회 발전의 객관적 법칙과 원리에 따라서 필연적으로 형성되는 사회라고 지적하고 있다.

마르크스와 엥겔스는 이와 같이 자본주의가 멸망하고 사회주의가 승리하는 것은 객관적 필연성을 띠고 있는 것으로 착각하고, 그것을 노동자 계급의 혁명적 세력의 성장, 해방투쟁의 강화와 결합시킴으로써 사회주의를 공상에서 과학으로 전환하는데 공헌했다고 주장했다. 더구나 한때, 러시아에서 사회주의 혁명이 승리함으로써 자본주의로부터 사회주의로 이행하는 필연성에 대한 마르크스주의 창시자의 논증은 사람들 속에서 커다란 신뢰성과 설득력을 획득했다.

그러나 마르크스주의 창시자가 자본주의로부터 사회주의로 이행하는 것을 논증하기 위해서 제시한 논거는 역사적 제약성을 가지고 있다.

마르크스와 엥겔스는 사회적 생산과 자본가적 소유와의 사이에 모순이 격화되는 현상의 집중적 표현이 공황이며, 자본주의적 생산이 발전할수록 보다 파괴적인 공황을 경험한다고 주장했지만 실제로는 반드시 그와 같이 나타난 것도 없었다.[85]

이와 같은 조건에서 생산의 사회적 성격과 영유領有의 자본가적 형태 사이의 모순만을 가지고는 반드시 사적 소유에 기초한 자본주의를 매장하고, 사회주의 소유에 기초한 사회주의로 이행하는 근거로 삼는 것은 곤란하게 되었다.

또한, 마르크스와 엥겔스는 자본주의의 발전과 더불어 육체노동에 종사하는 무산자인 노동자 계급이 수적으로 확대하고, 대집단으로 집결되어 중간층이 파산해서 사회가 극소수의 자본가 계급과 절대다수의 근로자 계급으로 이분화되어 노자勞資 간의 모순이 더욱 첨예화한다고 주장했지만, 역사적으로는 반드시 그와 같이 발전하고 있는 것은 아니다.

산업자본주의와 독점자본주의 단계에서는 일반적으로 자본주의적 생산 발전과 더불어 육체노동에 종사하는 노동자 수가 확대되고, 그 집중 정도가 높아져 왔다. 그러나 현대 자본주의 단계에 이르러 사정은 정반대가 되었다.

자본주의적 생산이 발전하고, 자동화 · IT화 · 로봇화가 추진될수록 육

---

85) 자본주의 발전의 역사에서 가장 파괴적인 공황은 1929~1933년의 공황이었다. 그 공황의 피해를 가장 많이 받은 미국에서는 1929년에 비해 1933년 말, 공업생산의 감소율은 35%에 달했다. 미국에서는 제2차 세계대전 후 1994년에 이르기까지 수많은 공황이 발생했지만, 성장률 저하에서 끝나고, 생산이 감소한 것은 2회에 지니지 않는다. 생산 감퇴 기간은 9개월에 지나지 않으며, 생산 감소율은 1% 미만에 머물렀다. 이와 같은 사실은 공황이 자본주의적 생산관계에만 연관되어 있는 것이 아니고, 경제관리 경영 수준과도 관련되어 있다는 것을 나타내고 있다.

체노동에 종사하는 노동자가 축소되고, 그 집중도가 낮아졌으며, 사회는 이분화二分化된 것이 아니라 다양하게 분화되었다. 더 나아가 소득의 과잉 편중을 일부 완화하고, 개인주의적 민주주의를 확대한 케인스주의적 정책이나 사회민주주의적 정책을 실시한 자본주의 국가에서는 노동 계급을 종래와 같이 무산자로만 볼 수 없을 뿐 아니라 자본에 대한 그들의 저항이 여러 가지 형태로 수정되었다.

현대 자본주의 단계에 이르러 마르크스·엥겔스가 사회주의로 이행하는 필연성을 논증하는 근거가 되었던 사회경제적 조건과 계급관계는 크게 변화했다. 따라서 자본주의로부터 사회주의로 이행하는 필연성에 대한 마르크스주의 창시자의 논증은 그 타당성과 설득력은 잃고 있었다.

자본주의가 산업자본주의로부터 독점자본주의로 이행한 새로운 역사적 조건에서 활약한 레닌은 마르크스주의를 계승하고, 제국주의 멸망의 불가피성과 사회주의 승리의 필연성을 논증했다.[86]

그의 견해에 의하면 시장과 식민지 세계 범위의 재분할을 둘러싸고 격화하는 열강의 이해관계 대립은 군사 폭력적 충돌로 발전하며 제국주의 전쟁이 발생한다고 했다. 레닌은 전쟁의 승리에 사활적인 이해관계를 가지고 있는 독점자본은 자국의 근로대중과 식민지 종속국의 인민에 대한 전례 없는 수탈과 억압을 강화한다고 보았다.

그는 전쟁의 참화와 재난을 입은 극도의 빈곤과 억압 속에서 허덕이는 제국주의의 노동자 계급과 근로대중은 제국주의 전쟁에 반대하여 혁명적으로 진출한다면, 그들의 혁명운동은 결국 제국주의 전쟁을 사회주의를

---

86) 레닌은 제국주의 단계에 이르러 독점의 형성과 노동의 대규모적인 사회화에 의해서 생산의 사회적 성격과 영유의 자본주의적 형태 사이의 모순은 더욱 격화하는 것으로 보았다. 그는 노동과 자본 사이의 모순과 더불어 제국주의 열강의 모순, 제국주의 종주국과 식민지 종속국 간의 모순이 제국주의 3대 모순을 이루고 있으며, 그것이 극도로 첨예화된다고 보았다.

위한 국내 전쟁으로 전화轉化시키는 데서 승리의 길을 구할 수 있다고 인정했다. 더구나 그는 광범한 식민지 피압박 민족이 반제민족 해방투쟁으로 들고일어나서 제국주의를 배후에서 타격을 가할 수 있다고 예상했다.

이와 같은 근거에서 레닌은 제국주의는 반드시 멸망하고 사회주의로 이행한다는 결론에 도달했다. 그는 이것을 집약해서 제국주의는 멸망해가는 자본주의며 '사회주의 혁명의 전야'라고 규정했다.

레닌의 예상대로 제국주의 열강은 식민지 재분할을 위한 전쟁의 길로 나감으로써 두 번의 제국주의 전쟁이 일어났고, 자본주의는 전례 없는 심각한 위기에 빠졌으며, 그로 인해 양성된 제국주의 사슬의 약한 고리가 잘려, 하나의 국가에서 출현한 사회주의는 제2차 세계대전을 계기로 세계의 많은 나라로 확대되었다.

이것은 사람들 사이에서 제국주의 멸망의 불가피성과 사회주의 승리의 필연성에 대한 레닌의 논증이 정당하다는 것을 확증하는데 의심할 여지가 없는 증거로 보였다. 그러나 그 후 역사 발전의 현실적 과정은 제국주의 멸망의 불가피성과 사회주의 승리의 필연성을 논증하는 데 있어서 레닌이 의거한 논거도 역사적 제약성을 가지고 있다는 것을 보여주었다.

제2차 세계대전 후 제국주의 열강의 관계를 재조직화함에 있어서 결탁에 의한 협력이 주된 것이 되었고, 모순은 부차적인 것이 되어 전쟁으로 나아가지 않고 상호 간의 마찰을 조절하게 되었다. 보다 교활한 새로운 통치수단이 적용되고, 노자 간의 모순의 격화가 어느 정도 조절될 뿐 아니라 구식민지 지배체계가 붕괴되고, 신식민지 지배가 실시됨으로써 종주국과 식민지국 간의 모순은 자본주의 열강과 발전도상국 사이의 모순으로 바뀌었다. 종래와 같이 3대 모순에 의해서 제국주의 멸망을 설명하는 것은 곤란하게 되었다.

레닌이 제국주의를 사회주의 혁명의 전야前夜라고 규정한 저서, 『자본주의 최고 단계로서의 제국주의』를 집필한 1916년에서 사회주의 소련이 해체된 1991년까지 75년이 지나갔으나, 사회주의 혁명이 일어나 승리한 사회주의의 길로 진입한 전형적인 제국주의 국가는 한 나라도 없었다.

최초로 사회주의 혁명을 일으킨 러시아는 물론 제국주의이긴 했지만, 전형적인 것은 아니었다. 제2차 세계대전 후 사회주의 길로 진입한 나라들은 제국주의가 아니었음은 말할 필요도 없고, 그 대부분은 식민지 또는 반식민지였다. 이와 같은 조건 하에서 체제 간의 모순, 노자 간의 모순, 종주국과 식민지국 간의 모순과 같은 3대 모순에서 제국주의가 붕괴하고, 필연적으로 사회주의로 이행한다고 한 레닌의 논증도 역시 타당성과 설득력을 잃었다.

따라서 자본주의로부터 사회주의로 이행하는 필연성을 새로운 과학적 기초 위에서 다시 고찰할 근거를 수립하는 것은 사회주의론을 재정립하기 위한 필수적 요구가 된다.

3. 개인주의와 집단주의 관계에서 본 사회주의

인간 중심의 철학은 인류 역사가 주체인 국민 대중의 자주성을 실현하는 방향으로 발전하고 있으며, 그것은 3대 개조를 통해서 이룩한다고 하는 인간 중심의 사회 발전관社會發展觀의 견지에서, 자본주의로부터 사회주의로 이행한다는 명제를 새롭게 고찰하고 그 근거를 수립했다. 그것을 크게 두 가지로 나누어 볼 수 있다.

첫째, 자본주의로부터 사회주의로 이행한다는 마르크스주의자들의 주장은 사실과 다르다.

사회적 성원은 개인으로 이루어져 있고, 그들은 공통성을 가지고 있으면서도 각각 다른 자주적 요구를 가지고 있다. 따라서 사회 성원의 자주적 요구를 실현하기 위해서는 개인의 자주성을 실현할 뿐 아니라 집단의 공동 자주성도 함께 실현하지 않으면 안 된다.

자본주의는 개인주의에 기초한 사회로서 신분적 및 전제주의적 구속을 제거하고, 개인의 자유와 평등을 사회의 원리로 내세움으로써 개인의 자주성을 실현하는 데 공헌했다. 그러나 자본주의가 표방하는 자유와 평등의 기본은 각자가 개인의 요구와 이익을 우선해서 실현하는 행동의 자유와 자격의 평등, 바꾸어 말하자면 개인주의에 기초한 경쟁의 자유와 신분적 평등이다.

개인주의에 기초한 자유경쟁은 강한 자가 약한 자를 타도하는 방향으로 나아가고, 사람들 사이의 단결과 협력을 저해하며, 일부 사회 성원을 희생시킴으로써 사회적 집단의 공동 이익을 침해한다. 자유경쟁에서의 승리한 자는 자본가, 지배계급이 되고, 부를 축적하여 권력을 사용하는 반면 패배자는 고용노동자로 전락하고 사회적으로 무시당하며, 빈곤과 인권을 유린당한다.

자유의 간판 아래, 경제력이 강한 자본가가 경제력이 약한 대중을 예속시키며, 억압과 착취를 행하는 반사회적이고 반인권적인 자유가 보장될 뿐이다. 경제적 특권이 지배하는 조건에서 신분적 평등은 경제적 특권과 관련해서 초래되는 불평등을 전제로 하는 제한된 평등이다.

경쟁은 신분에 관계없이 누구라도 참가할 수 있다는 점에서는 평등이지만, 경쟁에서 자본을 수단으로 해서 활동하는 경제력의 크기에서 보면 평등은 아니다. 경제력의 크기에 의해서 경쟁의 승패가 좌우된다. 신분적으로는 평등이지만 경제력에서는 불평등한 개인의 자유경쟁을 통해서 부유한 자는 더욱 부유해지고, 빈곤한 자는 더욱 빈곤해진다. 따라서 평등의 간판 아래, 사회생활의 모든 분야에서 부자와 가난한 사람 사이에 불평등은 심화된다.

개인의 요구와 이익을 우선하는 개인주의와 그것을 사회적으로 보편화하는 개인의 자유와 평등에서는 사회적 집단의 공동의 자주성을 실현할 수 없을 뿐만 아니라 개인의 자주성도 장애를 받게 된다.

자본주의가 역사적으로 경험한 세 번의 위기는 모두 경제 위기에서 시작됐으며, 그것은 자본가 계급의 개인주의와 이기주의에서 초래된 것이다. 자본주의의 가장 치명적인 경제 위기는 시장이 감소하고 상품이 판매되지 않는 것이다. 상품이 판매되지 않으면 자본가는 이윤을 획득할 수 없고, 자본주의적 생산을 계속할 수 없는 곤경에 빠진다.

시장의 크기는 구매력의 크기이기 때문에 시장이 협소화되는 것은 상품에 비해 소비자의 구매력, 소득이 뒤따르지 못하는 것이다. 이와 같은 현상이 발생하는 것은 자본가가 자본주의적 생산을 관리함에 있어서 사회적 수요, 사회적 이익보다 개인의 이익을 우선시키고, 이윤을 추구하기 때문이다.

이와 같은 점에서 자본주의의 위기는 즉 개인주의의 위기이다. 돌아보면, 산업자본주의 단계에서 양성된 자본주의의 위기는 열강의 식민지 지배에 의한 대외 시장의 확대로 모면했다면, 독점자본주의 단계에서 양성된 자본주의의 위기는 열강의 결탁 협력과 신식민주의, 자유경쟁의 약육강식적 체질의 대내적인 조절에 의한 내외 시장의 확대로 모면했다.

현대 자본주의 단계에서 양성된 위기를 극복하기 위해서는 종래의 방법으로는 효과를 얻을 수가 없게 되었다. 현재 선진 자본주의 국가는 대내적으로뿐만 아니라 대외적으로 발전도상국과의 관계에 있어서도 자유경쟁의 약육강식적 체질을 조절하고, 지역경제권 창설에 의한 단일 세계시장을 형성함으로써 위기에서 탈출하기 위한 출로를 찾고 있다. 그러나 그것은 현대 자본주의 위기를 어느 정도 지연시킬 수는 있어도, 그 심화深化를 방어하고 극복하기가 어려운 실정이다.

인간은 태어날 때부터 개인적 존재임과 동시에 집단적 존재로 태어났다. 따라서 역사의 주체는 고립된 개인이 아니고 사회적으로 결합된 사람들의 집단인 국민 대중이다. 개인은 어디까지나 국민 대중의 한 성원으로서 역사의 주체가 될 수 있다. 이 점에서 개인의 요구와 이익도 중요하지만 집단의 요구와 이익은 그것보다 더욱 중요하다.

국민 대중의 자주성을 실현하기 위해서는 당연히 집단의 요구와 이익을 병행시키지 않으면 안 된다. 사회적 집단의 공동의 요구와 이익은 거기 속해있는 사람들이 공동체 정신으로 단결하고 협력함으로써 훌륭하게 실현될 수 있다. 개인의 요구와 이익을 토대로 하면서 집단의 공동의 요구와 이익을 중시하고, 그것을 실현하기 위해 사회 구성원이 최대한 협력할 수 있는 범위 내에서 협력해야 한다.

개인주의와 집단주의는 각기 장점과 단점을 지니고 있기 때문에 정치적으로도 개인주의의 장점과 집단주의의 장점을 최대한 활용하여야 한다. 개인은 사회와 집단의 공동 주인이 되며, 사회적으로 평등한 권리를 행사하고 평등한 의무를 지게 된다.

개인주의에 기초한 사회에서는 개인의 자유와 평등을 보장하며 개인의 자주성과 창조성을 적극적으로 발양시키면서, 아울러 집단의 공동 위업을 위한 공동체의 동지적 사랑에 기초해서 서로 단결하고 협력해야 한다.

이렇게 해서 자유롭고 평등한 사람들이 상호 단결하고 협조하면서 개인의 높은 창발성과 집단의 위력에 의거해서 개인의 자주성과 집단의 자주성을 함께 훌륭하게 실현할 수가 있으며, 이와 같은 사회가 다름 아닌 미래 사회가 될 것이다.

따라서 개인주의에 기초한 사회를 포함해서 집단주의에 기초한 사회로 병행해 나아가는 것은 국민 대중의 자주성을 실현하기 위한 필수적 요구이다. 주체인 국민 대중의 자주성을 실현하는 방향으로 역사가 발전하는 과정에서 개인주의에 기초한 사회가 집단주의에 기초한 사회로 교체되는 것이 아니라 양자의 장점을 실현하는 인간 중심의 민주주의가 되는 것이며, 마르크스주의자들의 주장과 같이 자본주의로부터 사회주의로 이동한다는 필연성이 보장된 것은 아니다.

둘째, 3대 생활이 불균형적으로 발전하는 사회로부터 국민 대중의 자주적 요구에 맞게 3대 생활이 균형적으로 발전하는 사회로 이행하지 않으며 안 된다는 데 있다.

국민 대중의 자주적 요구는 자연과 자기 자신과 사회의 주인으로서 살아가려고 하는 요구로써 표현되며, 이 세 가지의 요구를 실현하기 위한 사회생활의 기본분야가 다름 아닌 경제, 문화, 정치의 3대 생활이다. 따라서 국민 대중의 자주적 요구에 맞게 3대 생활을 함께 발전시키지 않고서는 국민 대중의 자주성을 충분히 실현할 수 없다. 역사상 봉건 사회를 타도하고 출현한 자본주의는 폭력 중심을 경제 중심으로 바꾸고 사회의 경제 발전에 기여했다.

그러나 자본주의 사회에서는 경제 발전에 비해 문화와 정치가 뒤떨어지고 3대 발전 사이에 불균형이 양성되었다. 물질적 부는 비교적 풍부하게 생산되고 있지만, 그것을 인간의 자주적 본성과 사회 발전의 이익에 부합되게 분배하고 소비할 수 있도록 합리적인 사회관계와 가치관은 확립되지 않았다.

물질만능의 개인주의적 가치관을 가진 부자는 쓰고 넘칠 정도의 물질적 부를 소유하지만 일신의 안락과 사치를 추구하는데 열중한 나머지 물질적 욕망이 기형화되고, 인간의 자주적 본성에 맞는 물질생활이 될 수 없었으며 부패 타락하고 건강과 정신마저 해치고 있다.

반면에 빈곤한 근로자는 건전한 물질적 욕망을 추구해도 분배되는 물질적 부가 적기 때문에 자주적 본성에 맞는 물질생활을 영위할 수가 없으며, 사상 문화적 정치적으로 자기를 발전시키는데 물질적 조건의 제약을 많이 받고 있다. 문화생활의 빈곤화와 도덕적 타락이 사회적으로 심화됨으로써 근로대중은 자기 자신의 주인으로서 살아가는 사상 문화적 자질을 충분히 갖추지 못할 뿐 아니라, 정치적 부정부패의 만연 속에서 사회의 주인으로서 사는 길이 막혀 있다.

또한, 자본주의 사회에서 이룩한 '물질적 풍요'는 경제에 비해 문화와 정치의 낙후성과 결합되어, 사람들 속에서 부패 타락을 조장하고 있을 뿐만 아니라 금전보다 인간의 존엄과 가치가 유린되어 인간성이 파괴되고,

사람들 사이의 신뢰와 사랑이 결핍된 치명적인 폐해가 나타나고 있다.

자본주의 사회에서 물질생활의 기형화와 높은 물질생활과 빈곤한 정신문화생활 사이의 불균형, 그리고 국민 대중의 성장하는 자주적 요구와 악화되는 정치생활 사이의 불균형은 국민 대중의 자주성을 유린하고 억제하는 중대한 폐해의 근원이 되고 있다.

현대 자본주의의 위기는 개인주의에 기초한 자유경쟁의 약육강식으로부터 초래되는 위기인 동시에 3대 생활 발전 사이에서 양성되는 불균형에서 오는 위기이기도 하다. 따라서 사회 발전의 새로운 길을 열고, 국민 대중의 자주성을 실현하기 위해서는 3대 생활 사이에서 양성된 불균형을 극복하고 경제, 문화, 정치생활을 균형적으로 발전시켜야 한다.

자본가 계급에게 금전의 우위에 의거한 경제적 특권은 그 주된 생존 수단이다. 자본가가 금력을 확대하기 위해서는 경제 발전에 우선적으로 힘을 쏟아붓지 않으면 안 되지만, 경제적 특권을 유지하기 위해서는 문화적 이익과 정치적 이익을 경제적 이익에 복종시켜, 경제 발전에 비해 사상 문화 발전과 정치 발전의 낙후성도 양성하지 않으면 안 된다.

경제적 특권에 의거한 자본가 계급의 사회에 대한 지배가 지속되는 한, 경제 중심으로 진행되지 않을 수 없고, 3대 생활 발전의 불균형을 면할 수 없다. 3대 생활 발전 사이에서 양성되는 불균형을 없애고, 3대 생활의 균형적 발전을 위해서는 금전이 지배하는 경제 중심의 자본주의 사회를 크게 개선하고, 인간 자신이 모든 것의 주인이 되는 인간 중심 사회로 나가야 한다.

인간 중심의 사회는 금전의 특권과 폭력의 특권을 위시한 모든 특권이 제거되고, 사회관계가 인간의 사회적 본성에 부합되게 형성되고, 국민 대중이 사회 공동의 주인으로서 평등한 지위를 차지하며, 공동체 정신으로 단결하고 협력하면서 주인으로서의 책임과 역할을 다하는 사회이다.

인간 중심의 민주주의 사회에서는 경제, 문화, 정치생활 발전의 불균형을 양성하는데 사활적인 이해관계를 가진 정치적 특권계급이나 경제적 특권계급이 없어지고, 3대 생활은 자연과 자기 자신 및 사회의 주인으로서 살아가려고 하는 사회 구성원의 자주적인 요구에 맞게 균형적으로 발전할 수가 있다.

자본주의가 위험에 직면하고 있다는 표현은 다름 아닌 자본주의의 위기와 그 심화이다. 자본주의는 개인주의가 낳은 폐해弊害와 경제 중심이 낳은 폐해로 인한 위기에 봉착하고, 이 두 가지의 폐해가 서로 중복되면서 그 위기가 심화해 간다.

자본주의의 2대 이념적 지주인 개인주의와 경제 중심의 이념이 자기의 생활력을 상실하고, 더욱이 많은 모순을 나타내고 있다는 것을 말해 주고 있다.

이미 심각한 위기에 직면하고 있는 자본주의는 그 고유한 한계성을 어느 정도 수정하고, 사회주의를 일부 모방한 케인스주의적 혹은 사회민주주의적인 정책을 실시함으로써 위기를 일시적으로 완화하고 연명할 수 있었다. 그러나 개인주의와 경제 중심을 그대로 유지하고 중대한 폐해만을 수습하려는 정책에는 한계가 있다.

우리는 자본주의가 우리 인류에게 공헌한 그 공로를 인정하면서도 한편으로는 국민 대중의 자주성을 실현하는 방향에서 자본주의의 위기를 해결하고 인류 역사 발전에 질적으로 새로운 길을 열어야 한다. 이를 위한 근본적인 이념적 대안은 개인주의의 장점과 집단주의의 장점을 최대한 통합하고, 경제 중심을 인간 중심으로 바꾸어야 한다.

우리 인간의 사회적 속성이 개인주의적 존재임과 집단주의적 존재라는 철학적 원리가 부정되지 않는 한 이 지상에는 개인주의를 토대로 하는 자본주의와 집단주의를 토대로 하는 사회주의는 영원히 존재할 것이다.

　문제는 양자의 단점을 최대한 줄이고 장점을 극대화하는 방향으로 나감으로써 명실공히 인간 중심의 민주주의 사회를 건설하는 데 주의를 기울여야 한다. 바로 여기에 인간 중심의 철학이 개인주의와 집단주의 관계에서 새롭게 확립한 기본적 논거가 있다.

제2절_ 시장경제와 계획경제

1. 자본주의 시장경제

소련식 사회주의가 붕괴된 후, 계획경제인가 시장경제인가의 문제가 활발히 논의되었다. 계획경제에 비해 시장경제의 우월성을 강조하는 것이 하나의 시대적 조류가 되어 있다. 어떠한 경제제도가 우월한 경제제도인가 하는 것은, 경제제도가 사회의 이익에 맞는가의 여부와 경제 발전을 촉진시킬 수 있는가 없는가에 따라 평가되지 않으면 안 된다. 그렇다면 자본주의 시장경제가 사회주의적 계획경제보다도 사회의 이익에 맞고, 경제 발전을 보다 신속하게 발전시킨다고 말할 수 있을까?

시장경제는 생산된 제품을 시장을 통해서 실현하는 경제이다. 시장은 노예제 사회로부터 존재했으나, 생산된 제품을 전반적으로 시장을 통해서 실현하는 경제는 자본주의 사회에 이르러 확립되었다. 따라서 시장경제를 자본주의 경제의 중요한 특징이라고 이해하는 것은 잘못된 것은 아니다.

시장경제의 우월성은 어디에 있는가?

그것은 무엇보다도 시장을 통해서 인간의 노동과 생산물의 가치가 사회적으로 평가되는 것이다. 봉건 사회에서는 지배계급이 생산물의 대부분을 직접 약탈했기 때문에 생산자 대중은 교환을 통해서 자유롭게 처분할 수 있는 제품을 거의 갖지 못하고, 자기의 노동과 생산물에 대한 사회적 평가를 받을 수가 없었다. 이와는 달리 자본주의 사회에서 생산자는 교환을 통해서 자기가 생산한 제품에 대한 사회적 평가를 받게 되었다.

시장을 통한 사회적 평가는 크게 두 가지 기준에 따라서 진행된다. 하나는 누가 생산하는가는 관계 없고, 상품의 질과 양에 의해서 공평한 가격을 받는다는 것, 즉 평등한 평가를 받는다는 것이다. 따라서 기술 수준이 높은 생산자는 높은 평가를 받고, 기술 수준이 낮은 생산자는 낮은 평가를 받으며, 제품을 많이 생산하는 자는 많은 평가를 받으며, 적게 생산한 자는 적게 평가받게 되었다.

또 하나의 기준은 사회적 기준에 맞는 제품은 평가되고, 사회적 수요에 맞지 않는 제품은 아무리 많은 노력을 기울여 생산한 제품이라고 해도 팔리지 않고 평가받지 못했다.

이것을 원리적으로 보면 제품의 가치를 규정하는 기준은 그 제품을 생산하기 위해 얼마만 한 크기의 노동력이 투하되었으며, 얼마만 한 크기의 창조력이 투하되었는가에 따라 제품의 가치가 결정된다. 여기서 제품 생산에 투하된 창조력의 크기는 각자 생산자의 다른 수준의 창조력의 크기가 아니고, 그 사회의 평균적인 수준의 창조력의 크기가 기준이 된다.

제품의 가치를 규정하는 다른 하나의 기준은 그 제품이 얼마만큼 수요를 충족시키는가이다. 제품에 대한 수요의 크기는 각자의 상이한 수요가 아니며, 그 사회의 평균적인 수요의 크기가 제품에 대한 수요의 크기를 규정한다. 요약하면 제품의 가치는 그 제품 생산에 얼마만큼의 창조력이 투하되고, 수요를 얼마만큼 충족시키는가에 따라 규정된다. 즉 사회적 창조력이 얼마만큼 투하되고, 사회적 수요가 어느 정도 충족되었는가를 기준으로 해서 제품의 가치가 규정된다.

가치 평가의 주인은 인간이다. 인간의 본질적 속성은 자주성과 창조성, 자주적으로 살아가려고 하는 요구와 창조적 힘이다. 인간은 자주적 속성,

즉 자기의 생명을 기준으로 해서 가치를 평가한다. 인간은 개인적 존재인 동시에 사회적 존재(집단적 존재)이다. 제품의 사회적 가치를 규정하는 주인은 사회이다.

사회가 사회적 존재로서의 인간의 자주적 요구와 창조적 능력을 기준으로 해서 제품의 가치를 규정한다. 사회는 가치를 평가하고, 개인과 개인과의 관계에서는 평등할 것을 요구하고, 개인과 사회와의 관계에서는 사회의 자주성, 창조성을 기준으로 할 것을 요구한다.

다시 말하면, 사회적 요구와 이익을 실현하는데 얼마만큼 기여했는가를 기준으로 해서 평가되어야 하고, 노동이 사회의 요구와 이익을 실현하기 위해 기여한 경우, 누가 얼마나 많이 노동을 했는가, 즉 노동의 양과 질의 크기에 따라 평가되지 않으면 안 된다.

사회적 평가가 있는 곳에는 반드시 경쟁이 발생한다. 생산자는 사회적 평가를 보다 잘받기 위해서 생산기술을 높이고 사회적 수요에 맞게 생산하기 때문에 서로 경쟁하게 된다. 이는 생산기술을 급속히 발전시켜 수요와 공급을 통일시켜서 생산의 사회화를 촉진하는데 크게 기여했다.

봉건 사회에서는 모든 것이 신분의 고저에 따라서 평가되기 때문에 신분이 낮은 생산자는 창조적 노동의 결과에 대해 상응하는 평가를 받을 수 없었다. 그러나 자본주의 시장경제에서는 생산자의 노동의 결과에 대해 평등한 기준에 따라서 사회적 평가를 받게 되고, 개인의 수요가 아니라 사회적 수요를 위하여 생산함으로써 생산이 사회적 이익에 맞게 발전하게 되었다.

평등한 평가는 개인의 창의성을 발양시키는 강한 자극이 되며, 사회적 수요에 의한 평가는 생산자의 사회적 협력을 강화하고, 생산을 사회화하는 추진력이 되었다. 진정으로 여기에 자본주의 시장경제의 진보성과 우월성이 있으며, 자본주의 경제 발전의 기본적인 추진력이 있다고 볼 수 있다.

자본주의 시장경제에서는 자유로운 경쟁이 허용되지만, 그것을 평등한 경쟁이라고는 말하기는 어렵다. 기술력을 갖추고 기계를 이용해서 대대적으로 생산하는 자본가와 수공업으로 생산하는 소생산자가 경쟁하면 소생자가 패배하는 것은 명백하다. 평가의 기준은 평등하다고 하지만 경쟁의 조건 자체가 불평등하기 때문에 엄밀하게 말하자면 그것을 평등한 입장에서의 경쟁이라고는 말할 수 없다.

봉건 사회에서는 신분이 낮은 사람은 신분이 높은 사람과 싸우지도 않고 복종할 것을 강요하지만, 자본주의 사회에서는 자본을 가진 자와 가지지 못한 자가 자유경쟁을 하는 외양을 갖추지만, 결과적으로는 자본가의 승리와 그 지배적 지위를 인정하고 있다.

자본주의 사회에서는 경쟁 자체가 불평등한 조건하에서 진행될 뿐만 아니라 경쟁의 결과에 대한 평가도 평등의 원리를 어기고 있다. 자본주의 경쟁에서 패배한 자는 파산 몰락하여 빈자貧者가 되며, 자본가에게 고용될 수밖에 없으며, 실업자가 되어 직장을 잃고 먹을 권리조차 박탈된다.

경쟁에서 승리자가 승리자로서의 대우를 받으며 패배자가 패배자로서의 낮은 대우를 받는 것은 반드시 나쁜 것만은 아니다. 그러나 승리자와 패배자가 평등한 사회 성원이라는 것을 고려한다면 경쟁에 의한 승리자가 패배자를 완전히 배척함으로써 패배자는 사회 성원으로서의 자격까지 잃게 해서는 안 된다.

일할 능력이 있는 자가 일하면 사회에 이익을 줄 수도 있지만, 경쟁의 결과 직장을 잃고 아사한다면 이와 같은 경쟁을 사회에 이익을 준다고 볼 수 있는가. 이것은 약육강식하는 동물 세계의 생존경쟁과 차이가 없다.

모든 사람들이 사회적으로 필요한 일을 하고, 일하는 정도로 사회적 분배에 참가하는 것은 모든 사회 성원에 부여된 인간의 기본적 권리라고 말할 수 있다. 이와 같은 기본적 권리조차 유린하는 자유경쟁을 평등의 원리에 맞는 경쟁이라고는 말할 수 없다. 이같이 평등에 기초한 평가의 원리는 자본주의적 자유경쟁이 진전함에 따라 더욱더 무시당하는 운명에 처하게 되었다.

다음으로 자본주의 경제가 발전함에 따라 사회적 수요에 기초한 가치 평가가 크게 유린당했다. 경쟁의 결과 독점이 형성되고 거대한 독점체가 시장을 독점하게 되었다. 시장의 수요를 대중이 규정하는 것이 아니고, 경제적 특권을 가장 많이 가진 거대한 독점자본가가 규정하게 되었다.

독점체의 수요에 맞는 것은 가치 있는 것이 되며, 그들의 수요에 맞지 않는 것은 사회의 수요자가 아무리 요구할지라도 가치가 없는 것으로 평가되었다. 독점체는 상품이 판매되지 않고 그들의 이윤 추구의 목적에 맞지 않을 때는 사회적 수요는 고려하지 않고 생산을 대대적으로 감축함과 동시에 근로자를 해고한다.

결국 시장의 수요는 사회적 수요를 대표할 수 없으며, 이윤 추구를 목적으로 하는 거대한 독점체의 이기적 요구를 대표하게 되었다. 근로자의 노동에 대한 불공평한 평가로 인해 빈부의 차이가 현저하게 나타나며, 근로대중의 구매력이 감소함에 따라 사회의 실질적인 수요와 시장의 수요 사이에는 문제가 더욱 벌어지게 되었다,

따라서 자본주의 시장경제를 비판하는 소리는 사회주의자들은 물론 자본가 계급 내부에서도 나오게 된 것은 당연한 귀결인지도 모른다.

2. 사회주의 계획경제

자본주의를 비판하는 사람들은 생산력과 생산관계의 불일치에서 자본주의 경제제도의 붕괴 필연성을 논증하려고 했다. 여기에서 생산의 사회적 성격과 영유의 자본가적 형태 사이에서 기본적인 모순이 발생한다는 명제를 확립했다. 이와 같은 명제의 타당성에 대해서는 더욱 깊이 연구할 필요가 있다.

그러나 자본가가 생산수단을 독점하고, 그것을 그들의 이윤 추구의 수단으로 이용하는 한, 생산력이 전면적으로 사회적 수요를 충족시키기 위해 봉사할 수는 없다는 주장도 있다. 따라서 생산수단에 대한 사적 소유 대신에 사회적 소유 제도를 수립하고, 사회가 직접 사회적 수요에 맞게 생산을 계획적으로 조직하고, 계획적으로 소비할 수 있도록 경제를 관리 운영하는 것이 필요하다는 주장이 옳을 수 있다는 것도 명백하다.

사회주의적 경제제도와 계획적 경제관리 체계의 수립은 자본주의 경제의 폐해를 없애고 경제를 사회적 수요에 맞추어 발전시키는데 상당한 생활력을 발휘했다. 생산에서의 무정부성과 경제공황의 위험성이 제거되고 실업을 완전히 없앨 수 있으며 빈부격차를 없애고 모든 근로자들에게 안전한 물질생활을 보장할 수 있었다. 이 점에서 자본주의 경제제도에 비해 사회주의 경제제도가 우월성을 갖고 있다는 사회주의자들의 주장도 설득력이 없는 것은 아니다.

그렇다면 왜 일부의 국가에서는 사회주의 경제제도의 우월성을 지속하여 발휘하지 못하고 파산한 것일까? 그것은 한마디로 말하면, 사회주의 경제관리가 사회주의 원칙에 위반되었기 때문이다.

구체적으로 실패의 원인을 찾아내는 권리는 직접 실패를 체험한 국가의 국민에 있다고 보는 것이 옳을 것이다. 우리들은 다만 일반적인 원리에 기초해서 추상적으로 추측하는 범위를 벗어날 수는 없다

여기서는 어느 국가가 어떻게 사회주의 원칙을 위반했는가에 대해서 서술하기보다는 사회주의 원칙을 위반했을 때, 어떠한 결과를 초래하는가에 대해서 추상적으로 언급한다.

첫째로 사회주의 원칙에 맞는 경제관리 체계를 수립할 수 없었고, 관리 담당자가 관료주의와 주관주의를 저지른 것이다. 사회주의적 소유는 집단적 소유이기 때문에 경제의 주인은 개인이 아니고 사회 집단이다. 따라서 집단주의 원칙을 구현하는 사회주의 경제관리 체계를 수립하는 것이 중요하다.

특히 국가 정권이 생산수단을 소유하고 있는 조건에서 경제 발전의 특징을 무시하고, 정권이 행정적 권한을 가지고 명령적으로 경제를 관리하는 결과를 가져왔다. 이렇게 해서 관리담당자가 주인과 같은 행동을 하고 근로자는 고용자와 다름없는 상태에 빠졌다.

둘째는 동지적 협조의 원리에 따라서 경제계획을 균형적으로 구체적 조건과 가능성을 과학적인 판단에 기초해서 수립되지 않았던 것에 있다. 생산수단이 사회화되어있는 조건하에서 사회주의 경제제도의 우월성은 경제계획을 어떻게 정확히 세울 수 있을지에 관계되어 있음에도 불구하고, 이 사업에 일차적인 주의를 기울이지 않고 많은 경우에 경제계획을 정치적 지시 명령을 집행하는데 추종시켰다.

모든 부문, 모든 단위의 동지적 협조를 원만히 실현하기 위해서는 균형에 맞게 창의성을 발휘하고 상대적 독립성을 살리면서 경제계획이 융통

성이 있어야 하지만 통일의 일면만을 강조하고, 그것조차 수행할 수 없을 정도로 과도한 과제를 부여하고, 법적 책임을 강력히 집행할 것을 요구함으로써 실질적으로는 경제 발전을 억제하는 결과를 초래하였다.

셋째로 경제활동에 대한 평가를 경시한 것이다.

무엇보다도 노동에 의한 분배 원칙을 정확히 준수하지 않았다. 자본주의 사회에서는 시장을 통해서 생산자가 제품의 생산에 얼마만큼 사회적 필요노동을 투하했느냐에 따라 자연 발생적으로 평가된다. 이와 같은 현실을 보고 일부 사람들은 노동의 투하에 의해서 평가되는 것이 하나의 법칙이라고 주장하면서 이른바 가치법칙이라고 명명했다.

만일, 자본주의 시장이 노동의 투하 정도를 평가한다면, 사회주의 사회는 특권이 없는 훨씬 공정한 사회이므로 노동자의 노동이 보다 정확하게 평가되지 않으면 안 되고, 그것은 시장을 통한 자연발생적인 것이 아니라 목적의식적으로 운영되는 사회적 평가체계를 통해서 엄격히 실현되지 않으면 안 된다.

그러나 노동에 대한 분배 원리를 선포만 하고 노동의 양과 질에 의해 평가하는 활동 체계는 올바르게 확립되지 않았다. 그러므로 농민이 국영농장이나 협동농장에서 성실하게 일을 하지 않고, 개인이 개인 경작지에서는 열의를 발휘하는 현상이 나타나게 되었다. 그 원인을 사상교육에서만 찾을 것이 아니라 무엇보다도 노동에 대한 가치 평가를 경시한 것에서 그 주된 원인을 찾지 않으면 안 된다.

인간의 창조적 활동과 그 결과에 대한 가치 평가를 경시한 것은 시대적으로 뒤떨어진 노동가치설을 고수한 것에 중요한 원인이 있다. 노동가치설의 주창자는 노동을 육체노동을 염두에 두고 육체적 노동자만이 물질

적 부를 창조한다고 생각했다.[87]

진정으로, 노동가치설의 주창자는 기계 기술 수단이 가치를 창조하는 것(즉 물건을 창조하는 것)을 부정하기 때문에 기계 기술 수단을 발전시키는데 결정적인 역할을 수행한 과학자, 기술자들의 노동의 높은 가치를 정당하게 평가하려고 하지 않았다. 그래서 단순한 육체노동을 수행하는 노동자에 비해 창조성이 비교할 수 없을 정도로 높은 지식노동자, 기술노동자가 낮게 평가되는 전도된 현상이 발생하게 되었다.

그러나 사회주의자는 육체노동자가 헌신적으로 노동하는 것과 사회주의적 소유는 착취를 배제하는 가장 뛰어난 경제제도라는 것을 선전하는데 열중했다.

노동가치설을 고집하는 사람들은 상업은 가치를 창조하지 않는다고 보고 있다. 상업에서 상품을 유통하는데 투하되는 노동은 가치를 창조해도 교환 자체에서는 노동이 투하되지 않기 때문에 어떠한 가치도 창조되지 않는다는 것이다.

사회주의자는 사회주의와 자본주의의 차이를 절대시하면서 자본주의 세계에서 달성한 결과는 모두 나쁜 것이라고 선전하는데 습관화되어 있기 때문에, 자본주의 사회에서 이룩한 훌륭한 경험과 성과를 받아들이지 않았고, 자본주의 세계와의 대립을 격화시키는 것이 혁명적 입장이라고 생각했다.

---

87) 그들은 이른바 고정자산인 생산수단은 아무런 가치도 생산할 수 없으며, 노동자만이 가치를 창조한다고 주장한다. 로봇이 육체노동자를 대신해서 물건을 만드는 시대에 이르러서 육체적 노동만이 가치를 창조한다고 하는 주장이 얼마나 비현실적인가 하는 것은 논의할 여지조차 없다. 만일 기계 기술 수단이 육체적 노동을 대신해서 가치를 창조하지 않는다면 무엇 때문에 기술을 발전시키기 위해서 노력할 필요가 있는 것일까? 또한 그들은 지식노동자를 낮게 평가할 뿐만 아니라, 관리 노동에 대해서는 더욱 경시하였다. 기업을 어떻게 합리적으로 관리하는가에 따라, 기업의 성과가 좌우된다고 해도 과언이 아니다. 다시 말하면 관리 노동은 지휘 노동인 것이다. 지휘의 중요성을 무시하고 힘든 육체노동의 중요성만을 강조하는 것은 어리석은 일이다.

결국 사회주의 경제제도는 사회적이며, 그 나름대로 인간의 사회적 본성에 부합하는 것이고, 계획적 경제관리 제도도 올바른 것이라고 평가할 수 있으나 그것을 운영하는 사람들이 사회주의 원칙을 깊이 체득할 수 없었기 때문에 사회주의 방법으로 운영할 수가 없었다.

사회주의자들은 특권을 없애고, 인간이 주인이 되는 새로운 사회를 건설하는 것을 목표로 했으나, 결과적으로는 인권을 유린하고 특권을 허용했으며, 사회주의 제도가 자본주의 제도보다 생활력을 발휘할 수 없는 중대한 상황에 빠지게 하였다. 또한 사회주의 사상 창시자의 학설에도 심각한 결함이 있었다.

3. 소련식 사회주의 붕괴의 원인과 교훈

사회변혁을 전진시키기 위해서는 사회변혁 운동의 주체부터 준비하고 강화하여야 하며, 국민이 주인이 된 새로운 사회를 건설하기 위해서는 주인으로서의 사상과 능력을 가지고 단결된 새로운 사회 건설의 주체부터 준비, 강화해야 하는 것은 명백하다.

그러나 소련식 사회주의로 총괄되는 국가에서는 모두 주체가 확립되지 않은 사회주의였다.[88]

1) 종래의 사회주의 본질은 사회주의를 지향하는 사람들에게 심각한 교훈을 주었다.

마르크스주의자들은 자본주의가 멸망하고 사회주의가 승리하는 것은 역사의 발전 법칙에 따라서 규정되는 두 개 제도의 필연적인 운명이라고 주장하였다. 그러나 소련과 동유럽에서 사회주의가 좌절한 것은 사회주의가 나아가는 전진 운동에서 큰 손실을 의미하는 것이었다.

사회주의의 본질에 관한 종래의 이론은 주로 계급해방과 계급 폐절을 보장하는 문제와 결합시켜 이해했다. 종래의 이론은 계급의 근거가 생산수단의 소유관계에 있다고 인정하는 것에서 생산수단에 대한 사회주의적 소유 제도와 그것을 옹호하기 위한 노동자 계급의 독재 정권을 사회주의 사회의 가장 본질적인 상징으로 보았다.

더구나 사회주의 제도가 수립됨으로써 계급해방은 실현되어도 물질적

---

88) 박용곤, 전게서, 정치학 편, p. 359

기초인 생산력이 그에 상응하는 수준에 도달하지 않은 조건에서 계급 폐절은 실현되지 않는다고 주장했다. 여기서 종래 이론은 사회주의 제도를 옹호하는 노동자 계급의 독재를 계속 유지하면서 생산을 발전시키고 물질적 기초를 양성하는 것을 계급 폐절의 기본 방법으로 인정했다.

이와 같은 이해는 《소비에트 정권 플러스 전국의 전기화는 공산주의》라고 하는 레닌의 공식으로 집중적으로 표현되고 있다.

사회주의에 대한 종래의 이론의 기초에는 마르크스주의 유물사관이 놓여있다. 종래의 이론은 물질생활이 정신생활을 규정한다고 하는 유물사관의 명제에서 출발하고, 경제생활이 정치생활과 사상 문화생활을 규정하며, 따라서 사회 역사적 운동의 운명은 경제를 어떻게 발전시키느냐에 달려있다고 보았다.

그러나 경제를 발전시키는 것은 어디까지나 인간이다. 경제를 어떻게 발전시킬 것인가 하는 것은 인간의 자질에 의해서 제약된다. 또한, 인간이 고립적으로 활동하는 것은 아니며, 사회적 관계를 맺고 사회적으로 활동함으로써 경제 발전은 사람들의 사회적 관계를 조절 통제하는 정치에 의해서 제약되지 않을 수 없다.

정치 · 경제 · 사상 문화의 3대 생활 가운데 어느 것이 사회 발전에서 결정적인 의의를 갖는가는 별개의 문제로 하더라도 모든 사회 역사적 운동의 주체는 국민 대중이며 따라서 대중의 자질과 역할이 이 운동의 운명을 규정하는 결정적 요인이 된다는 것은 의문의 여지가 없다.

여기에서 인간 중심의 철학은 사회주의 건설에서 견지해야 하는 기본 원칙은 주체를 강화하고, 그 역할을 높이는 것이라고 볼 수 있으며, 확실히 이 기본 원칙을 견지할 수 없었던 것에 사회주의 붕괴의 근본 원인이 있다고 볼 수 있다.

다시 말해, 사회주의를 건설한 일부의 국가에서, 사회주의가 좌절한 근본 원인은 사회의 본질을 역사의 주체인 국민 대중을 중심으로 해서 이해할 수 없었던 것에서 사회주의 건설에서 주체를 강화하고, 그 역할을 높이는 문제를 기본으로 해서 밀고 나아갈 수 없었던 것에 있다.

2) 사회주의의 실패의 원인

(1) 근로대중의 자질문제

근로대중이 사회주의 건설의 주체로서 당연한 자질을 구비하기 위해서는 사회주의 사상과 그 문화를 소유해야만 했었다. 근로대중이 사회주의 사상과 그 문화를 소유하는 문제는 사회주의 제도가 수립되었다고 해서, 또한 경제가 발전했다고 해서 스스로 해결되는 것은 아니다.

사회주의 사상은 착취와 압박에 반대하는 것만이 아닌, 개인의 이익보다도 사회의 이익을 더 귀중한 것으로 생각하고, 사회 공동의 이익을 실현하기 위해 동지적으로 서로 사랑하고 긴밀히 협조할 것을 요구하는 사상이다.

사회주의 사상을 가진 인간은 개인의 토지보다도 협동농장에서 보다 열심히 일하고, 협동농장보다도 국가 농장에서 더욱 열심히 일하지 않으면 안 된다.

소련에서는 사람들이 개인의 토지에서는 열심히 일하지만, 협동농장이나 국가 농장에서는 열의를 보이지 않았다. 이리하여 국가 소유는 누구의 소유도 아닌 주인이 없는 것으로 되었다. 이것은 소련에서 사회주의를 오랫동안 건설해 왔으나 근로대중이 아직 사회주의 사상을 체득하지 못했다는 것을 말해 주고 있다.

근로대중이 사회주의 사상은 갖지 않고서는 국가와 사회의 주인으로서의 책임과 역할을 수행할 수 없다. 이같은 사회주의는 주인이 없는 사회주의이기 때문에 그 우월성이 발양될 수 없고 사회주의 원칙을 지킬 수가 없었다.

그럼에도 불구하고, 일부 사람들은 사상의식을 경제제도의 반영으로 보는 선행 이론으로 교조주의에 빠져 근로대중을 사회주의 사상으로 교육하는 활동에 당연한 주목을 기울이지 못하였다. 특히 국내적으로 착취계급이 없으며 국가의 경제력과 군사력이 강화되어 제국주의의 무력침공을 얼마든지 격파할 수 있는 사실에 만족하면서 사람들을 사회주의 사상으로 교육하는 활동을 경시하는 중대한 오류를 범하는 것이 되었다.

사회주의 제도가 수립되었으나 사람들이 사회주의적으로 개조되지 않은 것은 사회주의 건설에서 가장 중요한 문제가 해결되지 않았다는 것을 의미한다. 사회주의 운명은 이 문제를 신속하게 해결하느냐 못하느냐에 따라 결정된다.

소련에서는 사람들을 사회주의 사상을 가진 주체로 육성하기 위한 확실한 사상개조를 우선하지 않았기 때문에 제국주의의 사상적 침투를 막을 수가 없었으며, 사회주의의 사상 기반이 붕괴한 것이다.

사회주의 사상교육이 심화되고, 개인의 이익보다 사회의 이익을 중요시하고, 동지적 사랑과 신의에 기초해서 서로 돕고 이끄는 집단주의적 원칙이 모든 사람들 속에서 도덕화될 때, 사회주의 생활 속에 깊은 뿌리를 내릴 수 있다.

사상개조를 경시하고, 사람들에게 사회주의 사상을 체득하지 못했던 조건에서 사회가 부유하게 되면, 사람들이 착취와 압박받은 과거조차 잊고 개인의 안일과 향락을 추구하면서 사회주의 발전을 위해 헌신적으로 일하지 않는다.

소위 사회주의 사회의 주인인 근로대중은 사상의식 상태에서 자본주의 사회의 인간과 질적으로 다를 뿐만 아니라, 문화 수준에서도 우월해야 했다. 자본주의 사회에서 사람들은 자기의 노동력을 자본가 계급에 파는 상태이지만, 사회주의 사회에서 근로대중은 이른바 국가와 사회의 주인의 지위에 있다는 것이다. 고용노동자의 자질과 국가와 사회의 주인의 자질이 같을 리가 없다.

사회주의 사회의 근로대중은 국가와 사회의 주인으로서의 책임과 역할을 다하는 이상, 문화 수준에서 자본주의 사회에 비해 압도적으로 우월했어야 했다. 그런데 소련 사람들의 문화생활은 자본주의 사회의 사람들과 비교해 비교적 건전하긴 했으나 그 수준에서 압도적으로 앞섰다고는 말할 수 없다.

사회주의의 승리를 달성하려면 과학, 교육, 문화예술과 보건활동 발전에 우선적인 힘을 기울이고, 이 분야에서 자본주의를 압도해야 하였으나 그렇지 못하였다.

(2) 정치적 지도의 결여

근로대중의 사상의식 수준과 문화 수준을 높이는 것은 그들의 역할을 높이는 근본적 조건으로 되지만, 근로대중의 사상 문화 수준이 높다고 해서 그들의 역할이 스스로 높아지는 것도 아니다. 사회주의 국가에서의 근로대중은 개인적으로 활동하는 것이 아니라 집단적으로 활동하기 때문에 그들의 사상과 창조력을 발휘하기 위해서는 올바른 정치적 지도가 보장되어야 한다.

개인주의가 기초하고 있는 자본주의 사회에서는 각각의 개인이 자기의 생활적 요구를 실현하기 위해 행동하게 된다. 따라서 여기서는 통일적인 정치적 지도가 커다란 의의를 갖지 않는다. 그러나 사회주의 사회에서는 공동의 목표를 실현하기 위해 사회적 집단의 힘을 합쳐야 하기 때문에 통일적인 정치적 지도가 필수적 요구로써 제기된다.

사회주의 사회에서의 정치적 지도는 근로대중에 새로운 투쟁 목표와 투쟁 방법을 제시하고, 그들이 국가와 사회의 주인의 지위를 차지하고 그 책임과 역할을 다하도록 지도해야 한다. 이것은 당의 지도와 대중노선을 결합시켜 사회주의적 민주주의를 최대한으로 발양시키는 것을 의미한다. 사회주의 사회의 이와 같은 정치방식은 자본주의 사회의 정치방식과는 근본적으로 구별되는 새로운 정치방식이다.

종래의 이론의 한계를 보지 못한 일부 사람들은 적대계급의 준동을 진압하는 데에는 경계를 높였으나 사회주의적 정치방식을 창조하고, 사회주의적 민주주의를 발전시키는 데에는 그만큼의 주의를 기울이지 못했다. 그렇기 때문에 사회주의적으로 제대로 준비되지 않은 당 간부들이 국가와 사회를 관리하는데 관료주의를 행사하는 것을 막을 수가 없었다.

이것은 근로대중이 사회주의 사회의 주인으로서의 책임과 역할을 하지 못하고, 나아가 사회주의를 반인민적인 것으로 변질시키는 중대한 사태를 초래하게 되었다.

(3) 사회주의 경제의 실패와 관료주의

소련 사회주의 경제의 이와 같은 본질적 결함을 시정하기 위한 대책도 적잖게 제기되었으나 그것은 완고한 독재자에 의해 반혁명, 수정주의적 견해라고 배격되었다. 결국 사회주의 경제가 종국적으로 정체된 것은 경제적 요인보다 특권층의 정치적 이익을 중시한 독재자의 관료주의적 경제 관리에 있었다고 볼 수 있다.

통치자는 경제보다도 독재의 무기를 강화하는데 일차적 관심을 기울였기 때문에 경제와 문화를 희생해서 군사력을 강화하는 군국주의를 강화하는 길로 나가지 않을 수 없었다.

종래 소련 사회주의 통치자는 세계의 사회주의화를 위해 방대한 군사비를 탕진하고, 경제의 발전 법칙을 무시한 주관적인 경제계획의 실행을 강요했다. 지도자의 독재가 당을 통해서 실현되는 정치 체제하에서 모든 경제기관에서 주인의 지위를 차지한 것은 당 간부이며 경제 활동가는 당 간부의 지시에 따라서 움직이는 노복奴僕의 지위를 차지하고 있었다.

따라서 경제 활동가는 당 간부의 정치적 요구에 무조건 복종하고 경제를 관리할 수밖에 없었으며, 많은 경우 당 간부가 경제활동가의 존재 자체를 무시하고 직접 기업 관리를 좌우했다. 그럼에도 불구하고 경제가 훌륭히 진행되지 않으면 그 결과에 대해서 당 간부는 책임을 지지 않고 경제활동가만 책임을 추궁당했다.[89]

경제를 알지 못할 뿐만 아니라 경제 발전보다도 정치적 신임을 획득하는 것만을 추구했다. 이와 같은 당 간부가 경제를 좌우하면서 관료주의와 부정부패를 조장시켜 경제를 멸망시켰다. 따라서 국가와 사회의 주인인 근로대중이 프롤레타리아 독재에 등을 돌려 일조일석에 사회주의가 붕괴되는 역사적 비극이 전개되었다.

---

89) 과거 소련에서 "기업들은 점차로 효율성 제고와 기술진보 촉진에 무관심하게 되어 갔다. 실제로 되어가는 일에 관련되어 있지 않고, 또 이해도 하지 못하는 사람들에 의해서 관료적 명령이 중앙으로부터 실제 생산현장으로 모든 길을 따라 하달되었다. … 이것은 농업뿐만 아니라 공업기업에서도 마찬가지였다. 그리고 중요한 사실은, 관료들은 명령은 내렸어도 그 명령의 결과에 대한 책임을 지지 않았다는 것이다.

※ 특히 주목되는 것은 1964년 당시 소련 인구 2억 8000만 가운데 1800만 명의 사람들(총 노동력의 15%)이 관료 계층이었다고 한다. 칼 브레이드/멘쉬코프, 장상환 역, 『자본주의 공산주의 그리고 공존』, 서당, pp. 50, 61 참조

3) 사회주의 붕괴의 교훈과 미래 사회

(1) 붕괴의 교훈

이상과 같이 소련식 사회주의를 건설한 국가에서는 경제와 군사기술 수단을 발전시키는데 편중하고, 근로대중이 국가와 사회의 주인으로서의 사상과 사회주의 건설자로서의 과학 문화적 자질을 갖추고 정치 도덕적으로 단결하는 문제를 경시했기 때문에, 결국 사회주의 주체가 약화되고 사상적으로 와해되었다.

이들 국가에서는 사회주의 정치방식을 수립할 수 없었으며 관료주의가 횡행하고, 당이 대중으로부터 이탈되고, 그 지도적 역할이 약화됨으로써 사회주의 건설의 주체인 근로대중의 역할이 저하했으며 마비 상태에 빠졌다.

소련식 사회주의를 건설하는 과정에서 집단의 자주성과 개인의 자주성을 올바르게 결합시키고 함께 실현하는 집단주의가 충분히 구현되지 못하고 개인주의가 조장되어 정치 · 경제 · 문화를 위시한 사회생활의 많은 분야에서 근로대중의 자주적 요구가 무시되고 억제되었다.

한마디로 말해서, 소련식 사회주의를 건설하는 과정에서 사회주의의 주체를 확립하는 과정이 없었다. 사회주의 주체의 와해와 그 역할의 마비, 사회주의 주체의 자주적 요구의 억제는 위력한 경제적 잠재력과 군사력을 가지고 있었음에도 불구하고 사회주의가 스스로 붕괴하는 비극적인 역사를 자초했다.

여기서 사회주의자들이 깨달을 수 있는 것은 근로대중의 자주성에 대한 사회변혁 운동과 새로운 사회주의 건설에서 주체를 강화하고, 그 역할을 높이는 주체의 자주적 요구를 실현하는 원칙을 올바로 구현하면 승리하고, 잘못하면 패배한다는 것은 사회주의를 위한 근로대중의 투쟁에서 경험한 패배 경험의 주된 총괄이라고 말할 수 있다.

(2) 미래 사회

마르크스주의자들은 "자본주의가 멸망하고 사회주의가 승리하는 것은 역사의 발전 법칙에 따라서 규정되는 두 개 제도의 필연적인 운명이다." 라고 말한다. 반면 "소련과 동구권 사회주의 붕괴는 사회주의 운동에서 나타난 역사의 일시적인 현상이며, 사회주의로 이행하는 전진 운동은 그 것은 어떠한 힘을 갖고 있다고 해도 정지시킬 수는 없다."고 하였다.

그러나 이와는 반대로 "사회주의는 소련의 붕괴에서 보듯이 자본주의 와의 체제 경쟁에서 완전히 패배해서 이 지구상에서 사라질 것이다."라는 견해도 만만치 않다.

그러면 과연 자본주의와 사회주의의 운명은 어떻게 될 것인가?

반봉건 민주주의 혁명으로 특권계급에 의한 독재체제는 붕괴되고 주권 재민의 민주주의 시대가 시작되었다. 자본주의 사회는 개인주의적 민주 주의 사회이며 경제 중심의 민주주의 사회이다. 자본주의적 민주주의는 역사 발전에서 전대미문의 위대한 업적을 쌓았다.

그러나 자본주의적 민주주의는 개인주의적 민주주의로서의 제한성을 가지고 있다. 인간은 개인적 존재인 동시에 집단적 존재인 만큼 개인주의 는 개인적 존재의 요구와 이익, 창조적 적극성을 발양시키는 데서는 그 우월성을 과시하였으나 집단의 통일과 협조를 발전시키는 것을 소홀히 하는 결함을 발로시켰다. 자본주의가 발전함에 따라 개인의 이익과 집단 의 이익 사이에 불일치가 발로했으며, 이것이 자본주의적 민주주의 발전을 저해하는 기본요인이 되었다.

개인주의적 자유경쟁은 자본주의 사회 발전을 추동하는 강력한 동력이 되었지만, 그 결과 승리자와 패배자의 간격이 크게 벌어지게 되었으며 패배자는 사회의 주인으로서의 지위를 상실하게까지 되었다. 이것은 사회 성원들이 다 같이 사회의 주인의 지위를 차지해야 한다는 민주주의 원칙에 배치되는 것으로서 자본주의 사회의 치명적인 약점으로 발로하게 되었다.

민주주의의 발전이 개인주의적 민주주의로 시작한 것을 옳았다. 봉건적 신분제도의 가장 큰 결함은 개인의 자유와 다양한 창조적 적극성을 억제함으로써 개인의 생존과 발전을 저해하는 것이었다. 그러므로 민주주의적 사회를 발전시키기 위해서는 우선 개인들을 신분제도에서 해방하고 자유를 보장하고 다양한 창조적 적극성을 발양시키는 것이었다. 자본주의 사회의 눈부신 발전은 개인들에게 자유와 평등을 보장하여 개인의 다양한 창조적 적극성을 발양시킨 결과이다.

개인적 존재를 떠난 집단적 존재가 있을 수 없을 뿐만 아니라 집단적 존재를 떠난 개인적 존재도 있을 수 없는 만큼 어느 쪽이 더 중요하다고 말할 수는 없다. 개인주의를 부정하는 집단주의나 집단주의를 부정하는 개인주의는 다 같이 인간의 본성과 인간의 근본 이익에 배치되기 때문이다.

그러나 인간의 욕망을 충족시키는 순서로 볼 때는 우선 개인의 생존을 보장하기 위한 욕망을 충족시킨 다음에야 집단의 생존에 대하여 생각하는 것이 올바른 순서라고 볼 수 있는 것이다.

자본주의적 민주주의가 개인의 생존 문제에 치중하고 집단의 생존 문제를 소홀히 하는 점이 있다고 하여 개인주의 사회를 집단주의 사회로 바꾸려고 하는 것은 잘못이다. 더구나 자본주의적 민주주의를 사회주의적 계급 독재로 바꾼다는 것은 민주주의를 부정하고 독재사회를 건설하려는 것으로써 사회를 발전시키는 것이 아니라 후퇴시키는 잘못된 행동이 아닐 수 없다. 사회주의 혁명이 마르크스주의자들의 과오였다는 것은 소련식 사회주의의 붕괴로 역사적으로 실증되었다.

결국 냉전에서의 소련 진영의 패망은 자본주의적 개인주의가 자체의 일면성을 극복하기 위하여 집단주의적 장점을 받아들인 데 비하여 사회주의적 집단주의는 자기의 일면성을 극복하기 위하여 자본주의의 장점을 받아들이는 사업을 하지 않고 지속적으로 폐쇄성을 강화하였던 것이다.

그러나 자유민주주의자들은 소련 진영의 붕괴로써 개인주의적 자본주의가 종국적으로 승리한 것처럼 생각하고 자만, 도취하였으며 개인주의적 민주주의를 개선하기 위한 대책에 대하여 응당한 관심을 돌리지 않았다.[90]

그 결과 자본주의적 민주주의 체제는 자체 내부의 원인과 결부된 일련의 위기와 함께 외부의 독재 세력의 도전까지 받게 되었다. 승리한 자유민주주의자들은 마땅히 세계의 항구적인 평화와 민주주의 발전을 보장하기 위하여 세계 민주화의 높은 전진 목표를 내세웠어야 했다.

앞으로 어떤 나라 국민의 주도적 역할에 의하여 어떤 경로를 거쳐 세계 민주화가 실현될 것인가 하는 문제는 예측하기 어렵다. 그러나 세계 민주화의 실현은 역사 발전의 필연적 요구라는 것은 명백하다.

그러나 기존의 사관史觀을 종합하는 것으로 미래의 문제가 해결되는 것은 아니다. 일부 마르크스주의자들은 "자본주의는 그 고유한 모순과 위기의 심화에 의해서 결국 인류 역사에서 물러날 운명에 처해있는 사회다."라고 하지만 개인주의(자본주의)와 집단주의(사회주의)는 인간이 개인적 존재인 동시에 집단적 존재라는 불멸의 원리를 바탕으로 한 인간 본

---

90) 황장엽, 전게서, 『민주주의와 공산주의』, p.6

성의 두 측면이기 때문에 양자는 영원히 존재할 것이다. 인간은 개별성과 사회성이라는 두 날개를 가지고 살아야 참된 행복을 누릴 수 있다.

따라서 양자의 장점을 결합시키는 것만이 올바른 발전의 길이라는 지도이념을 확립하고 이에 의거하여 계속 전진한다면 앞으로 인류 발전에 헤아릴 수 없는 귀중한 기여를 할 수 있게 될 것이다.

사회주의 국가인 중국에서는 정치는 사회주의 체제를 고수하고, 경제는 1978년 이후 개혁개방을 통하여 매년 10% 이상의 경제성장을 거듭하고 있다. 반면, 자유민주주의(자본주의적 민주주의)의 종주국이라고 할 수 있는 미국에서는 2020년 대선 후보인 민주당의 버니 샌더스 후보가 자기 자신을 가리켜 "나는 사회주의자요"라고 과감하게 주장할 정도로 미국에서 사회주의가 대두되고 있는 현상[91]을 눈여겨볼 필요가 있다.

---

91) 2019년 1월 갤럽 여론조사 결과, 민주당 지지층 중 사상 최다인 51%가 스스로 진보라고 생각한다고 밝혀, 처음 갤럽에서 해당 질문의 여론조사를 실시한 이후 최고치를 기록하기도 했다. 또한 2016년 버니 샌더스가 공약할 때만 해도 급진적이라는 말을 듣던 전 국민 의료보험 제도 도입, 대학 등록금 무료화, 부자 증세 등의 정책들이 민주당 지지층 사이에서 70~80%를 웃도는 압도적인 지지를 받는 것으로 드러나 민주당 지지자들이 진보 성향이 강해진 것으로 분석되었다.

또한, 샌더스의 주장을 보면, 일부 독점 은행의 국유화, 1% 부자 증세, 무상 대학 등록금, 전 국민 의료보험, 15달러로 최저임금 대폭 인상, 패권적 국제 개입 금지 등을 내세우고 있다. 안병진 지음, 『미국의 주인이 바뀐다』 메디치, pp. 44~45 참조.

제6장

—

민주주의 지도자론

제1절_ 정치적 지도

일반적으로 사람들에게 목표를 제시하고, 그것을 달성하도록 그들을 이끄는 것을 지도라고 말하며 지도하는 사람을 지도자라고 한다.

'지도'는 지도하는 사람과 지도받는 사람의 상호작용이 있어야 성립한다. 이 상호작용은 지도자를 주도로 하여 수행된다. 지도하는 사람은 지도받는 대상에 행동목표가 무엇이며, 그것을 달성하기 위해서는 어떻게 할지를 가르치고, 목표를 달성할 수 있도록 행동을 지도한다.

지도 문제는 사람들의 집단 활동에서 통일성을 보장하기 위해 제기되는 것이다. 집단 활동은 집단이 제기하는 요구를 집단의 힘으로 실현하는 과정, 바꾸어 말하면 집단의 힘에 의해서 공동의 목표를 실현하는 과정이다. 집단의 요구와 이익을 실현하는 방향에서 집단 활동이 보장되기 위해서는 집단을 이루고 있는 각각의 성원이 통일적으로 활동해야 한다.

이와 같은 통일성은 지도에 의해서 보장될 수 있다. 규모가 큰 집단일수록 보다 많은 조직적인 행동이 요구되고, 지도의 보장이 절실한 의의를 갖게 된다. 지도를 떠난 사회적 운동, 집단적 운동 등은 있을 수 없다.

사회적 운동의 기본영역을 이루고 있는 사회개조, 자연개조, 인간 개조, 정치·경제·문화 분야에서 일어나는 사회적 활동은 지도가 보장됨으로써 충분히 진행된다. 지도가 보장되어야 정치적 기관, 경제기관, 과학,

교육, 문화기관의 활동이 원만히 진행된다.[92]

지도는 사회생활의 모든 분야에서 필요하다. 특히 정치적 지도는 사회의 생존과 발전을 위해 근본적 의의를 갖고 있다. 그것은 정치의 특성과 관련 있다. 정치는 계급 또는 사회 공동의 이익과 부합하여 사람들의 활동을 통일적으로 조직하는 사회적 기능이다.

정치는 사회 성원에 대한 통일적인 지휘, 관리라고 하는 점에서 경제나 문화와 구별된다. 정치에서는 인간 관리가 직접적인 목적이 된다. 바꾸어 말하면 사회 성원, 즉 사람들에 대한 통일적인 지도와 지휘 기능, 사회와 인간 관리 기능이 정치이다.

사회에 대한 통일적인 지도와 지휘 기능에서의 정치는 사회의 생존과 발전을 위해 반드시 있어야 하는 사회적 기능이다. 정치 없이는 집단생활, 공동 활동이 이루어지지 않으며 사회가 유지 발전되지 않는다.

사회는 인간의 집단이며 인간이 사회적으로 결합되어 서로 협력하면서 살아가는 집단이 사회이다. 사회를 이루고 있는 개별적인 사람들은 상이한 요구와 능력을 갖고 있다.

사회 성원은 사회의 유기적인 구성 부분으로 사회가 통일체로서 존재해야 자신의 생존과 발전이 보장되기 때문에 사회적 요구가 실현되고 사회의 통일이 보장되는데 이해관계를 가짐과 동시에 서로 다른 이해관계를 갖는다.

---

92) 《지휘》, 《관리》에 대해 명확히 할 필요가 있다. 그것은 관리라고 하는 용어가 지도와 동의어로서 사용되기 때문이다. 실제로 집단에 대한 지도와 지휘는 같은 의미로 사용되고 있다. 일정한 목적 달성을 위해 집단을 통일적으로 움직이는 것을 지휘라고 한다. 집단 활동에 대한 지휘에서는 목표를 올바로 제시함과 함께, 그것을 실현하기 위한 분담을 수행한다. 목적을 달성하게끔 활동을 조절하고, 통제하는 것이 중요한 기능이다. 여기서 활동을 분담하고, 조절 통제하는 기능, 즉 활동을 직접적으로 이끌고 가는 기능만을 관리라고 한다. 관리는 지도, 지휘의 일상적인 기능이다. 관리라고 하는 용어는 그와 함께 지도, 지휘와 같은 의미가 될 수도 있다. 경제관리, 국가관리, 사회관리라고 하는 경우가 그것이다.

따라서 사회가 통일체로서 생존하고 발전하기 위해서는 사회적 요구, 사회 공동의 목표를 달성할 수 있도록 상이한 요구와 이해관계를 통일적으로 조절하고 상이한 힘이 통일적으로 작용할 수 있도록 이끄는 것이 필요하다. 한마디로 말해 사회에 대한 통일적인 지휘, 즉 정치적 지도가 필요하다.

정치적 지도가 충분히 보장되지 않으면 사람들의 요구와 이해관계의 충돌에 의해서 혼란이 조성되고, 자기의 힘을 충분히 사용할 수가 없게 되며 사회의 힘이 낭비 된다. 이렇게 되면 사회가 존재할 수도 발전할 수도 없다.

정치는 사회의 생존과 발전을 위해 필요한 것이다. 인간의 사회적 집단에 대한 통일적인 지도와 지휘 기능으로서의 정치는 어느 사회에도 존재한다.

역사의 여명기에, 원시 사회에서 처음부터 정치가 독자적인 사회적 기능으로서 알려진 것은 아니다. 그러나 원시 사회에서도 인간의 집단생활이 이루어진 이상, 집단생활에 대한 통일적인 지휘와 인간 관리는 있었으며 그것을 담당하는 지휘자와 관리자가 있었다고 하는 것은 의문이 여지가 없다.

원시공동체 사회의 말기에 이르러 공동체의 규모가 커지고, 사회적 연계가 확대됨에 따라 집단을 통일적으로 관리하는 것이 더욱 중요한 활동으로 되고, 그것을 맡은 지휘자와 추장의 역할이 더욱 커지게 되었다. 그 과정에서 사회관리(정치)가 독자적인 사회적 기능으로써 알려지게 되고 특권계급과 지배계급이 출현하게 되었다.

'지위와 역할'은 통일되어 있으면서도 항상 일치하는 것은 아니다. 특정 사회에서는 사회적으로 중요한 역할을 하더라도 당연히 사회적 대우를 받지 못하는 사람들이 존재하고, 사회적 지위만 차지하고 많은 대우를 받더라도 사회를 위하여 그만큼 역할도 하지 않는 인간이 존재한다. 이와 같이 지위와 역할의 배리가 모든 사회적 불평등과 불합리의 근원이 된다.

'계급사회의 출현'과 더불어 사회적 집단에 대한 통일적 지휘 기능으로서의 정치가 독자적인 사회적 기능으로 분리되면서 국가가 발생하게 되었다. 사회적 집단에 대한 통일적인 지휘, 즉 정치는 그것을 담당하고 있는 사회적 조직에 의해서 보장된다. 물질적 실체를 떠난 순수한 운동 및 활동이 있을 수 없는 것과 같이 정치조직을 떠난 정치활동 등은 있을 수 없다.

정치가 독자적인 사회적 생활 분야로 나누어지면서 국가가 발생하게 되었다. 국가는 사회의 전 성원成員을 망라하는 가장 포괄적인 정치조직이다. 지배계급은 국가 정권을 장악하고 사회에 대한 정치적 지배를 실현하게 되었다. 사회가 계급으로 분열하고 지배계급이 국가 정권을 독점하게 됨에 따라 정치는 정치적 지도로 될 수 없었으며 사회에 대한 지배계급의 통치로 되었다.

착취 사회에서는 지배계급은 사회의 공동의 이익에 부합하여 정치를 수행하는 것이 아니라 그들의 이기적인 계급적 요구, 이해관계에 부합하여 정치를 한다. 착취 사회에서 정권을 장악한 지배계급은 행정력에 의거해서 그들의 이기적인 계급적 요구를 전 사회로 강요하고, 그것을 실현하는 방향에서 사회를 지배하고 관할한다. 따라서 착취 사회에서 지배계급의 정치는 사회에 대한 정치적 지도로 되는 것이 아닌 통치로 된다.

정치적 지도와 통치는 엄격히 구별된다. 사람들에게 그들의 요구와 이해관계에 부합하지 않는 것을 실현하도록 강요하고 통제하는 것은 지도가 아니다. 지도는 사람들의 요구에 부합하여 행동하는 목표를 제시하고, 그것을 실현하는 방향에서 사람들의 활동을 지휘하는 것이다.

착취 사회에서 지배계급이 마치 사회에 대한 지도 기능을 수행하는 것처럼 보일 수 있다. 그것은 지배계급이 정권을 장악하고 있는 것과 관련해 있다. 원래 정권은 정치하는 권한, 바꾸어 말하면 사회를 통일적으로 지휘하는 권한이다. 사회에 대한 통일적인 지휘는 사회의 생존과 발전을 위해 필연적으로 요구되기 때문에 정권은 어느 사회에서나 존재한다. 착취 사회에서도 정권은 반드시 있어야 한다.

착취 사회에서도 사회 공동의 과제가 제기되고 정권이 그것을 관할한다. 이로 인해 착취 사회에서 정권을 장악한 지배계급이 사회에 대한 통일적인 지도 기능을 수행하는 것처럼 보인다.

그러나 정권 활동과 정치가, 어느 사회에서나 반드시 지도 기능으로 되는 것은 아니다. 바꾸어 말하면 어느 사회에서나 정치가 단지 정치적 지도로 되는 것은 아니다. 정권을 장악한 지배계급이 그것을 그들의 이기적인 요구와 목적을 실현하는 데 이용하고 정권에 의거해서 사회를 지배하고, 사회 공동의 사업을 그들의 이익에 맞게 관할하게 되면 그것은 이미 지도 기능이 아닌 통치이다.

그들은 국민 대중에 군림하고, 대중을 지배하는 통치자이며, 대중의 자주적 요구의 실현을 억압하는 억제자이다,

노예 사회나 봉건 사회에서의 국왕은 최고 통치자, 즉 최고 지배자로서 군림한다. 최초에 봉건 국왕은 토지나 그 밖의 부富 뿐만 아니라 자기의 통치하에 있는 인간까지도 모두 자기의 소유물로 생각하고, 그들에 대해 절대적 지배권을 행사했다. 사회관계가 발전함에 따라 지배계급은 이와 같이 하는 것만으로는 그들의 지배적 지위를 유지할 수 없다는 것을 자각하게 되었다.

지배계급은 국민 대중의 반항을 완화시키기 위해 그들의 반인민적 정

체를 숨기기 위해 최고 통치자를 전 국민의 이익을 대표하는 지도자인 것처럼 묘사하고 교묘한 방법을 사용했다.

그러나 착취 사회에서 지배계급의 최고 통치자가 국민의 이익을 대표하는 지도자가 아닌 것은 명백하다. 국민 대중 위에 군림하고 그들을 지배하고 통치하는 것이 아니라 국민 대중의 이익을 옹호하고, 그들과 하나의 운명의 공동체로 결합되어 국민의 운명을 개척하기 위해 활동하는 지도자야말로 국민의 지도자로 된다.

착취 사회에서 국민 대중은 지배계급의 통치에서 즉 통치계급의 정치적 지배와 예속으로부터 탈피하고 정권의 주인으로 될 것을 요구하며 일어서는 것은 자주성을 실현하기 위한 근본적인 요구이다.

인간이 사회의 주인이 되기 위해서는 정권의 주인이 되어야 한다. 정권이 사회를 통일적으로 지휘하는 권한을 가지려면, 정권의 주인이 되지 않으면 사회의 주인이 될 수 없다. 따라서 국민 대중이 사회적 예속, 착취와 억압으로부터 벗어나고, 사회의 주인의 지위를 차지하기 위해서는 정권을 쟁취하기 위한 투쟁을 전개해야 한다.

착취 사회에서 국민 대중이 자주성을 실현하기 위해 전개하는 투쟁은 정치투쟁이다. 정권을 장악하고 사회를 관할하는 것뿐만 아니라 사회적 지위를 높이기 위한 투쟁도 정치투쟁이다.

자주성을 옹호하기 위한 국민 대중의 정치투쟁은 그것을 통일적으로 조직하고 지휘하는 정치적 지도에 의해 훌륭하게 수행된다.

국민 대중을 주체로서의 자각을 갖게 하고, 조직화하고, 올바른 전략전술에 따라서 행동하도록 이끌고, 통일적인 정치적 지도 없이는 국민 대중이 자주적인 정치적 주체로 될 수 없다. 그뿐 아니라 자주성을 위한 투쟁을 올바로 전개할 수 없으며 사회적 지위와 역할에서 변화를 가져올 수도 없다.

국민 대중의 자주성이 억압되는 곳, 즉 착취와 억압이 있는 곳에는 반항이 있다. 역사가 가리키는 바와 같이 노예제 사회와 봉건제 사회에서는 억압자와 착취자에 반대하는 노예나 농민의 봉기가 있었으며, 그때는 그들의 지도자가 나타나 그의 지도하에 봉건적 통치제도에 반대하는 국민 대중의 투쟁이 전개되었다. 고대 로마에서 노예의 반란을 지도한 스파르타쿠스, 중세기 유럽에서 가장 큰 농민전쟁이었던 독일 농민전쟁을 지도한 토마스·미첼, 조선시대(1894년)의 농민전쟁을 지도한 전봉준 등을 실례로 들 수 있다.

그러나 그들은 국민 대중의 이익을 대표하는 지도자는 아니었다. 그들은 국민 대중의 근본적인 요구와 이해관계가 무엇이며, 그것을 실현하기 위한 방법이 무엇인가를 알지 못했고, 현존하는 제도를 없애고 어떠한 사회를 확립할 것인가를 알지 못했다.

그들은 국민 대중을 의식화하고, 조직화해서 하나의 정치적 주체로 만들어내는 지도력을 갖추지 못했다. 그들은 국민 대중과 하나의 공동운명체로 결합되지 않았다. 단지 개인적인 권위와 힘만으로 한정된 대중의 지지를 받는 데 지나지 않았다.

그들은 지배자와 통치자에 대한 불만과 반항심을 자극하고 항쟁에 나서서 대중의 선두에서 싸울 수 있는 인물에 지나지 않았다.

제2절_ 정치적 지도자의 지위

정치적 지도자의 지위에 관한 문제는 역사의 자주적인 주체, 자주적인 사회정치적 생명체 속에서 정치적 지도자가 차지하는 지위에 관한 문제이다.

사회 구성원은 당의 지도하에 정치적 지도자를 중심으로 하여 조직 사상적으로 결속됨으로써 영세하는 사회적인 생명력을 지닌 하나의 사회정치적 생명체를 형성한다.

국민 대중이 자주적이고 창조적으로 자기의 운명을 개척할 수 있는 것은 정치적 지도자를 중심으로 해서 조직 사상적으로 결속되어야 한다.

사회정치적 생명체는 사회정치적 생명을 가진 생명체이다. 사회정치적 생명은 인간만이 갖는 생명이며, 그것을 가진 사회정치적 집단은 인간의 집단이다. 따라서 사회정치적 생명을 올바로 이해하기 위해서는 인간의 생명에 대한 올바른 이해가 필요하다.[93]

사회적 생명을 가진 생명체가 사회적 생명체이다. 사회적 생명체는 그 것에 고유한 생명활동, 사회적 생명활동을 수행한다. 사회적 생명활동은 사회가 갖고 있는 생활력에 의거해서 사회적 요구가 실현되는 과정이다. 만일, 사회가 생명을 갖지 않거나 생명활동을 하지 않으면 사회 자체의

---

93) 생명이 무엇인가의 문제에 대해서는 역사적으로 오랜 기간 논의되었다. 어떤 사람은 생명을 물질을 초월한 《영혼》으로 이해하고, 어떤 사람은 생명을 기계의 작용과 같은 물리학적 속성으로 보는 기계론을 주장했다. 엥겔스는 생명을 단백 물체의 존재방식이라고 규정했다. 이것은 생명을 신비화하는 잘못된 이해를 극복하는 데에는 중요한 역할을 했다. 그러나 엥겔스 자신이 말하고 있듯이 이것은 생명에 관한 충분한 규정이 될 수 없었다. 인간만이 사회적 결합체, 즉 사회는 개별적인 인간의 생명과 질적으로 다른 그 고유한 생명을 가짐으로써 사회적 생명체가 된다.

존재와 발전이 불가능하다.

사회정치적 생명은 사회정치적 활동을 수행할 수 있는 생명이며, 그것을 갖고 있는 사회적 집단이 사회정치적 생명체이다.

정치적 지도자와 정당, 국민 대중이 결합하고 형성되는 사회정치적 생명체에서 정치적 지도자는 정치조직에서 최고의 지위를 차지한다.

국민 대중이 자주적인 사회정치적 생명체를 이루고 운명을 올바르게 개척하기 위해서는 그들의 자주성과 창조성이 통일되고 발양되어야 한다. 바꾸어 말하면, 자주적인 요구와 이해관계에 기초해서 통일되고 하나의 통일적인 요구를 제기하고 그것을 실현하는 방향에서 창조적 활동이 수행되어야 한다. 국민 대중을 이루고 있는 사회 성원이 서로 다른 요구를 제기하고, 그들의 힘이 분산적으로 작용하게 되면 통일적인 생명체로서 생존할 수가 없으며 운명을 올바로 개척할 수 없다. 국민 대중의 자주성과 창조성이 통일되고 발양할 수 있도록 하기 위해서는 그것을 관할하는 중심이 있어야 한다.

사회정치적 생명체를 이루고 있는 국민 대중의 사회적 생명의 중심, 국민 대중의 자주성과 창조성을 통일시키고 발양시키는 사회 구성원의 중심이 다름 아닌 정치적 지도자이다.

개인적인 인간의 생명의 중심은 뇌수이다. 그러나 사회정치적 집단의 생명의 중심은 정치적 지도자이다. 따라서 정치적 지도자는 사회정치적 생명체의 최고기관이라고 말할 수 있다. 정치적 지도자는 사회정치적 생명체를 이루고 있는 국민 대중의 최고의 뇌수로서 그들을 하나의 사회정치적 집단으로 결합시키고 그 단결의 중심을 구성하고 있다.

국민 대중이 하나의 통일적인 사회 정치적 집단을 이루고 통일적으로 운명을 개척하기 위한 행동을 전개하기 위해서는 통일적인 요구에 따라서 통일적인 행동 목표를 내세워야 한다. 민주정치에서는 다양성도 중요하지만 통일성이 보장되지 않으면 집단이 집단으로서 생존할 수 없으며 통일적인 목표를 내세울 수도 없다.

사회 구성원이 하나의 사회정치적 생명체로 결합되고 통일적인 목표를 내세우기 위해서는 반드시 하나의 사상, 국민 대중의 근본적 요구, 자주적 요구와 그것과 관련하여 이해관계를 반영할 수 있는 자주적인 정치적인 사상을 가져야 한다.

또한, 국민 대중이 통일적인 사회적 생명체를 이루기 위해서는 조직적으로 단결해야 한다. 사상적 통일만으로는 국민 대중이 하나의 사회적 집단을 이룰 수 없다. 사상의 통일성은 요구와 이해관계에 대한 자각에서의 통일성을 의미할 뿐이다. 국민 대중의 모든 성원이 이해관계의 통일성에 기초해서 조직적으로 결속해야만 하나의 통일적인 생명체를 이루게 된다.

국민 대중이 사상적 단결, 집단적 결속을 이루고 견고한 사회적 이익집단을 형성하기 위해서는 하나의 중심이 있어야 한다. 이와 같은 중심으로써 자주적인 사상의식을 완전히 체득하고 국민 대중의 요구와 이해관계를 종합적으로 분석할 수가 있으며, 국민 대중의 이익을 위해 투쟁할 수 있는 국민의 대표자, 한마디로 말해 국민 대중 대중이 선출한 국민 대중의 자주성의 대표자만이 정치적 지도자가 될 수 있다.

정치적 지도자는 국민 대중의 이익의 대표자이기 때문에 정치적 지도자의 사상, 의사意思는 국민 대중의 사상과 의사이다. 정치적 지도자에 의해서 국민 대중의 요구와 이익, 염원과 의사가 결합되고 정치적 지도자의 사상과 의사가 집중적으로 표현된다.

따라서 국민 대중을 이루고 있는 각각의 성원은 정치적 지도자의 사상과 의사를 받아들이고 정치적 지도자를 중심으로 굳게 단결할 때 개인의 이익과 집단의 이익이 완전히 공유된 통일체를 이룰 수 있다. 정치적 지도자는 국민 대중의 운명을 개척하기 위해 창조적 활동을 통일적으로 지휘하는 중심에 있다.

공동의 목표를 달성하고 국민 대중의 창조적 활동이 수행될 수 있도록 하기 위해서는 집단 성원의 협력이 올바로 조직되고 구조상 통일이 보장되어야 한다. 이것은 하나의 지휘 중심에 의해서만 가능하다. 이와 같은 중심은 사람들의 창조적 능력을 통일적인 목표 수행에 조직 동원할 수 있는 능력을 갖고, 국민 대중의 창조적 힘이 통일적으로 작용하도록 이끄는 대표자가 정치적 지도자이다.

정치적 지도자의 지도를 받지 않는 사회 구성원의 힘은 분산된다. 분산된 힘은 하나의 잠재력에 지나지 않는다. 국민 대중의 잠재적 힘은 정치적 지도자의 통일적 지휘 하에 운명 개척을 위해 창조적 활동을 추진하는 거대한 현실적 힘으로써 작용한다.

이와 같이 정치적 지도자는 국민 대중의 자주성과 창조성의 대표자로서 자주적인 사회 정치적 생명체의 중심이 된다. 정치적 지도자는 근로대중을 사회 정치적 집단에 결합시키는 단결의 중심임과 동시에 국민 대중의 운명 개척을 위한 창조적 활동을 통일적으로 지휘하는 지도의 중심이다.

뇌수의 지휘 기능이 생명 유기체의 생존과 운동을 규정하는 가장 중요한 기능임과 마찬가지로 정치적 지도자의 지도는 사회정치적 생명체의 생명활동, 국민 대중의 존망을 규정하는 매우 중요한 사회적 기능이 된다. 훌륭한 정치적 지도자를 갖지 못한 국민 대중은 자주적인 사회정치적 생명체를 형성할 수 없으며, 운명 개척을 위한 통일적인 행동을 수행할 수 없다. 훌륭한 정치적 지도자의 지도를 받지 못하면 국민 대중은 자주적인 역사의 주체로서 생존하며 활동할 수가 없다.

국민 대중의 최고 뇌수인 정치적 지도자는 대중의 단순한 성원이 아닌 집단 전체의 이익을 옹호하고, 집단 전체의 생명활동을 통일적으로 지휘하는 집단의 지도자이다. 이와 같은 점에서, 국민 대중을 구성하고 있는 개별적인 성원과 정치적 지도자의 관계는 개인과 개인의 관계가 아닌 부분과 전체, 개인과 집단의 관계가 된다. 정치적 지도자는 국민 대중의 성원이지만 누구나 정치적 지도자가 될 수 있는 것은 아니다.

　국민의 정치적 지도자로 될 수 있는 자질과 능력을 구비한 사람이 국민의 신임과 지지에 의해서 정치적 지도자로 선출되는 것이다. 정치적 지도자는 국민 대중의 요구를 통일시키고 그들의 생명활동, 운명 개척을 위한 활동을 통일적으로 지도해야 하는 임무를 지니고 있다.

　정치적 지도자가 그 임무를 다하기 위해서는 국민 대중을 지도할 수 있는 권한, 바꾸어 말하자면 정치적 지휘의 지위를 차지하고 지도자로서의 역할을 다해야 한다.

　정치적 지도자는 국민 대중에 대한 지도권만을 갖는 것이 아니라 대중의 운명 개척을 위한 활동을 올바로 이끌어야 하는 책임도 지고 있다. 정치적 지도자로서 지니고 있는 이와 같은 임무와 책임을 다할 수 있는 자질과 능력을 구비한 사람이야말로 국민의 정치적 지도자가 될 수 있다.

　정치적 지도자가 갖추어야 하는 자질은 국민 대중의 근본적인 요구일 뿐만 아니라 그것을 옹호하고 실현하기 위해 투쟁하는 충실성이며, 국민 대중의 창조력을 훌륭하게 조직 동원할 수 있는 지도력이다. 한마디로 말해 국민 대중에 대한 충실성과 지도 능력이 정치적 지도자의 기본 표증이다.

　국민 대중에 대한 충실성을 가진 사람이야말로 대중의 이익에 맞게 지도활동을 올바르게 수행할 수가 있다. 지도 능력을 갖지 않은 인간은 지도권을 가졌다고 하더라도 지도적 역할을 올바로 수행하지 못하기 때문에 국민 대중의 운명 개척을 위해 창조적 활동을 훌륭하게 이끌 수가 없다.

국민 대중에 대한 충실성과 지도 능력을 가장 높은 수준으로 지니고 있는 사람이 지도적 지위를 차지하고 지도적 역할을 하는 것이 사회의 근본적 이익에 합치한다.

정치적 지도자를 갖고 그 지도를 받는 것은 국민 대중이 통일적인 주체를 이루고, 운명을 올바로 개척해 가기 위한 기본적 요구이기 때문에 국민 대중은 정치적 지도자를 선출하는 데 깊은 관심을 갖는다. 자신과 국민 대중은 그들과 운명공동체로 결합되어 운명을 올바로 이끌 수 있는 지도자로서의 자질을 가장 높은 수준에서 체현하고 있는 사람을 신임하고 정치 지도자로 선출한다.

정치적 지도자는 국민 대중의 신임과 지지 속에서 지도적 지위를 차지하고 지도자로서의 역할을 원만히 수행할 수가 있다. 국민 대중의 신임과 지지를 받지 못하는 정치적 지도자는 이미 지도자가 아니다.

국민 대중이 자기의 참된 정치적 지도자를 가질 수 있는지의 여부는 그들의 자주적인 사상의식과 정치적 준비 정도에 의해서 규정된다.

정치적 지도자는 국민 대중 속에서 선출하지만, 국민 대중이 자주적인 주체로 결합되어 자기의 운명을 자주적으로 창조적으로 개척하는 길을 보이는 것은 국민의 참된 정치적 지도자이다.

국민 대중과 하나의 공동운명체로 결합되어 대중의 이익을 철저하게 옹호하고 대중의 요구에 부합하여 그들의 운명을 통일적으로 이끌고 지도해야만 국민의 참된 정치적 지도자가 될 수 있다.

제3절_ 정치적 지도자의 역할

사람들의 사회정치 생활에 있어서 가장 중요한 문제는 정치 지도자를 올바르게 선출하는 것이다. 정치 지도자를 어떻게 선출하느냐에 따라서 사람들의 정치적 운명과 국가의 운명이 성공리에 수행될 수도 있으며 그렇지 않은 경우도 있다.

따라서 정치적 지도자의 자질과 품성을 어떻게 이해하며, 어떻게 선출하는가, 정치 지도자와 국민과의 관계를 어떻게 파악하는가 하는 문제에 대해서 사람들은 깊은 관심을 기울여 왔다.

사실 정치 지도자는 사회 발전에 큰 영향을 미쳤다. 진보적인 정치 지도자는 사회 발전에 긍정적인 영향을 미치기도 하고, 수구적인 정치 지도자는 사회 발전에 부정적인 영향을 끼쳤다.

탁월한 정치 지도자는 그 용감함과 헌신성, 현명함과 성실성에 의해 자기 국민의 운명 개척의 과정을 크게 촉진시킬 수 있다. 뛰어난 지도자의 존재 여부는 많은 경우, 사회 역사적 운동의 성패의 직접적인 원인이 되었다. 이와 같이 역사에 있어서 정치 지도자가 하는 역할은 매우 크다.

그들에 의해서 국민 대중이 의식화되고 조직화될 때, 국민 대중은 보다 큰 힘에 의해서 역사를 창조할 수 있다. 정치 지도자가 사회 발전의 성숙한 요구에 입각해서 행동을 한다면 역사에 긍정적인 영향을 줄 수 있으며, 사회 발전의 법칙에 역행하면 역사에 부정적인 영향을 준다.[94]

---

94) 플레하노프는 『역사에 있어서 개인의 역할』에서 다음과 같이 썼다. "위대한 인간이 창시자라는 것은, 다른 사람들보다 먼저 앞을 내다보고, 또한 다른 사람들보다도 강한 것을 바라는 것뿐이다." 이와나미(岩波) 문고판, p. 85

사회적 변혁이 심하고 역사의 창조에 대중이 보다 광범하게 참가할 수록 정치 지도자의 역할은 높아진다.

정치적 지도자는 자주적인 사회정치적 생명체를 이루고 있는 국민 대중의 최고 뇌수, 최고 지도자로서 자주성을 위한 국민 대중의 창조적 활동에서 결정적인 역할을 한다.

정치적 지도자는 국민 대중으로 하여금 국가 건설의 주체로서 역할을 수행하며, 자기의 운명을 올바로 개척하도록 안내하는 지도적 역할을 수행하고, 그들의 운명 개척을 위한 활동의 지도 사상을 제시한다.

인간의 행동은 사상의식에 의해서 규정되기 때문에 국민 대중이 자신의 운명의 주인으로서 창조적 활동을 전개하기 위해서는 그 지침이 되는 올바른 지도 사상을 가져야 한다. 국민 대중의 자주적인 요구와 이해관계를 반영한 자주적인 사상만이 국민의 자주성을 위한 창조적 활동에서 지침으로 되어야 하는 지도 사상이 될 수 있다.

물론 국민 대중을 구성하는 개별적인 성원은 운명을 개척하기 위한 공동 활동 과정에서 점차 공동의 요구와 이해관계를 인식하고 창조적 활동에서 지침으로 될 수 있는 경험과 지식을 갖게 된다.

정치적 지도자는 국민 대중의 최고 안내자이므로 국민 대중 전체의 사상적 요구와 이해관계를 전체적으로 이해할 수 있고, 국민 대중에 의해서 사회 역사적으로 축적된 경험과 지식을 일반화하고, 이론적으로 체계화한다. 따라서 정치적 지도자에 의해서 자주적인 정치사상이 창조되고 지도 사상이 제시된다.

정치적 지도자는 지도 사상을 제시함으로써 국민 대중의 자주성을 위한 창조적 활동의 전도前途를 해명하고, 국민 대중이 올바른 길에 따라서 자기의 운명을 개척하게 된다.

정치적 지도자는 정당을 위시한 사회정치적 조직이 사상교육 활동을 수행하도록 지도함으로써, 사람들을 자주적인 사상의식을 갖고 자주성을 위한 창조적인 활동에 주인답게 참가하며, 자주적이고 창조적인 존재로 육성한다. 사회정치적 생명체 속에서 인간관계를 지배하는 것은 정치적 신의와 동지애의 원리이다. 이것은 자유와 평등의 원리보다도 차원이 높은 원리이다.

정치적 지도자와 정당 그리고 대중의 통일체인 사회정치적 생명체 속에서 정치적 신의와 동지애는 정치적 지도자와 대중 사이의 관계에서 가장 숭고한 가치로 표현된다. 정치적 지도자는 대중과 생사고락을 함께하면서 모든 성원을 한없이 소중히 여기고, 사랑하고, 그들의 이익을 옹호하고, 투쟁하는 헌신성을 지니고, 대중의 이익에 맞는 행동지침을 제시하고, 그들의 운명을 올바로 개척하도록 이끈다.

정치적 지도자는 국민 대중의 밖에 있는 것이 아니라 그 중심에 있다. 이같은 점에서 정치적 지도자는 다른 사회 구성원들과 완전히 평등하다. 정치적 지도자와 다른 성원과의 관계는 정치적 동지 관계이다. 정치적 지도자와 사회 구성원 사이에는 지배와 예속 관계는 있을 수 없다.

정치적 지도자와 대중은 사랑의 관계, 하나의 생명체로 결합되어 운명을 함께하는 동지이다. 그러나 정치적 지도자와 사회정치적 생명체의 다른 성원과의 관계는 단순히 개별적인 인간 간의 관계는 아니다.

정치적 지도자는 개인의 생명보다도 훨씬 중요한 집단 생명의 대표자로서 집단의 중심에 서서 무한의 헌신성을 지닌 집단의 운명을 이끌어간다. 사회정치적 생명체의 성원에게 있어서 정치적 지도자는 자기 자신보다도 훨씬 중요한 위대한 정치적 동지가 된다. 따라서 국민 대중은 정치적 지도자를 신뢰하고 존중하며, 그 지도를 충실히 받아들임으로써 자주적인 주체, 사회정치적 생명체를 이루고 자기의 운명을 자주적이며 창조적으로 개척할 수 있다.

제4절_ 정치적 지도자의 조건과 특성

　정치적 지도자에 관한 문제는 사람들이 가장 깊이 관심을 갖는 문제 중의 하나이다. 정치를 떠난 사회는 유지될 수도 없고 발전할 수도 없다. 국민 대중은 정치적 지도자의 올바른 지도를 받음으로써 역사의 자주적인 주체를 세우고 자주적으로 창조적으로 자기의 운명을 개척할 수가 있으며, 사회 역사를 발전시킬 수가 있다는 점은 주지의 사실이다.

　그렇다면 정치적 지도자는 어떠한 조건과 특성을 구비해야 할 것인가. 물론 확실한 정답은 없을 것이다. 그러나 관련 분야 연구자들의 견해를 참조할 필요는 있을 것이다. 먼저 지도자의 조건부터 살펴본다.

1. 정치적 지도자의 조건

　지도자의 지도력(리더십)은 단순히 정책적 차원을 넘어 국가 전체가 가야 할 길을 개척하는 데 필요한 인격, 성격, 신념, 통찰력을 포괄하는 것이다.

　그러면 우리가 지도자에게 기대하는 것은 무엇일까? 세월을 거쳐 입증된 처칠, 링컨, 페리클레스와 같은 위인들이 남긴 과거의 교훈이 오늘날 새로운 세대에게 리더십의 필요조건에 관한 길잡이가 될 수 있을까? 리더십의 의미가 근본적으로 바뀐 상황에서 과거의 역사적 교훈은 시대착오적인 것은 아닐까?

이런 가능성은 충분히 고려할 만하다. 또한 리더십을 전문적으로 연구하지 않는 일반인들도 널리 인정하고 있는 지적이기도 하다.

여기서는 월러 R. 뉴웰Waller R, Newell 교수[95]가 연구한 '10가지'의 조건을 소개하는 것으로 대신한다.

다음의 10가지 교훈은 완벽한 리더를 위한 처방전은 아닐지 모르지만, 적어도 우리가 서구 세계에서 물려받은, 그리고 고대부터 지금까지의 치국治國에 관한 경험과 성찰에서 물려받은 도덕적, 정신적, 지적 자원이 우리들의 차세대 지도자들에게 필요한 조건을 제공할 수 있을 것이다.

첫째, 성격이 두뇌보다 나아야 한다.

처칠도 링컨도 정규대학교육을 받지는 않았다. 하지만 그들의 명성은 역사상 가장 위대한 지도자들과 어깨를 나란히 했다. 한편 닉슨과 카터는 미국의 역대 대통령 중에서 가장 지적인 인물들이었지만, 이들은 대통령직을 순탄하게 수행하지 못했다.

이것은 정규교육을 거의 받지 못한 지도자들도 일류 정치가로 성장할 수 있는 반면 풍부한 학식이 반드시 일류 정치가를 낳지는 않는다.

둘째, 감동적인 수사법이 필요하다.

나폴레옹은 "지도자는 희망을 파는 사람이다"라는 말을 남겼다. 사람들이 희망을 품도록 유도하기 위해서는 수사학자修辭學者가 되어야 한다.

루스벨트는 그 유명한 "우리가 두려워할 것은 오로지 두려움밖에 없습니다."라는 호소를 남기고, 링컨은 자신의 도덕적 분노를 "노예제가 나쁘지 않다면 세상에 나쁜 것은 하나도 없다"라는 말을 했다.

---

95) 월러 R. 뉴웰 교수는 칼튼 대학교에서 정치학과 철학을 강의하고 있다. 레이건 행정부가 들어설 때 대통령직인수위원회에 참여하여 현실정치를 경험했고, 대통령의 조건과 역할에 대한 깊은 연구와 성찰을 쌓았다. 세계적인 정치연구기관인 우드로윌슨센터와 런던대학교 국제연합 사회개발연구소 연구원을 역임했으며, 정치 및 문화 평론가로 활발한 활동을 했다.

말로 감동을 선사한 제퍼슨, 링컨, 킹 목사 같은 지도자들의 뛰어난 능력은 반대자나 부동표를 포용하기 위한 타협과 조화를 이룬 것이었다. 그러나 너무 유려流麗한 연설은 과유불급過猶不及이다.

셋째, 도덕적 확신이 필요하다.

마키아벨리가 말했듯이 "선하지 않은 세상에서 항상 착하게 행동하려는 사람은 패배할 수밖에 없다"라고 했다. 개인적인 차원에서 카터 대통령은 무척 품위 있는 사람이었다. 그러나 바로 그 품위 때문에 그는 소련의 불순한 의도를 간파하지 못했고, 아프가니스탄 침공이라는 대가를 치르게 되었다.

카터는 누구나 보편적인 인권을 갈망할 것이라고 믿은 채 세상을 순전히 미국의 관점에서 보았지만, 이 세상에는 상식선을 뛰어넘는 체제가 수두룩하다는 점을 깨닫지 못했다.

넷째, 리더는 시대의 구체적 표현이다.

이것은 흔히 말하는 카리스마와 관계가 있다. 리더가 자기만의 기회를 맞이할 때 우리는 이미 그를 알고 있는 듯한 느낌을 갖는다. 많은 미국인들은 자신감이 넘치고 자기주장이 강하다. 루스벨트는 그런 미국인의 이상형이다. "맹렬함, 격렬함, 떠들썩함" 등에 이끌리는 사람들도 일부 있다. 루스벨트는 우리에게 만족감을 준다.

그런 인간적 자질은 때로는 시대정신을 수동적으로 반영하고 때로는 현재 상태에 맞선 채 새로운 길을 제시하고 심지어 요구하기도 한다.

다섯째, 리더는 두세 개의 주요 목표가 있어야 한다.

로널드 레이건Ronald Wilson Reagan은 국외에서의 군사적 우위와 국내에서의 기업가정신 고취를 목표로 내세우고, 클린턴은 민주당이 국내에서는 경제적 책임을 다하고 국외에서는 군사력을 과감하게 사용하는 정당으로 되살아나기를 바랐다. 우여곡절이 있었지만 두 사람은 두 가지 목표를 달성했다. 그러나 카터는 명확한 목표 없이 사소한 부분까지 관리하려고 하여 대조를 이루었다.

여섯째, 시간은 기다려주지 않는다.

시간은 우리를 기다려주지 않기 때문에, 다시 말해 지도자들이 과로에 시달리고 질병에 걸리고 약해지고 결국 죽게 되면, 정말 중요한 일은 언제나 미완의 과제로 남게 된다. 사실 그것은 나쁜 결과를 낳을 수도 있지만 좋은 결과로 이어지기도 한다. 소련의 강경 보수파 유리 안드로포프의 죽음으로 고르바초프가 권력을 장학하게 되었고, 결국 소련이 붕괴하는 계기가 되었다.

일곱째, 역사가 지도자를 선택한다.

모든 성공적인 정치적 경쟁에서 마법과 같은 순간은 언제나 찾아온다. 후보자가 절묘하게 시대정신과 맞물리면서 나타나는 '추진력'은 우리에게 마법을 선사한다. 우리는 그런 흐름을 예측하는 방법, 안전하게 거기에 편승하는 방법을 배워야 한다.

여덟째, 위대한 지도자는 권력욕이 강하다.

지나친 권력욕은 지지자들과 멀어지는 빌미가 될 수 있다. 2008년 민주당 대통령 후보자 예비선거의 마지막에 클린턴은 '가장 절실히 원하는 사람'이 지명될 것이라고 말했다. 그러나 힐러리는 승리에 너무 집착하는 듯한 인상을 주었다. 이전에는 유권자들로부터 존경을 받는 원동력이었던 야심과 불굴의 의지가 이번에는 마치 패배하느니 차라리 당을 분열시키겠다는 듯한 인상을 주었다.

아홉째, 위대함은 사악함의 이면裏面일지도 모른다.

카리스마는 어두운 면을 감출 수 없다. 새로운 독재자의 출현을 미리 아는 사람은 없다. 독재자는 아득한, 야만적인 과거의 일처럼 보인다. 그러나 독재자는 언제나 우리의 곁에 있다. 세계 최고의 문명국인 독일이 히

틀러 같은 인물을 선택할 것이라고 생각한 사람은 없었다. 그런 사악한 인물의 등장을 언제나 예상할 수는 없다. 우리나라의 입장도 예외가 될 수는 없다.

열째, 위대한 지도자는 앞에서 언급한 9가지의 교훈을 모두 무시할 수 있는 준비가 되어있어야 한다. 상황이 불확실할 때 위대한 지도자는 대담해야 하고 기존의 입장을 고수해야 한다. 에머슨이 말했듯이 도덕적 힘은 우리에게 용기와 평안을 준다. 대처Margaret Hilda Thatcher는 개혁을 추진하면서 노조의 파업에 강경 대응하면서 "되돌아갈 일은 없다The lady's not for turning"라고 선언했다.[96] 대처는 개혁을 추진하면서 인기가 떨어지고 심지어 증오의 대상으로 전락했지만, 결국 영국 경제가 제3세계 수준으로 떨어지는 것을 막았다. 블레어는 대처의 친시장적 정책을 뒤엎지 않았다. 덕분에 노동당을 다시 영국 정치의 중심 무대에 올려놓을 수 있었다.

자신의 입장을 고수하는 것이 언제나 통할까? 그렇지 않다. 우리가 성공할지 실패할지 미리 알 수는 없다. 우리 삶에서, 그리고 정치에서 확실한 것은 한 가지 밖에 없다. 그것은 바로 불확실성이다. 그래도 우리는 늘 완벽한 지도자를 기대한다.

---

96) 윌러 R.. 뉴웰 지음, 박수철 옮김. 『대통령은 없다The soul of a leader』. 21세기북스, pp. 424~440 참조.

2. 정치적 지도자의 특성

이 항項에서는 전 생애를 통하여 정치·사회적인 쟁점에 적극적으로 관여했던 존 스듀어트 밀[97]과 그에게 큰 영향을 주었든 토크빌[98]이 주장했던 좋은 정치와 훌륭한 지도자가 갖추어야 할 특성을 그 한 예로 소개하고자 한다.

밀과 토크빌은 그 이름에 부끄럽지 않은 삶을 살았으며, 그들은 말과 행동이 다르지 않은 사람들이었다. 그들은 위험 앞에 물러서지 않았고, 유혹에 굴복하지 않았으며, 시류에 영합하는 것은 생각도 할 수 없었던 사람들이었다.

이들은 글을 쓰는 일에만 머물러 있지 않았다.[99] 밀은 젊어서부터 다양한 형태로 정치에 관여했고, 60세의 나이에 하원에도 들어갔다. 토크빌은 인생의 황금기를 전부 정치 현장에서 보냈다. 과연 이들은 좋은 정치와 정치가가 지녀야 할 특성은 무엇이라 했을까?

밀은 정치가 사람을 바꾸고 역사를 진전시키는데 큰 역할을 한다고 생각했다. 그만큼 정치가에 대한 그의 기대치도 높았다.

그는 현실 정치에 좌절하기보다는 정치의 가능성에 더 기대를 걸었다.

---

97) J. S. 밀[John Stuart Mill 1806~1873] : 밀의 정치사상은 오랫동안 자유주의자들로부터 홀대를 받았다. 그러나 그는 누구보다 개인의 자율성을 중시했던 자유주의자였다. 그는 모든 형태의 전제를 경멸했던 정치철학자였으며, 소수의 의견이 청취될 수 있도록 민주주의를 수정하고자 했던 정치가였다. 한 마디로, 그는 자유주의의 또 다른 가능성을 찾고자 했던 사상가였다.

98) 토크빌[Charles Alexis Clérelde Tocqueville 1805~1859] 프랑스의 정치학자이자 역사가이며 정치가. 베르사유 재판소 배석판사를 지냈고 『미국의 민주주의』를 저술하였다. 영국에서 자유주의자와 교유하며 J. S. 밀에게 큰 영향을 주었으며 외무장관을 역임하였다.

99) 서병훈 지음, 『위대한 정치: 밀과 토크빌, 시대의 부름에 답하다』, 책세상. 2017. p. 383 참조.

밀은 참여와 동시에 크고 멋진 정치가의 역할도 주목했다. 세상의 진보를 앞당길 수 있는 정치가는 어떤 모습일까?

그는 인간을 최대한 발전시키는 정치를 "좋은 정치, 이상적인 정치"라고 불렀다. 밀은 인간이 추구해야 할 궁극적 가치에 대해 고민한 철학자이다. 그는 "우리 삶에서 각자를 인간이 이를 수 있는 최선의 상태에 최대한 가깝게 끌어올리는 것 이상으로 더 중요하거나 더 좋은 것이 무엇이겠는가? 반대로 이를 가로막는 것 이상으로 더 나쁜 일이 무엇이겠는가?"라고 반문한다.[100]

사람을 '최대한 가깝게 끌어올리는 것', 즉 자기발전이 우리 삶의 궁극적 가치가 되어야 한다는 것이다. 이와 같은 주장은 인간 중심의 철학에서 주장하는 바와 같이 인간의 본질적 특성인 '자주성'과 '창조성'을 최대한 발양시켜야 한다는 이론과 일맥상통하는 주장이다.

아무리 좋은 의도가 전제된다 하더라도 본인의 의사를 무시한 간섭은 허용될 수 없다. '자유의 기본 원칙'은 이렇게 간단한 명제 위에 서 있다. 인간의 '자주성'과 '창조성'을 보장하는 것, 즉 자유를 보장하는 것이 가장 좋은 정치이다. 그래서 밀은 자유의 기본 원칙으로 "다른 사람의 자유를 박탈하거나 자유를 얻기 위한 노력을 방해하지 않는 한, 각자가 원하는 대로 자신의 삶을 꾸려나갈 수 있어야 한다."[101]라고 강조하고 있다.

인간 중심의 철학에서 말하는 자유란 간단히 말하자면 "인간의 자주성과 창조성의 추구를 보장하는 것"이다. 이것이 좋은 정치이고, 이렇게 할 수 있는 정치가가 되어야 한다.

존 스튜어트 밀은 『대의 정부론(1861)』 제3장에서 '좋은 정부' 또는 '이

---

100) 존 스튜어트 밀, 『자유론』, 서병훈 역, 책세상, 2018. p. 263
101) 동계서, p. 239

상적인 정치체제'라는 말을 즐겨 쓴다. 어떤 것이 좋은 정부인가? 밀은 인간의 자기 발전에 도움이 되는 정부를 좋은 정부라고 규정한다.

정부가 국민들의 인간성humanity을 증진하는 데 얼마나 도움이 되는지, 다시 말해 구성원들의 바람직한 도덕적·지적 자질을 얼마나 잘 발전시킬 수 있는지가 정부의 탁월성을 가늠하는 가장 중요한 기준이 된다고 생각한다. '이상적이고 완벽한' 민주주의에서만 사람들의 능력(창조성)을 보다 잘 그리고 더 높이 발전시킬 수 있다고 본 것이다.

밀은 대의 정부가 사람들의 이러한 도덕적·지적 자질과 능력을 보다 잘, 그리고 더 높이 발전시킬 수 있는 '이상적이고 완벽한' 민주주의에 가깝다고 보았다. 여기서 밀이 말하는 대의 정부란 '전 인민 또는 그들 중 다수가 주기적인 선거에서 뽑은 대표를 통해 최고 통치 권력을 행사하는 정부 형태'이다.

아울러 밀은 선출된 정치 지도자의 특성으로서, 비범한 재능을 가진 정치가가 있다면 역사의 발전을 앞당길 수 있다고 생각했다. 그는 예외적인 인물로 샤를마뉴[102]나 표트르 대제[103]를 들었다.

페르시아가 그리스를 침공했을 때 나라를 지킨 테미스토클레스,[104] 빌렘 1세[105]와 윌리엄 3세[106]도 밀이 칭찬한 정치가들이다.[107]

---

102) 샤를마뉴(742~814)는 카를 대제라고도 부른다. 프랑크 왕국의 왕으로서 광대한 영토를 정복해 서유럽의 정치적, 종교적 통일을 달성했다. 로마 고전 문학의 부활을 장려해 카롤링거 르네상스를 이룩했다.
103) 러시아의 황제 표트르 1세(1672~1725)를 말한다. 로마노프 왕조의 4대 황제인 그는 절대주의 왕정을 확립하고 러시아의 관습과 풍속을 일대개혁했다.
104) 테미스토클레스(기원전 528?~462?)는 고대 아테네의 장군이자 정치가로, 아테네가 기원전 480년에 살라미스해전에서 페르시아를 격파하는 데 큰 공을 세웠다.
105) 빌렘 1세(1533~1584)는 네델란드 연방공화국의 초대 총독으로 에스파냐의 지배에서 벗어나기 위한 네델란드의 독립전쟁(80년 전쟁)을 일으켰다.
106) 윌리엄 3세(1533~1584)는 네델란드 연방공화국의 초대 총독으로 에스파냐의 지배에서 벗어나기 위한 네델란드 독립전쟁(80년 전쟁)을 일으켰다.
107) 『위대한 정치: 밀과 토크빌, 시대의 부름에 답하다』, 서병훈 지음, 책세상. 2017. p. 243

밀은 동시대의 인물로는 미국의 링컨을 매우 존경했다. 또한 밀은 수많은 청중을 불러 모을 수 있는 더럼Durham 백작의 힘을 주목했다. 1834년 10월 글래스고에서 더럼이 연설할 때 무려 12만 명이 넘는 청중이 운집한 것을 보았기 때문이다. 더럼은 '탁월한 용기'와 '애국심' 그리고 '폭넓은 식견'과 '관대한 마음'의 소유자라고 칭찬했다.[108]

밀은 글래스턴[109]을 아주 좋아했다. 그를 "양심에 따라 행동하고 공공의 이익을 자신의 진정한 실천원리로 삼는 정치가"라고 평가했다. 그의 '진실함', '강력한 지성', '탁월한 행정 능력'에 찬사를 아끼지 않았다.[110]

밀은 1836년 『문명론』이라는 글에서 그 나름의 '영웅론'을 제시했다. 그가 염두에 둔 영웅적 인물의 특성은 '가치 있는 일을 위해 고통스럽고 힘든 일을 마다하지 않는 사람'이다. 영웅은 '피동적이지 않고 능동적'이다. 고통을 참고 견디기보다 먼저 고통을 찾아 나선다. 밀은 현대 산업사회가 사람들을 '무기력하고 비겁하게' 만드는 것을 크게 걱정했다.

밀은 위대한 정치가의 특성은 "전통에 부응할 뿐 아니라 필요할 때 그것을 부술 수도 있는 사람"이라고 규정했다.[111]

그는 위대한 정치가가 갖추어야 할 특성을 구체적으로 밝히기도 하였다. 우선 '철학적 소양'을 갖추어야 했다.[112] 그러나 이러한 조건을 갖추는 것만으로는 이상적인 정치가가 될 수 없다고 한다.

---

108) 동게서, p. 245 『대의정부론』. p. 311
109) William Gladston (1809~1898). 영국의 정치가로 의원, 장관, 수상을 지냈다. 원래 보수당의원이었으나 자유당으로 당적을 옮겨 당대표 자리까지 올랐다. 윈스턴 처칠과 함께 영국의 대표적인 정치가로 손꼽힌다.
110) 서병훈 지음, 전게서, 『위대한 정치: 밀과 토크빌, 시대의 부름에 답하다』, p. 246
111) 동게서, p. 248. 『대의정부론』, pp. 96~97
112) 서병훈 지음, 전게서, 『위대한 정치: 밀과 토크빌, 시대의 부름에 답하다』, p. 248

밀은 훌륭한 지도자가 갖추어야 할 또 다른 특성으로 '강인하고 대담한 품성'을 꼽았다. 다른 사람에게 앞장서라고 다그치는 것이 아니라 그들이 따라오도록 길을 보여주는 '솔선수범'도 강조했다.

한편, 밀은 정치가라면 반드시 '현실적인 판단 능력'을 갖추어야 한다고 역설했다. 그는 '모든 것을 획득할 수 없을 때 최선의 것을 얻기 위해 중요하지 않은 것을 희생시키는 기술'을 중요한 정치기술로 뽑았다.

마지막으로 밀은 '대중 친화적 능력popular talents'을 강조했다. 아무리 철학적 소양이 풍부하고 인품이 뛰어나도 '다른 사람으로 하여금 자기 생각을 받아들이게 하는 요령'이 없으면 정치를 할 수 없다는 것이다.[113]

토크빌은 정치의 의미를 강조한 것과 비례해서 정치가의 중요성도 부각했다. 정치가는 단순히 정부의 중대 업무에 관한 실무적 지식을 갖춘 사람이 아니다. 정치가는 '철학적 탐구에도 흥미를 느끼는 사람'이다. 국가 공동체의 생활을 규제하는 기술적 지식과 능력에 더하여 인간의 감정과 본능과 열정, 종교와 도덕 등 인간의 삶과 관련된 다양한 영역에 대한 '통찰력'을 갖추어야 좋은 정치가가 될 수 있다고 하였다. 따라서 정치가는 그 역할에 비례해서 특별한 자질을 갖추어야 한다고 하면서 정치가가 갖추어야 할 특성을 세 가지로 정리했다.

첫째, 《올바른 지성》을 갖추어야 한다. 그는 '미국 민주주의'에서 정치 지도자의 덕목으로 "자신과 인간에 대해 고상하고 차원 높은 생각을 품고, 웅대하고 고귀한 목표를 추구하며, 명예를 소중히 여길 것"을 요구했다.

둘째, 《국가와 민족을 위해 헌신》할 수 있어야 한다. 토크빌은 『회상록』에서 정치가는 자신의 사사로운 이익이 아니라 조국의 부강과 영광에

---

113) 동계서, p. 249

전념할 수 있어야 한다고 힘주어 말했다.

셋째,《사람을 끌어모으는 능력》이 있어야 한다. 토크빌이 지성과 인품은 물론이고 대중을 흡입할 수 있는 '현실적 능력'을 정치가의 특성으로 적시했다.[114]

황장엽 선생은 한국 정치의 고질적인 병을 한탄하면서 "오늘날 자본주의 사회에서 여론정치를 민주주의의 기본 장점인 것처럼 주장하는 것은 잘못이다 ―정치를 담당하는 사람들은 절대로 사소한 목전의 이익을 위하여 권모술수를 일삼거나 사람들을 속이는 외교 수단에 매달리는 일이 있어서는 안 된다. 정치가는 '공명정대한 원칙'을 확고하게 견지하는 것을 최고의 전략으로 간주하고 대의명분을 세우는 데 첫째가는 관심을 돌려야 한다."[115]고 역설하였다.

밀도 여론 민주주의의 한계를 인정하면서도 민주주의 자체에 대한 희망을 포기한 적은 없었다.[116]

위에서 우리는 밀과 토크빌의 견해를 중심으로 지도자의 특성에 대하여 알아보았다. 그러나 지도자의 조건은 몇 가지의 개인적 특성이 절대적인 것은 아니다.

최근의 리더십 이론에서는 항상 "변화하는 상황과 조건에 맞게 적절한 리더십을 발휘해야 한다."라는 '상황 대응의 리더십' 즉 적용 지묘適用之妙의 리더십 이론이 대세를 이루고 있다.

우리는 시대가 어려울수록 정치가에 대한 소망이 클 수밖에 없다. 동서

---

114) 동게서, pp. 264~269
115) 황장엽. 『민주주의 정치론』, 전게서. p. 72
116) 서병훈, 전게서, 『위대한 정치 : 밀과 토크빌, 시대의 부름에 답하다』, p. 350

고금을 불문하고, 모든 민족과 국가는 위대한 정치가의 등장을 기다렸다.

더구나 한 국가의 상황이 국내외적으로 백척간두百尺竿頭의 위기에 처해 있을 때는 나라를 구할 위대한 지도자가 등장하기를 더욱 고대하게 된다.

◇참고 문헌◇

• 황장엽 지음, 『인간 중심 철학원론』, 시대정신, 2008

• 황장엽 지음, 『민주주의와 공산주의』, 시대정신, 2009

• 황장엽 지음, 『인생관』, 시대정신, 2001

• 황장엽 지음, 『개인의 생명보다 귀중한 민족의 생명』, 시대정신, 1999

• 황장엽, 『민주주의 정치철학』, 시대정신, 2005

• 朴庸坤, 『博愛の 世界觀』, 主體哲學の 辨證法的 展開, 集廣舍, 日本 福岡市, 2020

• 박용곤 지음, 『사랑의 세계관』, 시대정신, 2012

• 박용곤 편저, 『인간 중심 철학에 관한 연구자료집, 제2부 정치학 편』, 평성 16년(2004년)

• 박용곤 편저, 『인간 중심 철학에 관한 연구자료집, 제3부 경제학 편』, 평성 16년(2004년)

• 박용곤 지음, 『어느 재일동포 사회과학자의 산책』, 시대정신. 2012

• 존 스튜어트 밀 저, 『대의 정부론』, 서병훈 역, 아카넷, 2012

• 존 스튜어트 밀 저, 『자유론』, 서병훈 역, 책세상, 2018

• 존 스튜어트 밀 저, 『존 스튜어트 밀 자서전』, 박홍규 역, 문예출판사, 2019

• 서병훈 지음, 『위대한 정치: 밀과 토크빌, 시대의 부름에 답하다』, 책세상. 2017

• 윌리엄 H. 쇼오(William H. Shaw)·구승희 역, 『마르크스의 역사이론』, 청하, 1987

• 윌러 R. 뉴엘 지음, 박수철 역. 『대통령은 없다The soul of a leader』, 21세기

북스, 2016

- 한국 사회경제학회 편, 『자본주의의 장래』, 사회경제평론 6, 한울, 1993.

- M. 포사이스·M. 킨스 소퍼 지음, 부남철 역. 『서양 정치사상사 입문: A guide to the political classics Plato to Rousseau』, 한울. 2011

- M. 포사이스·M. 킨스 소퍼·J. 호프만 편저. 부남철 역. 『서양 정치사상 입문 2』, 한울아카데미. 1994

- 노르베르트 보비오 지음, 황홍주 역, 『자유주의와 민주주의』, 문학과 지성사, 1999

- 장 피에르 플레, 김종명 역, 『청소년이 알아야 할 세계화』, 東文選 現代新書. 2006

- 이매뉴얼 월러스틴 외 지음, 성백용 역, 『자본주의는 미래가 있는가』. 창비, 2014

- 폴 우드로프 지음. 이윤철 역, 『최초의 민주주의: 오래된 이상과 도전』, 돌베개, 2012

- 조수아 컬랜칙 지음, 노정태 역, 『어떻게 민주주의는 망가지는가』, 들녘, 2015

- 김재철 지음, 『중국의 정치개혁-지도부, 당의 지도력, 그리고 정치체제』, 한울아카데미, 2002

- 안병진 지음, 『미국의 주인이 바뀐다』, 메디치, 2016

- K 마르크스 저, 이신행 역, 『자본론 상, 하』, 비봉출판사, 1994

- 『リ―ダ― マッチ理論による, リ―ダ―シップ 教科書(Improving Leadership Effectiveness The Leader Match Concept)』, Fred E. Fiedler, Martin M. Chemers, Linder Mahar. 吉田 哲子 譯. プレジチント社, 1991

책을 출판한다는 것은 새색시가 시집을 가서 애를 낳는다는 기분이라고나 할까 다소 마음이 설레는 것은 인지상정일 것이다.

필자의 경우는 책을 몇 권 출간한 경험은 있으나 설레는 마음은 예전이나 같다. 어찌 됐거나 이 책을 쓰기 위해 자료를 수집하고 정리하고 출판하기까지 이럭저럭 3년이란 세월이 흘렀다. 자료를 정리하는 과정에서는 출판이 가능할까 하는 회의懷疑도 여러 번 있었다.

이번 책은 '정치론'에 관련된 내용이다. 이와 비슷한 이름으로는 시중에는 『정치학 개론』이라는 것이 있으나 내용에 있어서는 이와는 확연히 다르다. 이 책에서 말하는 『정치론』은 정치철학을 배경으로 하는 정치에 관한 이론과 방법론의 총체이다. 따라서 정치철학에 관한 약간의 예비지식이 없이는 독자에 따라 읽어나가는데 부분적으로 간혹 부담스러운 부분도 있을 수 있다.

황장엽 선생은 그가 세상을 떠나기 수개월 전에 그의 철학 사상을 20여 권의 책에 담아 '논리학'을 마지막으로 마무리 지었고, 이를 모든 국민들에게 알린다는 의미에서 2010년 6월 28일, 주요 일간지에 『인간 중심 철학의 창시는 철학 사상 발전의 새로운 신호!』라는 제목으로 '연구의 마감'을 선포하였다. 따라서 이후의 연구는 관심 있는 학자들과 제자들의 몫으로 남기게 되었다.

황장엽 선생의 대표적인 제자는 일본에 거주居住하는 박용곤 선생을 꼽을 수 있을 것이다. 그는 자신을 가리켜 "황장엽 선생의 이론을 발전적으로 해설한 사람"이라고 자신을 낮추어 말하고 있으나, 그의 저서 『사랑의 세계관』을 보면, 황장엽 선생의 저서에서 볼 수 없는 부분도 상당히 발견할 수가 있다. 그래서 박용곤 선생을 가리켜 일명 '일본의 황장엽'이란 애칭愛稱을 갖고 있는 지도 모르겠다.

필자는 2015년 4월 9일 〈박용곤 선생 미수米壽 기념, 민주주의 정치철학 토론회〉에서 박용곤 선생을 소개할 때, 철학 개발의 측면에서 황장엽 선생을 'K 마르크스'에 비유할 수 있다면, 박용곤 선생은 한국판 '엥겔스'로 비견比肩할 수 있을 것이라고 했다.

황장엽의 철학을 공부하는 학도의 입장에서는 위 두 분의 저서를 같이 공부하는 것이 많은 도움을 준다. 필자가 2016년 황장엽 선생의 '인간 중심의 정치철학'을 총론總論 형태로 『민주주의와 정치철학』이라는 이름으로 출판한 것도 두 분의 자료가 절대적인 도움이 되었다.

아울러 한 가지 참고할 것은 황장엽 선생의 인간 중심의 철학은 그분께서 〈인간 중심 철학의 기본 원리〉를 개발한 토대 위에 분야별로 개별 학문의 분야를 발전적으로 해설하여야 한다는 것이다. 본서 『인간 중심의 민주주의 정치론』도 위와 같은 취지에서 시도한 것이다.

막상 출판에 임하고 보니 두려운 생각도 든다. 이 책이 세상에 나가서 학문적으로 얼마나 기여를 할 수 있으며, 정치학 분야의 학자들이나 전문가들 그리고 일반 독자들은 어떻게 평가할 것인가?

그러나 자위自慰하건대, 이와 같은 내용의 책은 아직까지 출판된 적이 없었으며, 독자들에게 나름대로의 정치적 확신과 이념적 정립, 그리고 미래 세계에 대한 분명한 방향을 제시하고 있다고 확신한다.

그리고 모든 학문은 한 사람이 완성할 수 없으며, 부족한 부분은 많은 지적과 비판을 받아 가면서 '부정의 부정'의 변증법적 과정을 거쳐 발전하다고 자위해본다.

모쪼록 정치이념을 고민해본 정치가, 정당인, 정치 활동가, 지식인은 물론 대학생들에게도 일독을 권하고 싶다.

2020년 5월 15일

서정수